本书资源

数字资源

▶ 课程配套视频

▶ 练习题

◇ 关注"博雅学与练"微信公众号后扫描右上方二维码即可获取上述资源,之后通过点击菜单栏"我的书架"—"本书封面",或者扫描书内二维码查看。

◇ 一书一码,相关资源仅供一人使用。为避免不必要的损失,请您第一时间进行绑定。

◇ 在使用过程中如果遇到技术问题,可发邮件至yixin2008@163.com。

教辅资源

▶ 教学课件

◇ 教辅资源仅供任课教师申请。任课教师如需要,可关注"北京大学经管书苑"微信公众号,通过菜单栏"在线申请"—"教辅申请"索取。

LEADERSHIP
BASIC THEORIES AND CHINESE CONTEXT

领导力
基础理论与中国情境

谢小云 ◎ 主编

胡琼晶　王颂　莫申江 ◎ 副主编

北京大学出版社
PEKING UNIVERSITY PRESS

图书在版编目(CIP)数据

领导力：基础理论与中国情境 / 谢小云主编；胡琼晶，王颂，莫申江副主编. -- 北京：北京大学出版社，2025.1. -- ISBN 978-7-301-35739-2

Ⅰ.C933

中国国家版本馆 CIP 数据核字第 2024HD2183 号

书　　　名	领导力：基础理论与中国情境 LINGDAOLI: JICHU LILUN YU ZHONGGUO QINGJING
著作责任者	谢小云　主编　胡琼晶　王　颂　莫申江　副主编
责 任 编 辑	贾米娜
标 准 书 号	ISBN 978-7-301-35739-2
出 版 发 行	北京大学出版社
地　　　址	北京市海淀区成府路 205 号　100871
网　　　址	http://www.pup.cn
微信公众号	北京大学经管书苑(pupembook)
电 子 邮 箱	编辑部 em@pup.cn　　总编室 zpup@pup.cn
电　　　话	邮购部 010-62752015　　发行部 010-62750672 编辑部 010-62752926
印 刷 者	天津中印联印务有限公司
经 销 者	新华书店
	720 毫米 × 1020 毫米　16 开本　17 印张　240 千字 2025 年 1 月第 1 版　2025 年 1 月第 1 次印刷
定　　　价	68.00 元

未经许可，不得以任何方式复制或抄袭本书之部分或全部内容。
版权所有，侵权必究
举报电话：010-62752024　电子邮箱：fd@pup.cn
图书如有印装质量问题，请与出版部联系，电话：010-62756370

目 录

绪 论 ··· 1

  领导力理论的发展历程 ··· 1

  数智时代领导力开发的焦点议题：在新兴场景中诠释领导力 ········ 3

  动荡的竞争环境，必须拥抱不确定性 ································· 5

  打造无边界组织，必须塑造柔性敏捷 ································· 6

  人机协同化工作，必须引领持续变革 ································· 6

  激发多元化员工潜能，必须创新赋能机制 ··························· 8

第1章　领导力新挑战 ·· 11

  1.1　急剧变化的竞争环境 ··· 11

  1.2　日益模糊的组织边界 ··· 17

  1.3　推动发展的数字革命 ··· 22

  1.4　多元包容的员工群体 ··· 27

第2章　领导力理论 ··· 33

  2.1　领导力的基本定义 ·· 36

  2.2　经典领导力理论 ··· 37

2.3 新兴领导力理论 ……………………………………………… 53
2.4 中国文化情境下的经典领导力理论：家长式领导 …………… 64

第3章 技术创新中的领导力 ………………………………………… 75
3.1 技术创新中的关键挑战 ………………………………………… 78
3.2 创新领导力的研究发现 ………………………………………… 81
3.3 创新领导力的运用策略 ………………………………………… 92

第4章 组织变革中的领导力 ………………………………………… 103
4.1 组织变革中的关键挑战 ………………………………………… 106
4.2 变革领导力的研究发现 ………………………………………… 116
4.3 变革领导力的应用策略 ………………………………………… 119

第5章 战略领导力 …………………………………………………… 125
5.1 战略领导力：对传统领导力的重大突破 ……………………… 128
5.2 战略领导力的研究进展 ………………………………………… 136
5.3 战略领导力的运用策略 ………………………………………… 152

第6章 创业团队中的领导力 ………………………………………… 169
6.1 创业领导者面临的挑战 ………………………………………… 173
6.2 创业领导力的研究回顾 ………………………………………… 177
6.3 提升创业领导力的有效策略 …………………………………… 184

第7章 女性领导力 …………………………………………………… 201
7.1 女性领导力的内涵 ……………………………………………… 205

7.2 女性领导力面临的挑战……………………………………… 210

7.3 女性领导力的优势…………………………………………… 221

7.4 女性领导力的提升策略……………………………………… 227

第8章　代际差异中的领导力 ……………………………………… 239

8.1 代际管理中的关键挑战……………………………………… 242

8.2 代际管理中领导力的研究发现……………………………… 250

8.3 代际管理的应对策略………………………………………… 255

后　记 ………………………………………………………………… 265

绪 论

领导力理论的发展历程

领导力是一个多方面的概念。自第二次工业革命以来，新的领导力理论不断涌现，对领导力的定义和理解也不一而足。詹姆斯·伯恩斯（James Burns）将领导力定义为跨权力层次的人之间的关系，它动员团队为实现共同目标而努力；约翰·科特（John Kotter）将领导力定义为创造一个清晰而令人信服的愿景，有效地传达它，激励人们克服障碍并实现它的艺术；弗雷德·考夫曼（Fred Koffman）主张用自觉的领导（conscious leadership）来培养相互学习的企业文化……从驾驭复杂性到建设韧性，从促进公平到培育意义，管理学者们从不同角度阐释了领导力的重要作用。

在过去一百多年的时间里，领导力理论的发展呈现出与时俱进的阶段性。领导力研究的新兴领域始于19世纪中叶的"伟人理论"，这一理论认为伟人具有他们注定会成为领导者的先天特征。伟人理论的代表性学者为历史学家托马斯·卡莱尔（Thomas Carlyle），他认为，个人能力比环境更重要，个人能够利用自己的智慧、魅力或其他才能来影响环境，从而塑造历史。伟人理论在20世纪三四十年代演变为领导特质理论。20世纪初，弗雷德里克·泰勒（Frederick Taylor）等科学管理的支持者主张通过标准化流程和工人选择来提升工业效率，同时，早期心理测量学研究的兴起也激发了人们将其应用于领导力选择的兴趣，为后来的领导特质研究奠定了基础。领导特质理论的研究者致力于寻找成为优秀领导者所必需的品质和技能，这些品质和技能可以是天生的，也可以是后天培养的。

尽管进行了广泛的研究，领导特质理论仍难以确定一套普遍有效的领导者特质，这引起了人们对静态特征在预测领导行为方面的能力的怀疑。心理学中行为主义的兴起启发了研究人员关注领导者的行为而非角色身份。20世纪中叶，随着人际关系运动的兴起以及系列领导力研究的开展，领导行为理论在领导特质理论的基础上发展起来，该理论认为领导者在很大程度上是后天培养而非天生的，可以通过学习来确保有效的领导。如今，这一理论在许多领导力培训项目中得到了例证。

1948年，拉尔夫·斯托格迪尔（Ralph Stogdill）经过多年的实验和研究，确定了领导力存在于社会情境中，某一情境中的领导者不一定是其他情境中的领导者。1969年，保罗·赫西（Paul Hersey）和肯尼思·布兰查德（Kenneth Blanchard）在《组织行为管理：利用人力资源》（*Management of Organizational Behavior: Utilizing Human Resources*）一书中提出了领导生命周期理论，该理论被不断发展并更名为情境领导理论。情境领导理论的问世标志着领导力理论发展的一个重要转折点，它超越了对普遍领导风格的简单假设，并对领导行为、情境因素和对下属的影响之间复杂的相互作用有了更为深入的理解。后来，人们认识到，情境在领导者-追随者动态关系中起着重要作用，领导者必须能够评估他们所处的情境，然后决定哪种风格最"适合"这种情境。由于最好的风格取决于具体情境，因此这种方法被称为领导权变理论。①

20世纪末，一个更加复杂、更具挑战性的世界对理论提出了新要求，日新月异的变化、颠覆性的技术创新与日益深化的全球化催生了精益战略和敏捷方法等方法，领导变革理论和交易理论等新兴领导力理论也产生了。传统的领导力理论将领导定义为一个单向的、自上而下的影响过程，在领导者和追随者之间划出了明确的界限，而新兴领导力理论的研究重点变成了领导者、追随者、情境和整个系统之间复杂的相互作用，特别关注追随者的潜在领导能力。②

进入21世纪，领导力理论研究取得了重要进展，当下，将西方发展成熟的领导力理论与中华优秀传统文化和中国情境相结合，构建独特的领导力理论体系将为我们理解和实践中国式领导力提供新的视角及启示。本土化的领导力理论发展既需要"立地"，立足于中国理论的独特视角，又需要"顶天"，以开放的态度汲取世界领导力理论和实践的营养，对世界理论和实践做出中国独特的贡献。③ 同时，领导力研究仍是一个不断发展的领域，未来的研究需要进一步探索领导力的本质、机制和影响，为领导力的有效培养和发展提供新的理论支撑。

数智时代领导力开发的焦点议题：在新兴场景中诠释领导力

数字技术的飞速发展颠覆了人们对工作和生活的认知，激烈的竞争不断加速市场的洗牌，反过来又进一步促进了技术的更迭；工作正在变得前

---

① Benmira S, Agboola M. Evolution of leadership theory [J]. BMJ leader, 2021, 5: 3-5.
② 同上。
③ 曹仰锋，李平. 中国领导力本土化发展研究：现状分析与建议 [J]. 管理学报, 2010, 7 (11): 1704-1709.

所未有的复杂及充满不确定性。习近平总书记强调："面对新一轮科技革命和产业变革浪潮，我们要着眼长远、把握机遇、乘势而上……"①时代的变迁也给组织带来了新的挑战，越来越多的组织采用扁平化的架构和以团队为基本的运作单元，从而能够更快速敏捷地响应外部环境的变化。然而，扁平化、技术的快速迭代与更新也对领导和管理提出了新的挑战。例如，在一些企业的产品团队中，团队成员比团队的领导者更快地掌握最新的产品技术、更有影响力，也就是新生代员工群体中所谓的"大神"和"大咖"之分。这会在一定程度上激发团队内部权力和地位的背离，对团队的高效运作形成阻碍。在技术变革与商业模式创新日益融合的新经济背景下，技术的动态变化会进一步加剧团队内部权力和地位的背离，进而影响团队的过程和产出，带来诸多管理上的挑战。作为对变化的回应，组织管理者应该不断审视权力和地位格局的动态调整，以应对权力和地位背离所隐含的内耗风险；也正因为如此，共享或领导、赋能等新兴实践近年来在企业中日益盛行。

党的二十大以来，为了应对国际科技竞争、推动构建新发展格局，迫切需要企业进行数字化转型，领导力开发面临诸多挑战；如何应对企业外部环境的动荡、组织边界的模糊甚至无边界、技术对岗位设计的颠覆，以及如何激发新生代员工的潜能，将会是领导者和管理者面临的艰巨而长期的任务。其中的关键是，相较于工业化时代，在数字经济时代，由于激烈的行业变化、跨界竞争等，组织内外部对变化的应对也更为敏捷和迅速。我们认为，传统的基于特质、权变和行为风格等的各种领导力理论仍然有效，只不过，当我们讨论管理实践活动，即如何更好地理解领导力、提升领导力和开发领导力时，需要嵌入在典型场景（settings）中分析这些传统

---

① 同心协力 共迎挑战 谱写亚太合作新篇章：在亚太经合组织工商领导人峰会上的书面演讲 [N]. 人民日报, 2023-11-18 (2).

的领导力理论,才能让企业管理者得到更好的答案。

随着领导力理论的发展,越来越多的学者指出在探索领导力与效能的过程中,理论界似乎忽略了那些可能影响其作用机制和通用性的组织层面的重要特征。领导行为本身就会受到组织环境的影响,以变革型领导为例,早在1985年,伯纳德·巴斯(Bernard Bass)就曾根据当时流行的机械式组织与有机式组织的划分模式,提出变革型领导往往在有机式组织中更容易涌现。后续的研究多次提出:第一,不同的组织环境会显示出对变革型领导的不同需求层次[1];第二,不同的组织环境会对变革型领导的实施表现出不同的接受和反对程度,而这都会影响到变革型领导本身与组织环境的匹配程度,从而影响其有效性。[2]

因此,在随后的部分我们将简要刻画前述四种挑战带来的典型场景,以及对这些场景凸显的典型领导力理论和实践需求进行简要分析,并在此基础之上概述本教材后续章节的内容设计。

动荡的竞争环境,必须拥抱不确定性

新能源汽车方兴未艾,华为、百度等互联网巨头入局汽车产业,转型成为传统车企必须思考的课题。外卖业务和预制菜的发展影响了餐饮生态,传统餐饮业需要适应与消费者对话的新方式。人工智能研究与开发公司OpenAI成立不到十年,却对整个人类社会产生了巨大的影响,正如科技公司Knightscope首席情报官梅塞德丝·索里娅(Mercedes Soria)所言:没有行业能从中获益,但所有行业都将从中获益。

---

[1] Bass B M. Transformational leadership: industrial, military, and educational impact [M]. Mahwah, NJ: Lawrence Erlbaum Associates Publishers, 1998.

[2] Pawar B S. Central conceptual issues in transformational leadership research [J]. Leadership & organization development journal, 2003, 24 (7): 397-406.

诸如此类的跨界打击甚至颠覆，在普通民众的日常生活中已经不胜枚举。对于当下企业的领导者而言，企业已经很难拥有工业化时代相对稳定和具有确定性的产业环境。因此，在坚守商业的本质，即以客户为中心的基础上，如何拥抱不确定性，会是企业成败的关键所在。在这一背景下，高层管理团队如何拥抱变化的领导力，以及孜孜不倦地驱动技术创新的领导力变得至关重要。

打造无边界组织，必须塑造柔性敏捷

随着互联网、大数据、人工智能（artificial intelligence，AI）等技术的迅猛发展，组织日趋扁平化、平台化、团队化运营。工业化时代大组织的层峰结构难以适应外部环境的快速变化和冲击，进而在组织的柔性、敏捷性方面存在劣势。同时，随着国家"双创"行动的深入推进，小微创业型企业数量迅猛增长，大企业的内创业（intrapreneurship）事件也层出不穷。

对于创业者而言，搭建价值观一致、知识技能多样化的创业团队，对企业的创业存活率具有至关重要的影响。同样，对于成熟组织的领导者而言，如何持续推动组织变革，提升组织对外界环境，特别是客户需求的敏捷响应，也是决定企业核心竞争力的重要途径。在这一背景下，我们在后续章节将会介绍创业场景下的团队领导力和组织变革场景下的变革领导力，以便更好地回应社会需求。

人机协同化工作，必须引领持续变革

2016—2023年，世界经济论坛已经发布了四版基于大样本问卷调查的《未来就业报告》（*The Future of Jobs Report*）。2016版和2018版报告认为，

智能化、信息技术会带来工作岗位的剧烈变化；尽管新技术带来的短期内的失业和新创造的岗位孰多是一个争论不休的问题，但是，人与智能机器人的协同已经是公认的趋势。2023版报告指出，第四次工业革命加快了技术应用的步伐，信息和数据处理等任务越来越自动化，劳动力市场得到重新配置，工作所需的技能发生了变化，人与机器之间的边界已然改变，人工智能和机器学习专家成为增长最快的工作岗位。通过与之前版本的报告对比，2023版报告还指出，机器和算法自新冠疫情以来不仅使任务自动化，更重要的是提高了人类的绩效，并且随着人工智能技术的成熟和跨行业的主流应用，任务自动化和绩效提高的潜在范围将进一步扩大。

在零售领域，阿里巴巴集团推出的"店小蜜"等智能服务机器人已经成为零售店的常见景象，这些机器人可以帮助顾客进行商品查询、导航、结账等；在医疗领域，人工智能医生已经开始帮助人类医生进行病灶定位、疾病诊断、治疗方案制订等；在交通领域，自动驾驶汽车已经开始在一些城市进行试点。

20世纪50年代，英国塔维斯托克研究所（The Tavistock Institute）率先提出社会-技术系统理论（socio-technical system theory），该理论认为社会系统和技术系统同等重要，而且交互作用于员工的产出；在该研究所的推动下，企业界逐渐将组织发展（organizational development，OD）发展成一种成熟的管理实践工具。我们相信，七十多年后的今天，随着技术系统的迅速变化，社会系统也需要与时俱进，这意味着组织内的工作设计将迎来一个全新的蓬勃发展时代，在这个时代，人与人工智能或者机器人的协同将会是效率的重要决定因素。在这一背景下，我们将围绕技术创新和组织变革场景进行领导力理论的讲解和论述。

激发多元化员工潜能，必须创新赋能机制

新时代背景下，组织内部的员工多元化趋势越发凸显。新生代员工进入职场，代际差异是经久不衰的话题。在我国改革开放四十余年普通家庭积累的物质财富，以及实施了三十余年的独生子女政策的影响下，新生代员工对于职业发展的考量出现了明显的变化，特别是互联网原住民一代的成长，对劳动力市场影响深远。社会各界关注新生代员工独立、自我实现、性别平等以及工作-家庭平衡的诉求，同样也惊喜于他们卓越的创新和创意能力。如何激发新生代员工的创新创业潜能，赋能其成长，是组织中领导者的必修课。除了员工的代际差异，随着社会的进步，女性在职场中也发挥着越来越重要的作用。在这些典型的场景下，我们也将围绕代际差异领导力和女性领导力，阐述领导力在组织员工多元化趋势的背景下发挥作用的机制。

需要说明的是，根据戴维·纳德勒（David Nadler）和迈克尔·图什曼（Michael Tushman）提出的组织协同模型（the Nadler-Tushman congruence model），组织的分析框架由环境、战略与目标、正式组织与非正式组织、工作与技术、员工等元素构成。[①] 该模型强调协调内部因素和外部因素对组织有效运作及适应的重要性，以及组织适应外部环境的必要性，主张通过增强组织内部各因素之间的一致性来帮助组织改进其绩效。我们所刻画的所谓"典型场景"，并没有脱离经典的组织理论框架，而是在组织理论框架下，寻找与时代节拍共振的新兴热点管理问题。

简而言之，作为一本主要面向本科生的教材，本书并没有沿袭传统的

---

① Nadler D A, Tushman M L. A model for diagnosing organizational behavior [J]. Organizational dynamics, 1980, 9 (2): 35-51.

领导力理论或者组织行为学的既有体系，而是将这些经典理论融入当今时代背景下的典型场景之中。每一类场景中，聚焦主导的领导力需求是本书内容设计的出发点。我们希望打造一本既能够更好地贴合新时代企业实践，又扎根于领导力理论研究成果的新型教材，这也是我们编撰本书的初衷。作为一次略显大胆的尝试，放弃传统的领导力教材中以领导特质理论、领导权变理论、领导风格等分类的框架体系，实足考验我们的勇气；我们编者团队将这个版本的工作视为精益创业行动中的最小化可行产品（minimum viable product），希望广大读者、同行能够给予当前这个稚嫩的版本更多的反馈意见和建议，我们将在未来进一步对其进行修订和迭代，为领导力教材的多样化探索提供一种新的尝试路径。

第1章 领导力新挑战

学习目标

通过本章的学习，应该能够：

1. 认识数智时代组织面临的新挑战
2. 理解新挑战中蕴藏的组织管理新机遇
3. 反思数智时代领导力的作用

本章关键词

组织结构（organizational structure）

平台型组织（platform organization）

数字化转型（digital transformation）

人与人工智能协同（human-AI collaboration）

1.1 急剧变化的竞争环境

1.1.1 数据与证据

1.1.1.1 变革成为时代特征

党的二十大报告指出："当前，世界之变、时代之变、历史之变正以前所未有的方式展开……人类社会面临前所未有的挑战。"① 当今世界正面临百年未有之大变局，和平与发展仍然是时代主题，同时，不稳定性、不确定性更加突出，人类面临许多共同挑战。

具体到企业层面，VUCA 清楚地描绘了当前企业所面临的外部环境。VUCA 一词最初来自美国军方对苏联解体后世界形势的描述，此后逐渐被管理学家借鉴用以刻画企业所面临的易变的（volatile）、不确定的（uncertain）、复杂的（complex）和模糊的（ambiguous）外部环境。竞争环境的高度不确定，使得所有行业都面临被重新定义的问题。廖建文和崔之瑜在竞争环境分析中指出，2007 年移动互联网诞生后，行业环境愈发复杂和模糊。其原因在于数字化使得产品、服务和应用之间的可连接性进一步增强，原本割裂的价值链如今能够连接在一起，形成新的价值网络并促进产业融合。对于身处其中的企业来说，竞争对手与合作伙伴可能来自意料之外的领域，它们需要时刻准备进入新领域，应对新挑战。

2023 年，麦肯锡在《打造韧性势在必行：在不确定时代取得成功》一文中指出，世界日新月异、变幻莫测，但许多企业却只关注眼前的利益。新冠疫情让企业意识到，需要重新思考应对变化的方法。灾难性事件将更频繁、更难预测，其影响将更大，数字革命、气候变化和地缘政治不确定性等因素将加剧这一趋势：数字革命提高了数据可得性和互联程度，但也带来了风险。气候变化将导致企业面临更大的结构性风险。企业需要在多方压力下兼顾短期利益和长期可持续性。自然灾害和地缘政治风险将日益严重，全球供应链和信息流等都将受到影响。然而，大多数企业并未考虑自身在全球体系中的作用，也没有做好应对联系中断的准备。

---

① 习近平：高举中国特色社会主义伟大旗帜 为全面建设社会主义现代化国家而团结奋斗：在中国共产党第二十次全国代表大会上的报告［EB/OL］.（2022-10-25）［2023-10-10］. http：//jhsjk.people.cn/article/32551583.

1.1.1.2　百强企业更新换代

在过去的几十年间，商业世界风起云涌，变化万千。互联网、移动互联网、大数据、人工智能和物联网技术的兴起标志着数字经济时代正式拉开帷幕，全球企业共同见证了这些巨变，迎来新机遇的同时也面临前所未有的挑战。激烈的外部竞争使得一些传统巨头企业难以长期维持其垄断地位，许多行业面临重新洗牌。1955—2019 年，只有 52 家企业保持在《财富》世界 500 强榜单上，占比仅为 10.4%。超过 89% 的企业破产、被并购或跌出榜单。此外，标准普尔 500（美国市值最高的前 500 大企业）榜单信息显示，企业平均上榜时间从 1964 年的 33 年缩短至 2016 年的 24 年；预计到 2027 年，75% 的企业会从榜单上消失。①

与此同时，动荡的环境使得企业的生存与发展周期大大缩短。管理咨询公司 Innosight 于 2021 年发布的企业寿命预测报告表明，标准普尔 500 指数成分股企业的在榜时间正在缩短，企业寿命持续下降，独角兽企业的数量正在增加，但是标准普尔 500 指数成分股公司的空缺数量一直居高不下。此外，2018 年《改革开放 40 年浙商生存发展报告》显示，截至 2018 年 1 月 1 日，在浙江省存续的 577.3 万家市场主体中，存活 20 年以上的市场主体总量为 12 万家，仅占所有存续市场主体的 2%；超过半数的市场主体存活不到 5 年，而存活 3 年以下的市场主体总量最多，占所有存续市场主体的 43.3%。

案例1.1

微信：传统通信行业的破局者

随着 20 世纪 80 年代末第一部摩托罗拉手机进入中国，中国的手机市场一路高歌猛进。根据工业和信息化部的统计，2002 年 1 月，全国移动

---

① Foster R N, Kaplan S. Creative destruction: why companies that are built to last underperform the market—and how to successfully transform them [M]. Sydney: Currency Press, 2001.

电话用户量已经突破1.4亿,手机的语音通话功能成为通信运营商巨头们的营收基础。

然而,智能手机的诞生与移动互联网时代的到来悄然打破了这一格局。以中国移动为例,依据中国移动通信集团公司2009—2018年度报告的统计数据,2012年,其语音业务营收达到顶峰,为3 680亿元,占通信服务总营收的65.7%。但是,短短6年后,语音业务营收跌至1 080亿元,几乎要消失在运营商巨头们的营收报表上。联想到人们的手机日常使用习惯,我们不难发现这一变化背后的原因。

伴随着智能手机的普及和移动互联技术的进步,以微信为代表的即时通信应用快速获得了传统通信用户的青睐。相较于运营商按条计费的方式,微信提供的所有即时通信服务完全免费,并且包含文本、图片、视频传输、语音通话和视频通话等丰富的内容。在此基础上,微信还呈现出更加新颖的布局,提供更人性化的设计以及更为丰富的社交功能,给用户带来了良好的体验。以微信为代表的新兴即时通信应用逐渐开始对运营商的传统语音业务以及短信业务造成冲击。以微信和中国移动为例,根据腾讯计算机系统有限公司2011—2018年的年报,微信诞生于2011年年初,仅仅经过一年的发展其月活跃用户量就达到5 900万;随后,微信每一年的月活跃用户量始终保持着高速增长,并于2018年年底突破10亿大关。而伴随着微信月活跃用户量的高速增长,中国移动用户的月均语音通话时长却不断下降,从2011年的最高值525分钟降到2018年的320分钟;总短信发送数量也在2013—2014年下降了16.7%(见图1.1)。

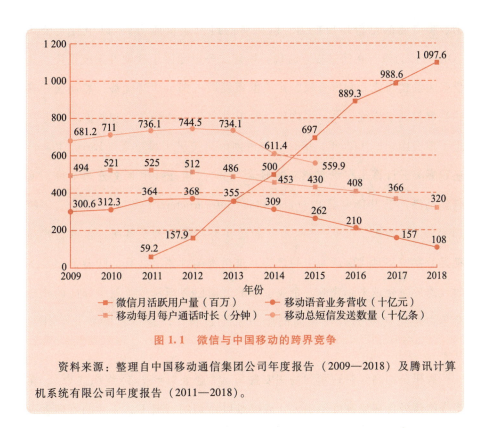

图 1.1 微信与中国移动的跨界竞争

资料来源：整理自中国移动通信集团公司年度报告（2009—2018）及腾讯计算机系统有限公司年度报告（2011—2018）。

1.1.2 组织管理中的机遇与挑战

数字经济时代打破了以往的组织发展规律，组织正面临前所未有的不确定性和非连续性。然而，我们所熟悉的经典管理理论大多是基于工业经济时代稳定环境中的传统大型组织开发的，它们是否还能够指导当今动荡环境中的企业实践？例如，迈克尔·波特（Michael Porter）于 20 世纪 80 年代提出的经典波特五力模型认为，企业竞争力受到五种力量的影响：同行业内现有竞争者的竞争能力、潜在竞争者进入的能力、替代品的替代能力、供应商的讨价还价能力、购买者的讨价还价能力。[1] 以甲骨文公司（Oracle）为例，在信息技术时代，甲骨文公司专注于软硬件集成系统，凭借强大的销售能力和定价权，在数据库领域占据了绝对优势，然而云计算的兴起打破了传统信息技术格局，对甲骨文公司的服务器和数据库业务产生了重大影响。2008 年，甲骨文公司创始人拉里·埃里森（Larry Ellison）还曾嘲笑云计算是"没有意义的概念"。时过境迁，甲骨文公司不得不追赶新趋势，于 2016 年推出 Oracle Cloud Infrastructure（OCI）云平台，不断加大云计算投入。可见，"闯入"的潜在跨界竞争者及其所提供的替代品都是数字经济时代应运而生的产物，难以提前预测。并且，随着数字经济时代跨界融合越来越普遍，企业生存的逻辑已逐渐从传统竞争导向的核心竞争力逻辑转变为合作导向的生态系统逻辑，以适应不断变化的外部环境。

腾讯公司高级管理顾问杨国安提出，"竞争力=战略×组织能力"。在当今组织外部环境高度不确定、战略难以预测的情况下，企业的管理者更需要着重提升组织能力。《无边界世界的新法则：德勤 2023 年全球人力资本趋势》指出，传统的工作模式正在被颠覆。数字化、虚拟化和元宇宙等新技术的兴起，打破了传统工作岗位中人工与技术之间的界限，催生出新的就业形态和工作方式。在新的时代背景下，学习能力和适应能力日益重要，这更加要求组织和个人做到以人为本，充分发挥人的主观能动性。因此，管理者们应回归对人的关注，最大化释放组织中人的价值，这样才能弥补企业自身成长与外部技术变革速度之间的差距。事实上，随着战略的复盘和迭代时间轴的快速缩短，提升组织能力、激活个体的创业精神与创新能力，已成为企业应对不确定性的关键。

---

[1] Porter, M E. Competitive strategy [M]. New York: Free Press, 1980.

1.2　日益模糊的组织边界

1.2.1　数据与证据

1.2.1.1　组织结构变革趋势

企业组织结构是企业通过规定员工的职责范围、权力和责任，促进员工分工协作、实现组织目标的模式。组织结构是一个不断演化的过程，古典组织结构一般包括直线制、职能制和直线职能制三种。

直线制是最简单的组织形式，在这种组织结构中，权力从最高层往下传递，每个下级人员只对直接上级负责，企业的一切管理工作均由厂长（经理）直接指挥，不设专门的职能机构。职能制组织结构最早由"科学管理之父"弗雷德里克·泰勒于19世纪80年代提出，与直线制不同的是，职能制强调按照专业分工设置相应的职能管理部门，实现专业分工管理。直线职能制又被称为直线参谋制，是综合了直线制和职能制的优点产生的。直线职能制以直线制为基础，设立了两套管理系统：一是直线制的直接指挥系统，二是按照职能分工建立的职能管理系统。直线领导负责统一指挥，职能部门设立在直线领导之下，从事专业管理工作。

随着社会环境的变化，组织内部的生产经营日益复杂，组织规模不断扩大，现代组织结构模式应运而生。现代组织结构模式主要包括事业部制和矩阵制。事业部制最先由美国通用汽车公司创建。其特点是按产品或地区的不同，将企业划分为不同的事业部，在总公司的领导下，每个事业部实现独立核算、自负盈亏。各事业部在不违背公司总目标和总方针的前提下，可以充分发挥主观能动性，根据不同地域或产品的特点自行安排日常经营活动。

矩阵制组织结构又被称为规划-目标结构组织，是美国一些大公司所创立的一种新的组织管理形式。一般而言，这种组织结构是为了完成某一特殊任务（如产品开发）而组建的，每个项目小组完成任务后可以撤销，团队成员仍然回到原部门工作。矩阵制组织结构改变了传统的单一直线垂直领导系统，使每一个员工同时受到行政主管和产品主管的管理，呈现出交叉领导和协作关系。

现代管理学之父彼得·德鲁克（Peter Drucker）曾经预言：未来的企业组织将不再是一种金字塔式的等级制结构，而会逐步向扁平式结构演变。随着 VUCA 背景下环境不确定性程度的提高以及新兴技术的不断涌现，组织越来越需要发挥员工的主动性以应对外界纷繁复杂的环境变化。我们认为，随着社会分工的发展，组织结构将逐步从科层制演变为适度授权、扁平化、协作式及碎片化的组织结构。

1.2.1.2 平台型组织的兴起

1. 平台型组织的定义、特点与优势

1996 年，美国学者克劳迪奥·西博拉（Claudio Ciborra）在《组织科学》（*Organization Science*）上发表论文，正式提出"平台型组织"的概念，并将其定义为"能在新兴的商业机会和挑战中构建灵活的资源、惯例和结构组合的一种结构"[1]。平台业务模式不是一种技术基础设施，而是一种商业模式，专注于促进大量参与者之间的互动。它通过促进两个或多个相互依赖的群体之间的交换来创造价值。与线性业务直接创建和控制库存的方式不同，平台业务不直接创建库存。平台型企业通过促进互动、交易或关系来产生价值，并充分利用网络效应。随着互联网经济的蓬勃发展和平台商业模式的兴起，平台型组织在中国的企业界得到了广泛关注并迅速成为一种流行趋势。这种组织形态被视为现代企业适应快速变化的市场环境的关键策略之一，尤其在推动技术创新、优化客户体验和增强市场竞争力方

---

[1] Ciborra C U. The platform organization: recombining strategies, structures, and surprises [J]. Organization science, 1996, 7 (2): 103-118.

面显示出其独特的优势。[1]

波士顿咨询公司（BCG）基于其丰富的组织管理知识并结合对多家企业的访谈结果，提炼出平台型组织的四大重要特征：大量自主小前端、大规模支撑平台、多元的生态体系，以及自下而上的创业精神。其中，大量自主小前端一般由跨职能部门的成员组织，在被赋予自主权的同时也需要自负盈亏；大规模支撑平台旨在建立标准且简洁易用的界面，使得各个职能实现模块化，进而形成资源池，便于资源共享；多元的生态体系能够使得体系内的企业相互影响、协同治理、相互合作，为创造更大的价值提供可能性（见图1.2）；自下而上的创业精神则体现在项目、产品、创意等由小前端启动，平台负责资源配置，领导者不再事无巨细地实施管理，而是更多地进行授权。[2]

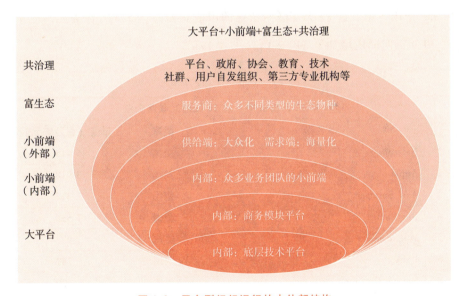

图 1.2 平台型组织运行的内外部结构

资料来源：康德隆，考夫曼，莫里厄，等. 平台化组织：组织变革前沿的"前言"[J]. 商业评论，2016，(10)：108-134.

---

[1] 井润田，赵宇楠. 平台组织：热潮中的反思 [J]. 清华管理评论，2016，(9)：33-38.
[2] Porter M E. Competitive strategy [M]. New York：Free Press，1980.

在这些特征下，平台经济具有较高水平的生态性、开放性、共赢性及普惠性，同时，平台型组织具备一般组织难以获得的优势，比如：突破企业边界，为企业吸收更多资源与信息，解决经营规模和范围有限的问题；通过对资源的灵活配置，构建出具有多样性和适应性的产品及服务；提供基础设施和规则连接生产者与消费者等多边市场等。①

2. 平台型组织的现状

正是由于平台经济所具备的这些优势及特征，越来越多的企业开始向平台型组织转型；同时，平台经济渗透到社会的方方面面。基于全球上市公司市值排行网 CompaniesMarketCap 提供的数据，截至 2023 年 12 月，在按照市值计算的全球 15 大互联网企业中，平台型企业有 12 家，其中美国 9 家、中国 3 家。这 15 大互联网企业的市值总和高达 5.8 万亿美元，在不到 30 年的时间内增加了 340 多倍（见表 1.1）。

表 1.1 互联网平台的崛起

1995 年 12 月市值排名前 15 位的互联网企业			
	名称	国家	市值（百万美元）
1	Netscape	美国	5 415
2	Apple	美国	3 918
3	Axel Springer	德国	2 317
4	RentPath	美国	1 555
5	Web.com	美国	982
6	PSINet	美国	742
7	Netcom On-Line	美国	399
8	IAC	美国	326
9	Copart	美国	325
10	Wavo Corporation	美国	203

---

① Gawer A, Cusumano M A. Industry platforms and ecosystem innovation [J]. Journal of product innovation management, 2014, 31 (3): 417–433.

第1章 领导力新挑战

（续表）

1995年12月市值排名前15位的互联网企业			
	名称	国家	市值（百万美元）
11	iStar Internet	加拿大	174
12	Firefox Commnications	美国	158
13	Storage Computer Corp.	美国	95
14	Live Microsystems	美国	86
15	iLive	美国	57
	总市值		16 752

2023年12月市值排名前15位的互联网企业			
	名称	国家	市值（十亿美元）
1	Alphabet（Google）	美国	1 698
2	Amazon	美国	1 523
3	Meta Platforms（Facebook）	美国	855
4	Tencent	中国	371
5	Netflix	美国	199
6	Pinduoduo	中国	185
7	Alibaba	中国	184
8	ServiceNow	美国	143
9	Uber	美国	127
10	Booking Holdings	美国	114
11	Shopify	加拿大	93
12	Airbnb	美国	90
13	MercadoLibre	阿根廷	80
14	Equinix	美国	75
15	Meituan	中国	67
	总市值		5 804

1.2.2 组织管理中的机遇与挑战

20世纪70—90年代，经典战略分析框架逐渐形成。迈克尔·波特于1980年提出的波特五力模型强调企业一定要"入对行"，行业结构因素会对企业的发展产生重要影响。而伴随着资源基础理论、动态能力理论的盛行，人们开始认为，企业应当不断提升自身的核心竞争力，从而实现可持续发展。①②廖建文和崔之瑜认为经典战略框架的前提假设是"零和博弈"，企业之间必须通过竞争来占据有限的核心资源。企业核心竞争力不可避免地趋于单一化，围绕核心竞争力所搭建的组织结构、流程等"配套设施"不断固化，企业的路径依赖程度会越来越高。随着移动互联网和智能硬件的普及，产业环境、消费者需求都发生了巨大的变化。行业边界逐渐模糊，跨界竞争盛行；客户整合性的个性化需求不断升级。外部竞争环境的模糊和动荡对组织单一的核心竞争力提出了挑战。"零和博弈"的竞争思维不再适用于当下的数字经济时代，当今的一流企业都在构建一个边界开放的"生态系统"，它们自身有着领先技术的深厚积淀，同时又更加关注如何赋能、激发更多的企业参与价值共创。这种组织生态系统能够充分利用组织资源，促进跨部门、跨组织合作，激发员工的活力和主动性。作为数字经济时代组织发展的大趋势，如何构建边界开放、互利共赢的生态系统，也是目前理论界和实践界需要认真思索的问题。

1.3　推动发展的数字革命

1.3.1　数据与证据

1.3.1.1　人工智能改善工作

2022 年 9 月，红杉资本官网发布《生成式人工智能：一个充满创造性

---

① Barney J. Firm resources and sustained competitive advantage [J]. Journal of management, 1991, 17（1）：99-120.
② Teece D J, Pisano G, Shuen A. Dynamic capabilities and strategic management [J]. Strategic management journal, 1997, 18（7）：509-533.

的新世界》（Generative AI：A Creative New World）文章，把人工智能分成两类：分析型人工智能和生成式人工智能。2016年，分析型人工智能开始大规模应用于组织内部，全球人工智能市场规模从2016年的约600亿美元发展到2021年的近3 000亿美元。分析型人工智能通过推荐系统、计算机视觉和自然语言处理等技术，极大地提高了企业工作的效率和质量。比如，人工智能可以简化招聘流程，减少偏见，从而减轻人力资源管理的负担。职场社交平台领英和Glassdoor等使用机器学习解决方案，将搜索范围缩小到合适的候选人。百度依托百度大脑人工智能技术实现的"人岗匹配模型"快速筛选出适合各个岗位的应聘者，唤醒人才库中的简历信息资源，帮助提升简历筛选和匹配效率。人工智能还可以进行任务分配和目标设定，使管理更具效率和准确性。在快递员、外卖骑手、网约车司机的工作场景中，算法可以根据过往绩效、业务需求、交通情况、天气等数据信息给员工分配任务、设定绩效目标。在医疗领域，法国知名市场调研公司ReportLinker发布的报告预测，全球医疗保健人工智能市场规模将从2023年的146亿美元增长到2028年的1 027亿美元，其间，复合年增长率为47.6%，自然语言处理技术将会越来越多地应用于患者数据和风险分析、生活方式管理和监测等各个方面。

生成式人工智能的代表性产品是ChatGPT。ChatGPT于2022年11月30日发布，并迅速火爆全网，其研发者美国OpenAI公司的创始人包括特斯拉公司的首席执行官埃隆·马斯克（Elon Musk）、硅谷投资家萨姆·奥尔特曼（Sam Altman）等。ChatGPT可以仿照人类的逻辑思维和表达模式执行各种任务，最直接的应用场景是搜索、客服、问答和咨询等交互领域。同时，ChatGPT在科学研究、文学创作、艺术创作、设计以及教育培训等专业领域都有巨大的应用潜力。程序员可以用ChatGPT写代码；教师可以通过ChatGPT批量处理作业，辅助答疑；咨询公司可以利用ChatGPT

撰写分析报告；等等。中国科学院大学教授、中国物联网产业带头人之一的易卫东表示，通过ChatGPT这样的平台应用，人类的智力得以从一般性的学习与思考中获得解放，从而能够更加专注并投入于更具创造性的劳动中，它的意义本身远远超过了聊天机器人，是人工智能应用发展的又一新的里程碑。

1.3.1.2 组织加快数字化转型

数字经济是未来的发展方向，是经济增长的新动能和新机遇。《中华人民共和国国民经济和社会发展第十四个五年规划和2035年远景目标纲要》强调，迎接数字时代，激活数据要素潜能，推进网络强国建设，加快建设数字经济、数字社会、数字政府，以数字化转型整体驱动生产方式、生活方式和治理方式变革。以往的企业信息化主要是单个部门的应用，很少有跨部门的整合与集成，其价值主要体现在效率提升方面。数字化是企业整个业务流程进行数字化的打通，破除部门墙、数据墙，实现跨部门的系统互通、数据互联，全线打通数据，为业务赋能，为决策提供精准洞察。从数据的角度看，以往的信息化也有很多数据，但数据分散在不同的系统里，没有打通，也没有真正发挥出数据的价值。而数字化是真正把数据看作一种资产，可以使企业通过"数字资产"更好地盈利或提升效率。

随着数字化变得愈发重要，企业数字化转型也得到了越来越广泛的推广。清华大学全球产业研究院在《中国企业数字化转型研究报告（2021）》中指出，走在数字化转型前列的行业，已经由先前的局部突破走向全面覆盖，并向纵深方向跃迁。而数字化转型起步相对较晚的产业，如农业、畜牧业、石油和天然气开采业、燃气生产和供应业等，也普遍认识到数字化转型的大势所趋，纷纷启动数字化转型。红杉中国发布的《2021企业数字化年度指南》的数据显示，受访企业中，超过九成（95%）已经开展了不

第1章 领导力新挑战

同程度的数字化实践,主要处于探索和加速推进状态,其中超过三成(32%)的受访企业开始尝试探索数字化,超过四成(42%)的受访企业正在加速推进数字化。全国信息技术标准化技术委员会大数据标准工作组、中国电子技术标准化研究院发布的《企业数字化转型白皮书(2021版)》表明,当前国内一半以上的企业已经将数字化转型视为下一步发展的重点,并制定了清晰的数字化转型战略规划。国内传统企业的数字化转型已经从部分行业头部企业的"可选项"转变为更多行业、企业的"必选项"。人工智能的应用是数字化转型的重要特征。根据《麻省理工斯隆管理评论》(*MIT Sloan Management Review*)与波士顿咨询公司于2017年联合发布的《人工智能重塑企业》(*Reshaping Business With Artificial Intelligence*)报告,多位行业管理者认为人工智能技术在五年内发挥的作用会大幅提升(详见图1.3)。

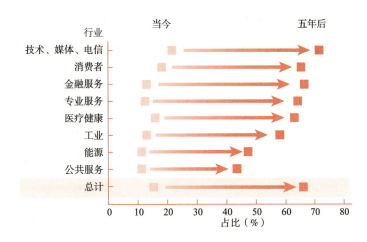

图1.3 人工智能应用影响产品和服务的行业差异

注:图中所指"占比"为受访者中认为自身所处行业在当今和五年后受人工智能影响较大的比重。

1.3.2 组织管理的机遇与挑战

学者史蒂文·奥尔特（Steven Alter）将工作定义为应用人力、信息、物理和其他资源来生产产品或创造服务。从以上实践中我们可以看出，随着企业数字化转型的加快和人工智能对工作的深刻影响，领导者应该重新思考如何使技术成功赋能组织，提高企业效率。

首先，尽管人工智能能够提升员工的工作水平，但其发展使得人类面临与人工智能协同工作的新挑战。李开复在《AI·未来》一书中总结道，"由人工智能负责例行的、重复性的优化任务，人类负责需要创意和战略思维的工作和处理人际关系"。人工智能创造了许多前所未有的全新工作，例如人工智能训练师、无人驾驶行业的"无人车保姆"以及各类人工智能众包平台背后的"土耳其机器人"。这些变化都引领管理者重新思考数字化时代工作本质的变革。

同时，组织管理也面临全新的挑战。社会交换理论（social exchange theory）由乔治·霍曼斯（George Homans）于20世纪50年代提出，该理论认为，人们之间的关系是一种社会交换关系，人们会根据对交换的预期收益或成本来决定是否进行交换。[1] 社会身份理论（social identity theory）由亨利·泰弗尔（Henri Tajfel）和约翰·特纳（John Turner）于20世纪70年代提出，该理论认为，人们会将自己归类为不同的社会群体，并根据这些群体身份来定义自己，群体身份会影响人们的认知、情感和行为。[2] 以往的管理举措大多基于社会身份理论和社会交换理论等人际互动理论框架，这些举措是否还适用于激励员工与人工智能的协同工作？而数字化时

---

[1] Homans G C. Social behavior as exchange [J]. American journal of sociology, 1958, 63 (6): 597-606.

[2] Tajfel H, Turner J. An integrative theory of intergroup conflict [M]//Austin W, Worchel S, The social psychology of intergroup relations. Monterey, CA: Brooks/Cole, 1979: 33-48.

代下的技术和算法将人们从机械化的重复劳动和简单脑力劳动中解放出来，使其更加投入于真正创造价值的创新性、战略性思考。因此，以往效率导向的绩效管控正面临前所未有的压力，而创新导向的绩效管理将迎来前所未有的契机。管理者们应顺应数智时代的工作变革，及时调整组织管理方式，从而释放员工的创造力和洞察力，实现真正的工作价值。

1.4 多元包容的员工群体

1.4.1 数据与证据

1.4.1.1 新生代员工进入职场

数字经济时代，互联网、物联网、大数据和人工智能等技术推动了组织之间的跨界竞争与合作。在此背景下，企业不仅需要应对动荡的外部环境、弱化的组织边界和新兴的工作形式，还需要应对最具能动性的管理要素——"人"的变化。曾经代表年轻一代的 80 后已经开始面临职场的"中年危机"，而 90 后员工正在成为各行各业的中坚力量。尤其是在互联网行业普遍年轻化的知识密集型企业中，新生代员工正逐渐成为组织发展的中流砥柱。在美国，研究者通常把 1983—1995 年出生的群体称为"Y 世代"；国内对新生代员工的研究起步较晚，尚未形成统一明确的定义，现在一般认为新生代员工是指出生于 20 世纪 90 年代之后，伴随着改革开放、市场经济和信息技术成长起来的员工群体。

成长于市场经济体制和信息技术飞速发展背景下的新生代员工，希望在自由、灵活、弹性的环境中工作，他们的工作态度、工作需求和办公习惯相较于上一辈员工发生了极大的转变。新生代员工既追求物质满足，又追求精神自由，这种复合性需求对企业沿用已久的激励方式提出了挑战。

根据麦可思研究院发布的《2022年中国本科生就业报告》，2021届中国本科毕业生在毕业后半年内的离职率超过了20%。离职的主要原因包括寻求更高的薪资福利和更大的发展空间。相较于2019年之前的本科毕业生，近两届本科毕业生出于这些原因而离职的比例有所下降。此外，近五年来，因为准备深造而离职的本科毕业生比例大幅上升。2021届本科毕业生中，有21%的人因准备深造而离职，比2017届出于同样的原因而离职的比例（13%）上升了8个百分点。

1.4.1.2　女性领导者日益普遍

女性领导力这一概念最早出现在《哈佛商业评论》中，其当时的英文表述为"women in leadership"，直译为担任领导职务的女性。近年来，随着全球范围内女性受教育水平和经济参与度的不断提升，女性崛起成为一个不容忽视的主题。得益于中国政府对于性别平等的持续推动，中国在性别多样化上的表现也极其亮眼。根据世界银行发布的数据，2022年中国女性劳动参与率高达68.57%，远超世界平均水平。在《财富》杂志发布的"2020年全球最具影响力商界女性排行榜"中，中国女性占11席，所占比例为22%，排名最高的是平安集团首席执行官陈心颖（位居全球第二）。胡润研究院发布的"2023胡润全球白手起家女企业家榜"显示，2023年全球共有109位白手起家的女性十亿美金企业家，其中有68人来自中国，使中国成为全球拥有最多成功女企业家的国家；榜单排名前10的女富豪中有7位来自中国，翰森制药集团创始人钟慧娟以625亿元人民币财富位居第三。同时，越来越多的世界一流企业开始由女性担任最高领导者。2020年《财富》世界500强榜单的企业中，女性首席执行官数量攀升至37人，而2010年仅为15人。可以说，女性已经成为组织中不可忽视的重要力量。

在数字化等新技术不断发展进步的时代，女性的很多天然柔性特质，如注重情感体验、善于换位思考、勤于合作融合等，将释放无限潜能，创造更大价值。比如科技细分领域的人工智能，目前缺失"情绪智力"，即感知、使用、管理自己和他人情感的能力，注入女性的上述特质可以极大地提升人机交互的体验感和幸福感。除此之外，大量研究也证实了女性领导者的作用。瑞信研究院 2020 年发布的 *CS Gender 3000* 报告显示，董事会成员中有女性的公司，在股市中的表现会更好。在线决策平台 Cloverpop 调查了 200 个团队做出的 600 项商业决策，发现性别多元化的团队在 73% 的情况下优于单一性别决策者。学者齐菁 2022 年发布的研究指出，领导层性别多元化的公司占领新市场的可能性高 70%，营收高 19%。联合国的报告显示，女性领导力在推动 2030 年可持续发展议程方面发挥了关键作用，拥有更多女性政治领导人的国家往往更重视卫生、教育、基础设施和制止暴力侵害妇女行为等问题。根据致同会计师事务所发布的《2022 商业女性调查报告》，超过 70% 的企业正在力争创造一个更具包容性的环境，以吸引和留住女性人才，预计 2025 年企业女性高管的比例将达到 34%，女性领导力将在社会中发挥更大的作用。

1.4.2　组织管理中的机遇与挑战

随着数字经济的蓬勃发展，企业外部环境的变化速度加快，组织能力成为企业获取竞争力的关键抓手。人力资本已成为组织的第一生产要素，企业必须充分意识到人与组织的关系已由雇佣转变为互利共生。随着新生代员工在职场中的比例不断提高，其在组织中的影响力也不断提升。虽然新生代员工相较于老一辈员工在个性、需求、就业选择和市场化程度上存在的差异，势必会给组织的管理和沟通带来挑战，但新生代员工展现出的价值观多元、思维活跃和自主性强等特征，也将成为组织未来发展新的助推剂。因此，"以人为本"的管理模式势在必行，组织在考虑自身管理诉求的同时，也要尊重和兼顾新生代员工的实际需要，通过赋能及合伙人制等激励模式营造良好的组织氛围，打造丰富的工作场景，实现更有效的人才利用和更充分的潜能挖掘。

同时，尽管社会对女性的包容程度越来越高，但女性在职业发展中却仍面临明显的困境。女性传统角色期望与女性领导者之间的冲突使得职场中的女性领导者不被认同或者被敌视，面临极大的角色挑战。相较于男性，女性往往承担更多的家庭责任，需要应对更大的工作-生活冲突。尽管当下越来越多的女性进入职场并成为管理者，但由于性别偏见、刻板印象等因素的存在，女性职业发展面临"天花板"效应，从而难以晋升到高管队伍中。在组织日益多元化的当今社会，女性领导者对实现更加包容、开放、创新的组织至关重要，如何破除女性职业"天花板"、发挥女性的领导力也是组织需要解决的关键问题。

本章小结

本章探讨了数智时代领导力面临的新挑战。在 VUCA 时代，企业所处的外部环境变得高度不确定，竞争加剧，传统的商业模式和管理方式遭遇颠覆。与此同时，组织的边界变得日益模糊，跨界合作与平台型组织的崛起推动企业必须具备更强的适应能力和资源整合能力。数字革命进一步改变了企业的运作方式，人工智能、数字化转型等技术不仅提升了企业的效率，也带来了新的管理挑战。除此之外，员工群体的多元化，尤其是新生代员工和女性领导者的崛起，要求组织在管理中更加注重包容性和多样性。领导者必须在这一复杂环境中找到平衡，不仅要应对技术变革，还要关注团队建设和个体激励，以实现组织的持续创新和竞争力提升。

第1章 领导力新挑战

问题思考

1. 在 VUCA 环境下的组织领导者需要具备哪些能力？
2. 数字化转型向传统企业提出了哪些具体挑战？
3. 在新的背景下，领导者应如何管理多元化的员工群体以提升企业的竞争力？

课后案例

打通底层屏障　钉钉助力大型企业数字化转型

2022 年 9 月 21 日，钉钉宣布，近两年来，钉钉上 100 万人以上、10 万人以上、1 万人以上的企业组织数均增长一倍左右。截至 2022 年，钉钉上 100 万人以上的企业组织超过 30 家，10 万人以上的企业组织超过 600 家，2 000 人以上的企业组织贡献了钉钉近三分之一的活跃度。据了解，钉钉以陪伴式服务、云钉一体生态和各行各业的最佳实践来服务领军企业，同时开放集成与被集成，让每家企业都能打造承载自身管理思想的数字化底座。

钉钉明确 PaaS（平台即服务）化定位，基于 PaaS 化产品底座和开放的生态，已经基本形成了面向各行各业大客户的产品能力。钉钉文档、钉闪会、钉钉项目 Teambition、音视频、IM（即时通信）等基础产品，以及上下游组织、上下级组织、服务窗等企业间连接产品，为企业在线办公提供协同工具。钉钉在行业内力推低代码，首创酷应用，让低门槛开发的业务应用能够在高频的群聊等场景中获得使用。

在标准版钉钉基础上，钉钉针对中大型企业推出专属钉钉，支持 App（应用程序）个性化定制、全方位的安全服务、低门槛集成业务系统及混合云的部署方式。钉钉还打造了丰富的连接器和主数据规范，帮助企业将已有的业务系统以更低的成本集成到钉钉上，并实现各系统间的数据互通，让数据流动起来，沉淀数据资产，辅助经营决策。钉钉也宣布进一步开放 PaaS 能力，联合伙伴推出智能差旅、智能合同、智能工作台、智能营销等融合产品，提升在合同、差旅、跨组织营销等企业高频场景的服务能力。

据介绍，《财富》杂志公布的 2022 年世界 500 强企业名单中有 145 家中国企业，其中超过 80% 在使用钉钉。《财富》杂志公布的 2022 年中国 500 强企业也有 80% 在使用钉钉。比如，作为零售行业的领军企业，波司登用数据的可视化、透明化抵抗零售业的不确定性。2021 年，波司登 2 万名员工以及上下游接入专属钉钉。通过云钉一体能力，波司登打通了前端销售、中端库存和后端生产流程，将烦琐的流程简化、标准化，整体协同效率提升了 20%。同时，波司登还实现了门店数字化管理，快速响应市场变化，热销货品最快 7 天就能完成从生产到上架销售的过程。

资料来源：大型企业数字化加速 钉钉万人以上企业组织数两年翻番［EB/OL］.（2022-09-21）［2024-09-14］. http：//www.jjckb.cn/2022/09/21/c_1310664649.htm.

思考题

1. 钉钉是如何帮助大型企业解决企业管理中的沟通和效率问题的？
2. 你认为钉钉的低代码平台给企业员工的工作方式带来了哪些变化？
3. 从波司登的例子看，钉钉是如何支持企业管理和业务发展同步推进的？

第 2 章　领导力理论

学习目标

通过本章的学习，应该能够：

1. 认识和理解三种经典领导力理论
2. 了解几种新兴领导力理论
3. 理解中国文化情境下的经典领导力理论

本章关键词

领导力（leadership）

领导特质理论（trait theory of leadership）

领导行为理论（behavioral theory of leadership）

领导权变理论（contingency theory of leadership）

领导-成员交换理论（leader-member exchange theory）

变革型领导（transformational leadership）

共享型领导（shared leadership）

家长式领导（paternalistic leadership）

> 领导力
> 基础理论与中国情境

引导案例

马云：魅力型领导者的代表性人物

马云，1964年出生于浙江杭州，阿里巴巴集团创始人，中国内地第一位登上美国权威财经杂志《福布斯》封面的企业家。马云准确把握了互联网市场和电子商务的脉搏，创办淘宝网，发展支付宝；创建天猫商城，启动"双十一"狂欢；打造菜鸟物流。作为阿里巴巴的创始人，马云带着他的团队一步步发展壮大，阿里巴巴今天所取得的成就得益于其独特的领导风格与高超的领导力水平。

（1）**强大的自信心**。马云说过："我深信不疑我们的模式是会赚钱的……珠穆朗玛峰是世界上最高的山峰，阿里巴巴是世界上最富有的宝藏。"很多人称其为狂人，而这正是其自信的表现。创业之初马云就说过很多"大话"，无论是从盛传的"马云语录"，还是从那些关于他的书籍的描述中，我们感觉到的都是一个自信满满的马云。马云不断地向外界传达他的想法，同时也向外界展现自己的魅力，其员工当然也会受到感染，并不断地接收到这种"正能量"。

（2）**强烈的权力欲望**。阿里巴巴的一个前员工在谈及马云时说道："任何未来想在中国科技行业中做点什么的人，在谈及马云时都要慎言，因为他的影响力太大了。"马云运用他过人的智慧巧妙地控制着阿里巴巴的管理团队，他说："不要让你的同事为你干活，而要让我们的同事为我们的目标干活。"这就是其智慧所在。

（3）**极强的意志力和坚定的信念**。马云出身于一个普通的家庭，他坚信只有知识才能改变命运。马云从小便对英语有浓厚的兴趣，在整整九年的时间里，他每天都早早起床，骑上他的自行车奔向杭州大酒店，在那里和外国游客交朋友，免费充当他们的导游，以练习自己的英语。马云参加了三次高考，前两次均以落榜而告终，但他始终没有放弃，终于在第三次高考时考上了杭州师范学院（今杭州师范大学）。

(4) **明确的使命和愿景**。1994年，马云创办了一家翻译公司，借着去美国出差的机会接触到了互联网，并在那时描绘起自己宏伟的蓝图和愿景。1999年，他联合17位朋友在杭州的一套公寓里创立了阿里巴巴，并发表了励志演讲："中国人的大脑和美国人一样聪明，这正是我们敢于和他们竞争的原因。如果我们是一个优秀的团队，而且我们知道自己想要做什么，那么我们就能以一当十。"这些掷地有声的话语展现了马云的雄心、愿景、斗志和使命。

(5) **以人为本**。马云的领导给予其员工极大的发展空间。在阿里巴巴，马云对每一个员工并没有硬性的工作要求，而是给大家一个共同的愿景，引导其努力。例如，对于阿里巴巴的财务总监和市场总监，马云给出的是一个需要实现的目标，而如何实现则由他们自己决定。这样一来，管理者和员工就有很大的空间按照自己的思路和经验工作，最大限度地发挥自己的能力，更能从工作中获得成就感。春节时，马云会给员工家属写信，告诉他们该员工在公司的工作情况和公司的发展前景，并感谢家属为公司输送了如此优秀的员工，使员工及其家属都能感受到公司的关爱。

(6) **对环境的敏锐应变**。马云是一位真正的创新者。与他同时代的人大多复制海外成熟的商业模式，创立"中国谷歌""中国亚马逊"以及"中国推特"等。但当马云1999年创立阿里巴巴时，企业对企业（B2B）电子商务网站还不存在。这是他善于审时度势的表现。除此之外，马云还总能在危机到来前做好预防、化解危机的准备，跟随时代的脚步不断变革创新。

资料来源：李舒. 基于魅力型领导视角论：马云和他的"阿里巴巴"[J]. 人力资源管理，2015，（11）：16-17.

领导力
基础理论与中国情境

> **思考题**
>
> 1. 马云具备优秀领导者的哪些特质？
> 2. 马云的哪些领导行为对阿里巴巴的成功做出了贡献？
> 3. 马云的领导风格适合什么样的企业？

马云无疑是一位杰出的领导者，作为阿里巴巴的创始人，马云带领他的团队一步步发展壮大，他的管理思想对很多企业乃至人力资源的布局都有很大的启迪意义。

鉴于领导力对组织产生的巨大影响力，各国研究者都对其进行了大量的研究，产生了多种经典领导力理论以及领导-成员交换理论等新兴领导力理论，除此之外，中国传统的儒家文化也催生了中国文化情境下的经典领导力理论——家长式领导。基于相关科学研究，本章将进一步介绍当前学术界较为主流的领导力理论，建立领导力认知的基础理论框架。

2.1 领导力的基本定义

什么是领导力？领导力被广泛地界定为一种影响力，是个人或组织带领其他个体、团队或组织实现共同目标的能力。在中国古代思想巨著《孙子兵法》中，领导力被视作一种智慧、信任、仁义、勇气和自律的融合体，这与19世纪末20世纪初西方学者们提出的领导特质理论不谋而合。到了20世纪40年代，学者们开始聚焦领导过程，关注不同类型的领导行为，从而产生了领导行为理论。20世纪60年代，学者们进一步关注各类领导行为产生效能的情境边界，形成领导权变理论。20世纪末21世纪初，组织战略和组织能力越来越受到人们的关注，变革型领导等新兴领导力理论也相应地产生了。而中国传统的儒家文化催生了中国文化情境下的经典领导力理论——家长式领导。

如今，我们正处于一个需要中国企业追求高质量发展、走中国式现代化道路的新时代，在此背景下，建立具备超凡实力和混合能力的组织，更加需要立足于中国特色，培养企业家的卓越领导力。

2.2 经典领导力理论

2.2.1 领导特质理论

2.2.1.1 领导特质理论的源起

20世纪初，人们一般会认同"领导者是天生的"这一观点。领导者天生与众不同，因此，人们认为如果领导者确实拥有某些独特的特质和才能，那么这些特质一定可以在当时的政治、工商和宗教领袖身上找到。于是，研究者对这些领袖进行了长时间的观察和解读。"伟人理论"也影响了当时大批的研究者，他们迫切地希望找到那些使人成为领导者的特质。第一次世界大战期间，特曼（Terman）的斯坦福-比奈智力测试题（Stanford-Binet Intelligence Scales）广泛应用于当时军队阿尔法项目的陆军军官测试。学者们逐渐开始关注个体智力与领导力之间的关系。领导特质纷繁复杂，很难明确地总结出一些普适的特质。20世纪60年代末，盖尔（Geier）发现在以往研究者们探讨过的八十多种领导特质中，只有五种特质能够在四项以上的研究中被重复验证。随着大五人格框架的提出，人们对领导特质有了更为清晰的认识。一项发表于《应用心理学杂志》（*Journal of Applied Psychology*）的大五人格综述研究发现，众多文献中的领导特质大多可以归入大五人格的某一个维度之下（例如雄心壮志所对应的外倾性）。虽然始终难以验证"领导者是天生的"这一论断，但是通过大量的领导特质研究，学者们对于各种人格特质和个体特征如何推动或阻碍领导者有效构建团队、取得成果的作用的认识已逐步加深。他们通过归纳总结，找到了一些能够预测领导者涌现甚至提升领导有效性的有效领导特质，例如，外向性、责任感、经验开放性、情商、主动性和成就动机等。本节将介绍领导者的人格、情商、主动性和成就动机对于领导有效性的影响，并且讨论这类研究对领导力实践的重要启示。

2.2.1.2 有效领导特质

1. 大五人格

人格（personality）一词来自拉丁文"persona"，原指演员所戴的"面具"，后引申为人物、角色及其内心的特征或心理面貌。人格是指一个人独特的、稳定的和本质的心理倾向及心理特征的总和。

尽管过去的理论研究已经识别并考察了大量人格特质，但一般而言，它们可以被归为五类描述人格的维度，称为大五人格维度（big five personality dimensions）[1]，当因素分析应用于性格测试数据时，它揭示了一种语义关联：一些用于描述人格的词通常适用于同一个人。例如，尽职尽责的人更有可能被描述为"随时准备好的"而不是"凌乱的"。这些关联展现了常用语言中用来描述人类个性的五个广泛维度，包括外向性、宜人性、责任感、情绪稳定性和经验开放性。[2] 大五人格维度的具体内涵如表2.1所示。这些人格维度在表现程度上是连续变化的，一个人可能在各个维度上有高、中、低等不同程度的表现。

---

[1] Goldberg L R. The structure of phenotypic personality traits [J]. American psychologist, 1993, 48（1）：26-34.

[2] Costa P T, McCrae R R. The Five-Factor Model and the NEO inventories [M]//Butcher J N, Oxford handbook of personality assessment. New York：Oxford University Press, 2012：299-322.

表 2.1 大五人格维度

人格维度	内涵	具体表现
外向性	外向性是指一个人开朗、喜欢社交、乐于交谈,以及与陌生人会面和交谈时感到轻松自在的程度	外向性水平高的领导者往往较为自信,且表现出一定的支配特质。他们富有竞争性且果断,喜欢管理别人或对他人负责
宜人性	宜人性是指一个人能够秉持友善、合作、宽容、同情、理解及信任的态度来与他人相处的程度	宜人性得分高的领导者看上去容易接近、热心且真诚,容易得到下属的信任
责任感	责任感是指一个人负责、可靠、坚持、有组织性以及预先计划的程度	一位尽责的领导者会非常专注于工作相关的目标,具有很强的目的性
情绪稳定性	情绪稳定性是指一个人进行自我调整、冷静和可靠的程度	情绪稳定的领导者一般能很好地应对压力和批评,能够培养积极的人际关系
经验开放性	经验开放性是指一个人有广泛的兴趣,富有想象力和创造力,愿意考虑新想法的程度	经验开放性水平高的领导者往往求知欲很强,思想开放,喜欢通过旅行、艺术、电影、广泛阅读或其他活动来寻求全新的经历和感受

贾奇(Judge)等有关大五人格的综述研究发现,外向性是提升领导有效性的重要人格特质。[①] 善于交际,有一定支配欲的人在群体互动中更容易脱颖而出。除此之外,责任感和经验开放性也与领导力有较强的相关关系。责任感较强的个体有原则,信守承诺,而经验开放性水平较高的个体则富有创造力,能够包容变化。这些特质都使得个体在群体中更容易涌现成为领导者。

大五人格的价值在于帮助领导者了解自己的基本个性维度,尽可能发挥自己优势个性的潜力,同时避免短板个性的负面作用。例如,有一些内

---

① Judge T A, Bono J E, Ilies R, et al. Personality and leadership: a qualitative and quantitative review [J]. Journal of applied psychology, 2002, 87 (4): 765-780.

向的领导者往往在晋升的道路上停滞不前（特别是在大企业里），因为他们总是默默无闻地辛勤工作却难以被看到。这时他们就需要更加主动地发声，展现自己的努力和付出从而得到更多的重视。但是，这并不意味着有效的领导者都必须具备高水平的外向性和支配特质。很多成功的高层领导者都是内向型性格，包括比尔·盖茨（Bill Gates）、"股神"沃伦·巴菲特（Warren Buffett）等。他们被棘手的社交事务弄得精疲力竭，需要一些独处的时间来进行自我反思。此外，还有研究发现，如果没有宜人性和情绪稳定性这类特质予以互补，高度支配性抑或过分固执己见甚至会损害领导有效性。因此，领导者还需要在了解自身基本个性维度的基础上，考虑不同个性维度之间的互补作用，以更好地提升领导有效性。

2. 情绪智力

人们早就意识到智商影响一个人能否取得成功；此外，领导者和研究者逐渐认识到情绪智力（emotional intelligence），即情商同样起着至关重要的作用。很多研究者都认为领导力是领导者通过与他人建立人际关系进而影响他人的过程，而情感往往能超越认知能力，推动人们去更好地思考、决策并建立人际关系。情绪智力是指个人感知、明确、理解、成功控制自己和他人情绪的能力。① 高情绪智力的领导者一般能够高效地控制自己和周围的各种关系。首先，高情绪智力的领导者往往能够清晰地认识到自我的情绪状态，并且明晰当前情绪状态产生的原因，进而加以控制。其次，高情绪智力的领导者拥有高水平的情绪理解力，能够读懂周围人的各种情绪。最后，在以上两种能力的基础上，高情绪智力的领导者能够驾驭和引导情绪力量，提高下属的满意度，鼓舞士气，提升整个组织的效率。

情绪智力是可以学习和培养的。情绪智力主要由四个方面的能力组

---

① Salovey P, Mayer J D. Emotional intelligence [J]. Imagination, cognition and personality, 1990, 9 (3): 185-211.

成：自我意识、自我管理、社会意识、关系管理（详见表 2.2）。每个人都可以锻炼自己这四个方面的能力。这四大要素构成了情绪智力的基础，领导者可以利用它们来有效领导团队和组织。高情绪智力的领导者对他人富有同情心，敏感而和善。这一维度包括培养他人，用强有力的洞察力激励他人，学会倾听，进行清晰而有说服力的沟通，以及通过共情影响他人。领导者能够通过自己对情绪的理解去激发改变，引导人们进入更好的状态，开展团队合作并解决冲突。

表 2.2 情绪智力的组成要素、内涵及延伸表现

情绪智力的组成要素	内涵	延伸表现
自我意识	自我意识可视为其他情绪智力维度的基础，包括认识和理解自己的情绪以及了解它们如何影响自己的生活和工作的能力	自我意识水平高的领导者能够准确地判断自己的优势和劣势，有较强的自信心，并且在艰难的决定面前相信自己的直觉
自我管理	自我管理包括控制那些具有破坏性或伤害性情绪的能力	自我管理能力强的领导者能够更好地管理自己的情绪，在面对压力和挑战时能做出冷静的思考和有效的应对；同时，能够主动抓住机会并达到较高的内在标准，进而具备一定的可信赖性、责任感和环境适应能力
社会意识	社会意识是指个人理解他人的能力	社会意识水平高的领导者懂得换位思考，能够体察他人的情绪，并且能够在给下属施加效率压力的同时，满足下属的一些需求
关系管理	关系管理是指联系他人并建立积极关系的能力	关系管理能力强的领导者能够在组织内外构建并维系广泛的关系网

3. 主动性人格

"积极主动"是具备主动性特质的个体最常得到的评价。主动性人格

（proactive personality）指的是个体不受环境阻力的制约，通过采取主动行为探寻新的途径以影响外部环境的一种稳定倾向。① 具备主动性特质的个体倾向于将积极有益的事件归因于自己的努力和能力。主动性水平高的个体注重改变环境而不甘受环境的限制。施让龙等学者在一项以台湾高科技产业员工为对象的研究中发现，相较于主动性水平低的员工，主动性水平高的员工有更高的工作热情。

同样地，主动性水平高的领导者往往能为其所从事的工作注入能量和热情。他们努力专注于一个目标，面对任何挑战都不会轻易改变。以往的研究也发现，人们更愿意追随那些坚定而自信的领导者，尤其是在经济动荡的环境中。克罗斯利（Crossley）等学者调查了美国一家零售公司52个销售区域的大区主管和对应的门店经理，研究发现主动性水平高的大区主管往往会给下属的门店经理设置更高的绩效目标，并最终使得整个大区的绩效表现都得到提升。进一步地，克罗斯利等学者还对部分门店经理进行了访谈。他们发现，主动性水平高的大区主管往往工作极其投入，并且激励门店经理和他们一起向高绩效目标冲刺，而这些都是提升领导有效性的重要举措。此外，当组织需要变革时，积极主动的个性也有助于领导者识别机遇，鼓励下属采取行动，并通过自我激励来实现目标。

4. 成就动机

企业家和公司高管等领导者通常都有很强的成就动机。众所周知，领导者同时也是"引航者"，要为下属指明方向，引领下属共同为组织的成功而不懈努力。作为带头人，领导者如果缺少了成就动机，不仅自己会失去努力的动力，还会让下属也失去方向和意义感。因此，对于领导者而言，拥有强成就动机至关重要。成就动机的具体表现如下：

---

① Bateman T S, Crant J M. The proactive component of organizational behavior: a measure and correlates [J]. Journal of organizational behavior, 1993, 14 (2): 103-118.

(1) 为了获得成功而付出努力,无论是成功还是失败,都能为之负责;

(2) 敢于承受在其能力范围内的风险;

(3) 接受他人关于其绩效表现的反馈意见;

(4) 敢于引入新奇的、革命性的、有创造力的解决方案;

(5) 始终合理地依据目标制订计划并坚持执行。

麦克莱兰(McClelland)于 20 世纪 50 年代开发了成就动机理论。成就动机理论试图根据一个人对成就(achievement)、权力(power)和归属(affiliation)的需求来解释、预测其行为及表现。[①] 该理认为,人们对于成就、权力和归属的需求会激励人们积极采取行动。不同的人对不同需求的渴求程度各不相同;这三种需求中,往往会有一种占主导地位,并激励人们不断向前。麦克莱兰的成就动机理论将成就需求(achievement need)作为激励行为的核心因素。成就动机是在人的成就需求的基础上产生的,是个体对于通过努力追求卓越成就的关注,是激励个体完成自己所认为重要的或有价值的工作的一种内驱力。成就需求与大五人格中的责任感维度相近,成就需求强烈的人在解决问题的过程中也会积极承担个人责任。同样地,成就需求强烈的领导者往往具有内控力强及高度自信等特征。他们追求挑战和卓越,并渴望得到反馈,从而不断提升自我。

2.2.2 领导行为理论

2.2.2.1 领导行为理论的源起

领导特质理论期望从那些成功领袖身上归纳出成为一位优秀领导者的必备特质,然而后续的研究者并没有得出上述预期结论。与此同时,随着

[①] McClelland D C. The achieving society [M]. New York: Van Nostrand, 1961.

第二次世界大战的爆发，军队的大规模扩充使得军队指挥官出现短缺。因此，如何快速训练出优秀的领导者成为领导力研究的一个重点话题。而在此期间，美国和欧洲兴起了人类行为观察相关的研究，使研究者们打开了另一个领导力研究视角——领导行为理论——的大门。

20世纪40年代末至60年代，学者们开始关注领导行为理论，他们想要探究有效的领导者在行为方式上是否具有独特之处。确立清晰的目标、制订有效的计划、进行指导和定期反馈、提供完成任务所需的资源、创建高凝聚力的团队，这些可能都是有效的领导者所表现出来的关键行为。同时，领导行为研究也具有领导特质研究所不具备的有利条件，其中最重要的是行为随时都能观察到，而特质却需要一些测评工具去测量和推断。行为往往能得到一致性较高的测量，并且可以用许多不同的方法去传授。这也为第二次世界大战期间军队快速训练中层指挥官提供了方向，使其能将主要精力集中于对有效领导行为技能的训练，而非甄别具备优秀领导特质的士兵。

2.2.2.2　经典领导行为理论

1. 俄亥俄州立大学的领导行为研究

20世纪40年代末，俄亥俄州立大学开展的一系列领导行为研究得到了广泛关注。他们的系列研究一开始列出了大约1 000种领导行为的清单，然后逐渐缩减至包含150个领导行为特征的问卷，并最终提炼为两个关键维度——结构维度和关怀维度[1]，如表2.3所示。

---

[1] Stogdill R M, Coons A E. Leadership behavior: its description and measurement [M]. Columbus: Ohio State University, 1957.

表 2.3　俄亥俄州立大学的领导行为理论

领导行为分类	内涵	具体表现
结构维度	领导者以任务为导向，引导追随者为达成目标而努力工作	领导者会制订计划、为工作制定详细日程、按计划分配任务、敦促员工努力工作，甚至采用铁腕手段保证任务完成的效率
关怀维度	领导者会体恤下属，尊重他们的想法和感受，并建立相互信任的关系	领导者会对下属表示欣赏，同时，注重倾听下属的诉求，在做重大决定时也希望能听到下属的意见

其中，结构维度指的是领导者为实现组织目标而对自己与下属的角色，包括对工作、工作关系和目标进行界定和建构；而关怀维度指的是领导者与其下属的工作关系以相互信任、尊重下属意见和重视下属的情感需求为特征的程度。

俄亥俄州立大学的领导行为研究者们认为，在企业管理实践中，一位领导者可能同时在这两种行为上表现出较高的水平，也可能同时表现出较低的水平。研究显示，两种领导行为水平的高、低正交能够产生四种复合型的领导风格，并且在现实中可能都存在。

2. 密歇根大学的领导行为研究

不同于俄亥俄州立大学的领导行为问卷调查法，密歇根大学的研究者们直接在企业现场进行考察和访谈，并且对高效领导者和低效领导者进行了比较。密歇根大学的研究者们也确立了两种不同的领导行为类型——员工导向和工作导向[1]，如表 2.4 所示。

---

[1] Likert R. New Patterns of management [M]. New York: McGraw-Hill, 1961.

表 2.4 密歇根大学的领导行为理论

领导行为分类	内涵	具体表现
员工导向型	员工导向型领导者注重下属的个人需求	员工导向型领导者注重为下属提供各种支持，积极促进下属之间的沟通，并且最小化下属之间的矛盾
工作导向型	工作导向型领导者强调目标导向和任务完成	工作导向型领导者会严格按照工作计划和高效率要求来安排各项工作

密歇根大学的领导行为分类与俄亥俄州立大学的理论体系非常相似。员工导向的领导行为与关怀维度相似，而工作导向的领导行为与结构维度相似。但是，对于上述两种领导行为之间存在何种关系的问题，两个流派的研究者们莫衷一是。俄亥俄州立大学的领导行为研究者们认为关心员工和设定结构是相互独立的，二者可以并存且能够正交产生四种复合型领导行为；而密歇根大学的研究者们认为以员工为导向的领导行为和以工作为导向的领导行为是两种彼此对立的风格，领导者只可能属于这两种风格中的一种，而不会同时具备这两种风格。

总体来说，俄亥俄州立大学和密歇根大学的领导行为研究者们通过实地调查、访谈以及问卷方法总结了两种关键的领导行为维度。实际上，将领导行为区分为员工导向型和工作导向型两类至今仍然是一种重要的领导行为分类方式，也具备较强的实践借鉴意义。贾奇等学者 2004 年发表于《应用心理学杂志》的文章针对以往的 160 项领导行为研究做了元分析，结果显示，如果领导者在关怀维度上得分高，那么下属会有更高的工作满意度和积极性，并且更加尊重领导者；而结构维度则使得团队和组织的生产效率得到提升，与绩效评估之间也有显著的正相关关系。

3. 领导方格理论

在俄亥俄州立大学和密歇根大学研究成果的基础上，得克萨斯大学的学者布莱克（Blake）等提出了一个二维领导理论——领导方格理论。[①] 他们根据"对人的关心程度"和"对工作的关心程度"这两个标准来给领导者打分，分值范围是1到9，如图2.1所示。

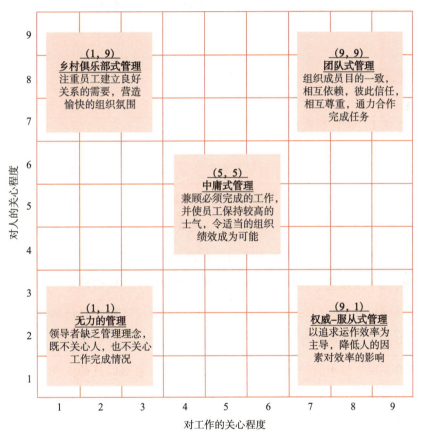

图 2.1　领导方格理论

虽然俄亥俄州立大学、密歇根大学和领导方格理论定义了一系列领导

---

① Blake R R, Mouton J S, Bidwell A C. Managerial grid [J]. Advanced management-office executive, 1962, 1 (9): 12-15.

行为，但并没有明确指出领导行为和领导效果之间的关系。尽管研究人员一致认为，员工导向型领导行为与员工的满足感、忠诚和信赖高度一致，并且这些行为与工作绩效高度相关，但"究竟哪一种领导行为最有效"却始终没有标准答案。与领导特质研究方法一样，领导行为研究方法只注重行为而没有考虑情境因素，因此仅仅为高度复杂的领导过程提供了一个简单视角，并不能完全解释领导现象，从而促进了领导权变理论的出现与发展。

2.2.3 领导权变理论

2.2.3.1 领导权变理论的源起

领导力研究者们一直呼吁要用全面的方法来理解领导力。领导特质理论和领导行为理论实际上一直都没能有效地回答"究竟什么样的领导特质/行为才是最有效的？"这一难题。而在现实中，领导者也常常面临这样的问题：过去给员工一定的物质激励往往能够激发他们高涨的工作热情，而现在却达不到理想中的效果。新进入职场的95后、00后员工对于物质激励仿佛并没有足够的兴趣，他们总是找机会向领导者提出自己的意见和想法，并且无法适应按部就班的工作；他们更加关注工作自主性和自我价值的提升，而非组织的产出。这让很多领导者都在感慨时代的变迁，自己已经难以理解当下职场中年轻人的想法和偏好了。

而研究者们也发现了同样的问题，那些能提高领导有效性的特质和行为往往需要在特定的情境下或者针对特定的人群才能发挥作用。因此，领导力研究者们开始思考情境因素对于领导有效性的特殊影响，并在此基础上提出了领导力研究的权变理论。权变观点强调领导者的个性、行为方式以及行为的有效性高度依赖于其自身所处的情境，并且有以下几个

第 2 章
领导力理论

暗含的假设：

（1）不存在最佳的领导方式；

（2）人们通过学习能够成为一位好的领导者；

（3）领导者使组织能够达到一般团体所达不到的效果；

（4）领导者能够准确诊断或评估领导情境的关键维度；

（5）领导者能够也应当随着情境的变化调整自己的行为；

（6）情境与领导者行为之间的高度适配对团队或组织产出有积极影响。

20 世纪 60 年代，菲德勒（Fiedler）率先考虑了权变视角下的领导力研究，并提出了菲德勒权变模型。后来，其他研究者也提出了更为复杂的权变观点，如路径-目标理论（path-goal theory）、情境领导理论等。本节将对这三种主要的领导权变理论进行简要介绍。

2.2.3.2 经典领导权变理论

1. 菲德勒权变模型

菲德勒及其合作者最早进行了领导风格与组织环境之间关系的研究[①]，如表 2.5 所示。菲德勒认为领导者的行为和目标都具备多样性，而这种多样性的根源是领导者基本需求的差异。他认为能够激发和决定领导者行为的有两个方面的需求：一方面是与他人维持良好关系的需求，另一方面是完成任务的需求。尽管菲德勒认为领导者可能会同时兼具这两种需求，但往往会有一种需求占主导地位进而决定领导者的领导风格。菲德勒设计了一个最难共事者（least preferred co-worker，LPC）问卷以测量个体的领导风格是任务导向型还是关系导向型的。

菲德勒认为十全十美的领导风格是不存在的，无论何种领导风格都

---

① Fiedler F E. The contingency model and the dynamics of the leadership process [M]//Berkowitz L, Advances in experimental social psychology. New York: Academic Press, 1978, 11: 59-112.

有利有弊。因此，他还强调领导风格与领导情境的匹配，只有如此才能够达到最佳的领导有效性。而领导情境也包含了三个方面：领导-成员关系、任务结构和职位权力。

表 2.5 菲德勒权变模型

	具体维度	内涵及表现
领导风格	关系导向	领导者以维持良好的人际关系为主要目标，而以完成任务为辅
	任务导向	领导者以完成任务为主要目标，而以维持良好的人际关系为辅
领导情境	领导-成员关系	领导-成员关系指的是团队内的气氛及团队/组织成员对领导者的态度和接受程度，其中包含了尊重、信任、信心、支持等
	任务结构	任务结构指的是团队/组织任务目标、任务完成流程等任务相关因素的确定程度，例如，流水线工人的工作就是高度结构化的工作
	职位权力	职位权力指的是领导者对下属拥有的正式权力。如果领导者有权对下属的工作进行计划指导、评估、奖励或处罚，那么领导者拥有的职位权力就比较大；如果领导者在下属面前缺乏威信，不能评估或奖励他们的工作，则其职位权力就比较小

菲德勒认为，领导-成员关系越好、任务的结构化程度越高、职位权力越大，则领导者拥有的控制力就越强。而领导者的情境控制程度越高，领导情境对其就越有利。他还认为，关系导向在情境控制程度中等的情况下，对领导有效性更具预测力；而在情境控制程度较高或者较低的情况下，任务导向对领导有效性更具预测力。领导者要正确运用菲德勒权变模型，应注意两个方面：第一，必须了解自己是关系导向型风格还是任务导向型风格；第二，必须会分析情境，了解领导者-成员关系、任务结构和职位权力是否有利于自己的领导。

菲德勒的研究的一个重要贡献是尝试通过指明领导风格是如何与情境相适应的从而找到提升领导有效性的方法。彼得（Peter）等学者于1985

年针对菲德勒权变模型研究的元分析发现，菲德勒权变模型的大部分主张在很多研究中都得到支持，具有一定的效度。但与此同时，菲德勒权变模型也存在一定的问题。一些研究者认为，采用最难共事者问卷得分来评价领导者究竟是关系导向型还是任务导向型似乎过于简单，而判断情境是否有利的各项标准的权重也定得过于简单和武断。并且，菲德勒认为领导行为可以随着情境的变化而发生改变，但是他同时又假定个体的领导风格是稳定不变的。实际上，领导需求往往是与时俱进的，相应的领导风格也可能随着实践的不断积累而发生变化。

2. 路径-目标理论

路径-目标理论是另一种重要的领导权变理论。它由美国学者豪斯（House）于1971年提出，其核心主张是，提高下属的积极性，为下属提供信息、支持或其他必要的资源，帮助下属实现目标是领导者的重要职责。[①] 路径-目标指的是有效领导者应当为下属指明工作目标的路径，并且为下属扫清途中的障碍。而具体地，领导者究竟需要采取什么样的领导风格或者行为则取决于对情境的深入分析。路径-目标理论认为，与高度结构化的任务相比，任务模糊或者压力过大时，命令型领导风格会带来更高的员工满意度；当下属执行结构化的任务时，支持型领导风格会带来更高的员工绩效和满意度；对于认知能力强或者经验丰富的下属来说，指示型领导风格反而可能会招致厌恶。有研究发现，文档处理公司的员工只有在领导者设置了明确的目标、角色责任和首要任务时，其责任感才会与绩效表现出显著的正相关关系。

3. 情境领导理论

情境领导理论（situational leadership theory）由学者赫西和布兰查德共

---

① House R J. A path goal theory of leader effectiveness [J]. Administrative science quarterly, 1971, 16 (3): 321-338.

同提出，它实际上是领导方格理论的延伸。[①] 该理论着重研究追随者的特征，并将其作为情境因素最重要的一个组成部分，因此也是有效领导行为的决定因素之一。情境领导理论重点关注的是下属的主动性。它认为下属具有不同水平的主动性：有些员工的主动性水平较低，可能出于能力不足、安全感缺乏等原因；有些员工的主动性水平较高，可能是因为他们的能力较强、颇为自信以及技巧高超，并且有强烈的工作欲望。显然，对待这两种不同的员工就应该采用不同的领导方法。

同样地，情境领导理论也着重关注关系导向和任务导向两种不同的领导风格。并且该理论认为，领导者可以在结合关系（关注人）和任务（关注成果）的基础上，采用以下四种领导方法中的一种，而哪种方法更为适合则取决于下属的主动性、能力和信心，具体见表2.6。

表2.6 情境领导理论

四种领导方法	具体内涵和表现	与之匹配的下属主动性
命令型	命令型方法反映领导者高度关注任务，不太重视员工和关系。这是一种指令性的领导风格，领导者就如何完成任务下达清晰的指令	主动性水平较低，下属的信心和动力不足，技能不够成熟
劝说型	劝说型方法高度关注关系和任务，领导者向下属解释决策，并给予其机会提出问题，让他们清楚地了解工作任务	主动性水平中等，下属有工作热情，但能力不足
参与型	参与型方法重视关系，而对任务关注不足，领导者鼓励下属分享看法，积极参与，促进决策制定	主动性水平较高，下属具备相应的能力和动力，但是信心不足
授权型	采用授权型方法的领导者很少提供指导或支持，因为他们把决策责任和执行权都交给了下属	主动性水平很高，下属能力强、有自信且愿意承担相应的责任

[①] Hersey P, Blanchard K. Management of organizational behavior: utilizing human resources [M]. New Jersey: Prentice Hall, 1977.

2.3 新兴领导力理论

2.3.1 领导-成员交换理论

2.3.1.1 领导-成员交换理论的源起与内涵

在组织中,领导有效性一直是一个重要的研究议题。以往的研究大多从个体角度出发,根据领导者的特质、行为和情境先后提出了特质理论、行为理论和权变理论。菲德勒权变模型首次把领导和成员之间的关系作为影响领导有效性的重要因素,为领导行为研究提供了新的思路。随着领导-成员关系研究的不断深入,学者们意识到组织情境下的领导过程从上下级关系建立开始就已经形成了,它是一种物质、社会利益和心理交换的动态过程。基于此,格雷恩(Graen)等学者在关于新员工组织社会化的研究中提出了领导-成员交换(leader-member exchange,LMX)理论。[1]

领导-成员交换理论的基础是角色理论,领导-成员交换关系是在角色塑造和协商的过程中形成的。领导者会以角色期望的形式对下属施加压力,而下属在与领导者的互动中的一系列角色期望影响了自己的角色行为。然而,由于时间和精力的限制,领导者只能与少数下属建立密切的联系,并依靠正式的权威、规则和政策约束其他下属。如图2.2所示,与领导者建立了高质量交换关系的下属成为圈内人,他们可以得到领导者更多的关注,收获领导者的信任并获得更大的支持;而其他下属则相应地成为圈外人,他们与领导者的交流较少,获取资源的途径也较少。由于存在"圈子"内、外之分,领导者与下属之间的交换关系也分为两种类型:领

---

[1] Graen G,Dansereau F.,Minami T. Dysfunctional leadership styles [J]. Organizational behavior and human performance,1972,7(2):216-236.

导者与圈内人建立了一种彼此尊重、吸引和影响的高质量的领导-成员交换关系，圈内人要承担更大的工作责任或根据领导者的期待扮演更多的非正式角色；而领导者与圈外人则以等级关系为基础，建立了一种正式而例行的低质量的领导-成员交换关系。

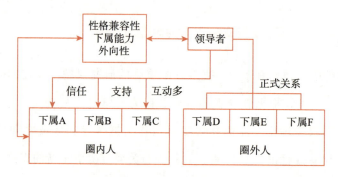

图2.2　罗宾斯（Robbins）的领导-成员交换关系模型

角色的多维性、模糊性和冲突性表明，从角色理论演化而来的领导-成员交换关系也是一个多维结构。迪内施（Dienesch）提出领导-成员交换关系由四个维度构成，包括被察觉到的贡献、忠诚、情感和尊重；格雷恩和尤尔-比恩（Uhl-Bien）等则采用尊重、信任和共同的责任三个维度来描述领导-成员交换关系；也有学者将开放性、诚实性等指标作为领导-成员交换关系的核心维度加以分析。

2.3.1.2　领导-成员交换关系的形成过程

领导-成员交换关系是一个随着时间的推移而纵向发展的动态过程，格雷恩和尤尔-比恩总结了领导-成员交换关系形成和发展的四个阶段[①]：

第一阶段，工作社会化和上下级关系的差异显现，形成圈内人和圈外

[①] Graen G B, Uhl-Bien M. Relationship-based approach to leadership: development of leader-member exchange (LMX) theory of leadership over 25 years: applying a multi-level multi-domain perspective [J]. The leadership quarterly, 1995, 6 (2): 219-247.

人。在领导-成员交换关系形成之前,领导者对每个下属均采取一致的行为模式。但在初次接触(如面试)之后,领导-成员交换关系开始形成。当新员工或新领导者加入某个组织时,领导者与下属都会经历一个角色确定和角色塑造的协商过程,在这个过程中,上下级之间通过对话和谈判来明确彼此对工作的期望以及如何获得所需要的资源。随着这个过程的深入,上下级之间的领导-成员交换关系也逐渐获得发展。由此可见,早期领导-成员交换关系的质量主要取决于领导者与下属对彼此的工作期望是否一致。

第二阶段,领导-成员交换关系得以改善,低质量的领导-成员交换关系向高质量的领导-成员交换关系转化。在双方关于各自角色的认识趋于稳定后,他们之间的交换关系也趋于稳定。但是,领导-成员交换关系的质量并不是一成不变的,这种关系会从单向、低质量的交换关系发展为互惠、双向、高质量的交换关系;如果圈外人有突出的表现,也可能被领导者纳入圈子。

第三阶段,差异化的领导-成员交换关系逐渐趋向于更广范围的高质量交换关系,领导者关注如何与下属中的每个人发展出一对一的伙伴关系,并基于这种关系构建共同的工作和生活愿景。

第四阶段,随着领导-成员交换关系的进一步发展,团队规模、工作氛围、群体凝聚力、工作资源和信息交流的方式等组织情境因素对领导-成员交换关系质量的影响将会越来越显著。此时,领导-成员交换关系从领导者和下属之间的二元关系上升至团队水平[1],形成了团队成员交换关系。

---

[1] Dienesch R M, Liden R C. Leader-member exchange model of leadership: a critique and further development [J]. Academy of management review, 1986, 11 (3): 618-634.

2.3.1.3 领导-成员交换关系的前因

1. 相似性

早期研究发现，领导者和下属的人口统计学变量越相似，领导-成员交换关系的质量越高，反之则越低。利登（Liden）等的研究表明，领导者与下属特征的相似性在领导-成员交换关系的发展过程中起着重要作用。领导者与下属之间的相似性，如未来工作能力预期的相似性、认知的相似性和爱好的相似性与领导-成员交换关系的质量密切相关。也有研究指出，与地域、工作经验的相似性相比，自我效能感、乐观主义和绩效水平的相似性对领导-成员交换关系质量的影响更大。在团队层面，团队成员的个体相似性也会对团队成员交换关系的感知产生影响。团队成员之间相似的兴趣爱好、价值观、教育背景以及社会地位等有助于他们之间人际关系方面的交换。

2. 员工特征

为了顺利实现组织目标，领导者在寻找与自己密切关联的圈内人时必然会选择忠诚度高、能力强、绩效表现好和发展潜力大的下属，并给予他们相应的资源和情感支持。成就目标导向与领导-成员交换关系具有紧密的联系，其中，学习目标导向是预测领导-成员交换关系的重要变量。除此之外，员工的主动性比其自身能力更能影响领导-成员交换关系的质量。例如，德鲁加（Deluga）等发现下属的主动逢迎行为会显著影响领导-成员交换关系的质量。

3. 外部环境

部分环境因素也会影响领导-成员交换关系的质量，迪内施及其合作者指出，工作团队的人数、领导者权力、组织政策和组织文化会对领导-

成员交换关系的质量产生影响。任务依赖性也是一个重要的环境因素。随着任务依赖性的增强，群体成员之间的互动会更加频繁，情感的统一性和行为的一致性对于实现集体目标变得越来越重要，此时领导-成员交换关系的差异会更加显著。此外，由于领导力取决于文化，因此文化背景可能会对领导者和下属之间的人际关系交换过程产生影响。在集体主义文化中，领导者更有可能与下属建立高质量的领导-成员交换关系；而在强调独立性的个体主义文化背景下，领导者和下属可能都不太关心发展高质量的领导-成员交换关系。

2.3.1.4 领导-成员交换关系的作用

1. 工作绩效和工作满意度

在个体层面，范·布鲁克伦（van Breukelen）等发现员工感知到的关系差异化会削弱领导-成员交换关系的质量对员工承诺的积极影响。领导-成员交换关系的质量也会显著地影响领导者和下属的行为，如义务履行、角色外行为和组织公民行为等。研究表明，圈内人的工作绩效要比圈外人的工作绩效普遍高20%，工作满意感度则高50%。胡珀（Hooper）和马丁（Martin）的研究指出，员工感知到的关系差异化程度越高，工作满意度和主观幸福感就越低。在团队层面，领导-成员交换关系的差异化会增加团队冲突，损害团队绩效，影响同事间的交换关系，降低团队成员对工作的满意程度等。随着研究的深入，也有学者指出，在某些情况下，领导-成员交换关系的差异化对个体和团队是有益的。利登等发现，对于那些与领导者关系较差的员工来说，关系差异化能显著提高他们的任务绩效。在领导-成员交换关系差异化程度较高的团队中，圈外人意识到领导者并不是对所有的员工都维持这种低质量的交换关系，于是他们会通过提升绩效表现来获取领导者更多的关注，进而成为圈内人。

2. 组织承诺

当圈外人察觉到领导者与其他下属建立了不同的人际交换关系并给予差异化的资源和支持时，他们可能会感到不公平，变得敏感、多疑并产生愤怒等负面情感和反应，继而引发团队冲突，降低对组织的承诺。有研究发现，如果两个下属与领导者的交换关系质量有明显的差异，他们之间会因为缺乏相似性而难以形成高质量的同事交换关系，即领导-成员交换关系的差异化会降低团队成员之间交换关系的质量，这种低质量的同事关系会进一步降低团队成员的承诺水平。

3. 创新行为

在高质量的领导-成员交换关系中，领导者会给予下属更多的工作资源、更大的工作自主权和决策空间，并表现出对下属的尊重和信任，这些资源和支持有助于下属提出及发展具有创造性的观点。此外，在高质量的领导-成员交换关系中，领导者认可下属的能力并有意培养下属，为其提供更多富有挑战性的工作机会，鼓励他们无惧风险，这创造了一个有利于创新的支持性工作环境。在这个过程中，领导者的鼓励和认可能够帮助下属提升自我效能感，因此下属更有可能从事具有挑战性和风险性的创造性活动。廖卉等以中国钢铁企业的技术工人为样本的研究发现，领导-成员交换关系对下属的自我效能感和创造力均具有显著的正向影响，高质量的领导-成员交换关系有助于团队成员提升自我效能感，随之增强其创造力。

2.3.2　变革型领导

变革型领导是继领导特质理论、领导行为理论、领导权变理论之后，于20世纪80年代由伯恩斯在《领导力》（Leadership）一书中提出的重要领导类型。[1] 变革型领导以实现组织愿景为目标，重点关注领导者如何将下

---

[1] Burns J M. Leadership [M]. New York: Harper & Row, 1978.

属的角色与其自身使命有机地关联起来，强调领导者要做好行为表率，最终创造出有利于领导者自己和下属共同增强动力、提高绩效的方法与途径。与以往强调利益交换关系的领导风格不同，变革型领导是一种领导向员工传递战略目标和价值观，并激励员工共同实现的过程。管理学者普遍认为，在综合以往魅力型领导、愿景型领导、道德型领导等多元领导力理论的基础上，变革型领导更加全面、有效地捕捉到对各类组织变革效果产生关键影响的领导力元素，对促使组织成功推动变革至关重要。

巴斯于1990年提出变革型领导具有四个方面的核心要素，包括个人魅力、领导灵感、智能激发及个体关怀。阿沃利奥（Avolio）等学者在此基础上对变革型领导行为的内容进行了进一步的刻画。他们认为，变革型领导包含了理想化影响（idealized influence）、鼓舞性激励（inspirational motivation）、智力激发（intellectual stimulation）及个性化关怀（individualized consideration）四个方面的关键行为表现[1]，如图2.3所示。

图2.3 变革型领导的内涵要素

2.3.2.1 理想化影响

理想化影响是指领导者能使他人产生信任、崇拜和跟随的一系列行

---

[1] Avolio B J, Waldman D A, Yammarino F J. Leading in the 1990s: the four I's of transformational leadership [J]. Journal of european industrial training, 1991, 15 (4): 9-16.

为。它包括领导者成为下属行为的典范，得到下属的认同、尊重和信任。这些领导者一般公认具有较高的伦理道德标准和很强的个人魅力，深受下属的信任和爱戴。大家认同和支持他们所倡导的愿景规划，并对其成就一番事业有很高的期待。具体来说，典型的理想化影响行为包括构建明确的愿景、愿意采取冒险和自我牺牲行为、对下属表达高期望、塑造卓越的个人形象、对追随者予以授权赋能等。

2.3.2.2　鼓舞性激励

鼓舞性激励是指领导者向下属表达自身对他们的高期望，激励下属共同承担团队任务，并成为共享梦想和目标的一分子。实践中，领导者们往往通过实施这一行为来促使下属达成共识，以实现卓越的工作绩效。最为典型的鼓舞性激励行为包括帮助下属树立信心、建立有效的组织沟通渠道和文化、及时应对下属的焦虑情绪、明确设定目标和理想等。

2.3.2.3　智力激发

智力激发是指领导者鼓励下属进行创新、挑战自我，包括向下属灌输新观念，启发下属发表新见解，以及鼓励下属用新手段、新方法解决工作中遇到的问题。通过智力激发，领导者可以在意识、信念及价值观的形成上对下属产生激发作用并使其发生变化。最具典型性的智力激发行为包括引导下属理解外部的复杂环境、识别当前问题的根源、组织下属学习新知识和新技能等。

2.3.2.4　个性化关怀

个性化关怀是指领导者关心每一个下属，重视个人需要、能力和愿望，耐心细致地倾听，以及根据每一个下属的不同情况和需要进行区别性的培养和指导。这时变革型领导者就像教练和顾问，帮助下属在应对挑战的过程中成长。具体而言，典型的个性化关怀行为包括为下属进行职业生涯规划、提供未来发展机会、关注下属个体间的差异并进行个性化的互动等。

李超平等学者在此基础上，基于中国文化背景，针对变革型领导的内涵，进行了进一步的探索与验证。① 经过一系列严谨的实证检验，他们提出，变革型领导应当包括愿景激励、德行垂范、领导魅力、个性化关怀等四个方面。与巴斯和阿沃利奥等学者的观点有所区别，李超平等学者突出强调了领导者的德行垂范和个体魅力元素的影响力。他们指出，作为变革引领者，领导者必须注意自己的言行举止对下属产生的引导性影响，只有身先士卒、以身作则，才能够起到好的表率作用。同时，领导者应当为人正派，大公无私，任人唯贤，处理问题公平公正。此外，领导者应当对工作任务具有高度的热情，展现出个体对工作的高度投入与承诺，敢抓敢管，善于处理棘手难题，并且培育过硬的业务能力，让人信服。

从上述关于变革型领导的定义和内涵解析可见，中西方文化对于"什么是变革领导力"存在一些具体内涵上的描述差异，但均强调了明确愿景、以身作则、关怀员工的重要性。

2.3.3 共享型领导

2.3.3.1 共享型领导的内涵

直至20世纪后期，领导力研究领域一直聚焦于"个人英雄"式的领导者，关注组织中拥有正式权威的个体领导者如何发挥其影响力。然而，随着商业环境越来越复杂与动荡，完全依赖个人的领导变得愈发困难，组

---

① 李超平，时勘. 变革型领导的结构与测量 [J]. 心理学报，2005, 37 (6): 803-811.

织逐渐采用自我管理型的团队作为基本的工作单元，团队任务的复杂性也随之提高。在团队任务复杂化的要求下，团队互动过程中涌现出的共享型领导（shared leadership）越来越受到研究者的关注。共享型领导指的是"团队成员互相领导彼此，以实现团队或组织目标的动态互动影响过程"[①]。共享型领导虽然属于一种新兴领导力理论，但其本质是对斯托格迪尔和沙特尔（Shartle）思想的延伸，即关注领导的角色和行为而非特定的个体领导者。例如，领导角色可以随着时间的推移在团队成员之间轮转和分享。因此，共享型领导可以被看作不同成员在不同时间分别扮演领导者和成员角色。

2.3.3.2 共享型领导形成的原因

1. 内部支持

共享型领导的形成首先需要支持性的团队内部环境。霍克（Hoch）的研究发现，感知到的团队支持、信息和奖励等因素都能够影响团队中的共享型领导涌现。此外，团队中的集体主义和内群体信任也是影响共享型领导涌现的重要前因。卡森（Carson）等的研究表明，团队共同目标、建言行为及社会支持是共享型领导形成的三个原因。具体地，当团队成员聚焦于共同的目标时，他们更有可能产生一种强烈的责任感和动机去发表意见，投入更多的时间参与领导和服从其他成员的领导；建言行为通过对共同目标感知的增强和团队内积极的人际支持而有助于共享型领导；当团队成员在团队内获得认可和支持时，他们更有可能去分担责任、进行合作和践行对团队共同目标的承诺。

2. 外部授权

共享型领导得以形成的另一个重要前提是团队外部拥有正式权威的领

---

① Pearce C L, Conger J A, Locke E A. Shared leadership theory [J]. The leadership quarterly, 2008, 18 (3): 281-288.

导者或者得到上级的授权或指导。当团队外部的领导者给予团队更大的自治权时,团队共享型领导才有机会涌现出来,并且团队成员感到被授权后其更有可能自愿地为领导者分担领导责任,从而促进共享型领导的实现;而当团队外部的领导者牢牢把控着团队内的权力时,团队成员无法获得领导团队的权力,领导责任或权力在团队内的分享便难以实现。

2.3.3.3 共享型领导的作用效果

1. 提升主动性

共享型领导意味着团队成员可分享领导团队的权力和职责,团队成员高度自治,激发了他们努力实现团队目标的动机,进而会以更加主动和积极的态度对待团队任务。相关研究发现,共享型领导促进了团队成员的主动性行为。例如,埃尔库特卢(Erkutlu)通过对105家银行中的工作团队的研究发现,共享型领导正向促进了团队成员的主动性行为。

2. 促进协调

共享型领导促进了团队内的成员互动和联系,进而有利于团队内部的协调。在共享型领导团队中,团队成员扮演不同部分的领导角色并承担相应的责任,或者根据不同情境进行领导角色的轮转,这种需要相互配合和频繁互动的结构增强了团队成员的人际互动与交往,进而有利于团队成员间形成良好的人际关系。团队通过共享型领导可以在团队成员间建立良好的人际关系,从而有利于团队内建立信任、产生积极的情感以及进行良好的协调。例如,德雷舍(Drescher)等学者通过对86个战略模拟游戏团队的纵向追踪研究发现,共享型领导显著促进了团队内信任水平的提升。

3. 促进信息交换

在共享型领导团队中,多个团队成员被鼓励承担领导责任和参与决策,这为团队成员分享自己的知识和专长提供了机会,进而促进了团队内的交流，增进了团队内的信息交换和知识积累。众多实证研究发现，共享型领导有利于团队内的知识或信息分享。例如，李（Lee）等学者通过对40个网络课程团队的数据分析发现，共享型领导与团队内的知识分享正相关；甘特（Guenter）等学者对172个科研团队的研究发现，共享型领导有利于团队内形成共享心智模型，并通过共享心智模型进一步提升团队绩效。

2.4　中国文化情境下的经典领导力理论：家长式领导

组织管理学界的经典领导力理论大多起源于西方文化情境，近年来，越来越多的研究者发现将这些西方理论直接套用于华人群体会出现削足适履的问题。跨文化管理学者特姆彭纳斯（Trompenaars）认为，并不存在能够适用于不同文化情境的通用管理原理。他提出了一个跨文化组织文化模型，根据组织所处文化中的"平等主义-等级主义""人员导向-任务导向"两个维度，将组织文化分为四种类型——孵化器型、导弹型、家庭型及埃菲尔铁塔型。其中，中国、新加坡、日本等东方文化背景下的组织文化属于家庭型，倡导等级主义并关注个人，组织像传统家庭一样运转，领导者的角色就像家庭中极具权威的父亲，为所有成员的利益负责。

基于党的二十大所提出的中国式现代化，组织管理需要在既有模式特点上融合时代新要求而再创新、再变革，传统的中国文化情境作为领导力优化的重要工具之一，也需要结合时代特点而有所突破，从传统理论的内涵和外延上进行时代变革从而更好地助力现代领导力构筑，在更具开放性和多元性的社会情境中实现对群体成员思想认知、价值取向和行为目标的正向引导。

最早探究华人组织中家长式领导的研究，可以追溯到20世纪90年代部分学者针对华人组织中领导行为的观察及文献回顾。他们发现，华人领

第 2 章
领导力理论

导者会展现出某些特殊的领导风格,其中大致包含了以威权专断的作风控制下属以及对个别下属给予关怀照顾。樊景立和郑伯埙在以往学者提出的恩威并济概念的基础之上,增添了德行领导的维度,将家长式领导定义为:在一种人治的氛围下,显现出严明的纪律与权威、父亲般的仁慈及道德廉洁性的领导方式;其包含威权领导、仁慈领导及德行领导三个维度,所引发的下属反应分别为敬畏顺从、感恩图报和认同效法[①],具体如图 2.4 所示。

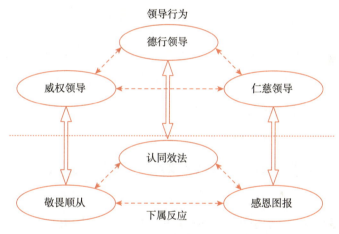

图 2.4　家长式三元领导与下属反应

2.4.1　威权领导

威权领导指领导者强调个人权威以及支配下属两种行为,具体包括四个方面:①专权作风,即领导者大权在握,掌握所有资源、信息、奖惩及决策权,并对下属进行严密的控制;②贬损下属的能力,即领导者会有意地漠视下属的建议和贡献,当工作任务完成时,领导者会认为是自己的功劳,而当工作任务失败时,领导者会认为是下属的能力或努力程度不足;

---

① 樊景立,郑伯埙. 华人组织的家长式领导:一项文化观点的分析 [J]. 本土心理学研究,2000,(13):126-180.

③形象整饰，即领导者会操控对自己有利的信息，表现得能力超凡，刻意营造神圣不可侵犯的权威形象；④教诲行为，即领导者会强调绩效的重要性，如果下属没有达到既定的绩效标准，领导者会严厉地加以斥责，同时启发他们如何才能有效地完成任务。① 相对于威权领导的这四种表现形式，下属则被期待表现出顺从行为、服从行为、敬畏行为以及羞愧行为。

案例 2.1

宗氏管理：威权领导的传承与变革

宗庆后，杭州娃哈哈集团公司创始人，42 岁下海创业，带领娃哈哈一路披荆斩棘，西进北上、百日兼并，问鼎中国首富，成就了一代浙商传奇，将一家只有三个人的小学校办企业发展成为中国最大、全球第四的饮料企业，跻身中国企业 500 强。

宗庆后领导下的娃哈哈具有典型的中国家长制特征，集团内部没有董事会，集团的各类大小事宜都由宗庆后决定。宗庆后的个人意志几乎完全贯彻到娃哈哈的经营管理活动中，外界熟知的老故事是"哪怕买把扫帚，都得宗庆后批准"。宗馥莉在一次采访中也直言"娃哈哈减去宗庆后等于零"。在宗庆后领导时代，娃哈哈是全球唯一一家没有副总的大企业，决策都由宗庆后一人拍板。娃哈哈每一款产品的口味、包装和每一条广告，都要经过宗庆后审核。即便如此，娃哈哈应该也是少有的"请示不隔夜"的企业。

在外界看来，宗庆后是位霸气十足的企业家。他认为"专制而开明"是最适合中国现状的领导力风格。宗庆后常常说，对他影响最大的

---

① 郑伯埙. 差序格局与华人组织行为 [J]. 本土心理学研究，1995，3（3）：142-219.

人就是毛泽东。他说："你去看看中国现在成功的大企业，都有一个强势的领导，都是大权独揽，而且是专制的。我认为在中国现阶段要搞好企业，必须专制且开明。"

然而，作为一家具有三十多年历史的老牌企业，娃哈哈的现有产品约有十余类二百多个品种，但明星产品依旧是元老级的"老三样"：1996年推出的娃哈哈AD钙奶、娃哈哈纯净水，以及2005年上市的营养快线。"如何实现品牌焕新，让娃哈哈走向年轻化"是其亟须回答的问题。要获得新生，从表面上看需要新产品，本质上的问题则是组织老化，对外部的反应能力及自我变革能力差。宗馥莉需要翻越的高山是文化和组织再造以及人员结构的年轻化。

宗馥莉也坦言，她觉得娃哈哈还不够"潮"，竞争对手有值得自己学习的地方，而自己要做的就是保持学习的心态。她提到，探索新的领导模式需要时间，看缘分，看时机，也看实力。

如今，宗庆后的时代正式谢幕，商业帝国能否平稳实现权力交接，宗馥莉将如何带领娃哈哈这艘巨舰穿越迷雾，还有待时间的检验。

资料来源：改编自邱杭. 不设"副总"，却年净利80亿！这个浙商，连马云都敬他三分［EB/OL］.（2018-01-04）［2023-02-02］. https：//baijiahao.baidu.com/s?id=1588664660842413169；娃哈哈变局：传承与组织变革的挑战［EB/OL］.（2024-03-12）［2024-04-02］. https：//www.163.com/dy/article/IT3LJ4G20518V7QB.html；娃哈哈步入宗馥莉时代：500亿饮料巨头的挑战与悬念［EB/OL］.（2024-02-25）［2024-04-02］. https：//new.qq.com/rain/a/20240226A081Y400.

近年来，关于威权领导的效果不断引发争议。有些研究者发现，威权领导对个体及团队层面的组织公民行为都有积极的影响，其中个体层面和团队层面的集体主义在这二者之间同时起中介和调节作用。此外，研究者还发现，威权领导有助于提升团队凝聚力与团队价值，尤其是在运动领域。然而，还有许多研究发现了威权领导的阴暗面。例如，有研究者发现，面对威权领导，下属会产生愤怒的情绪，从而影响其工作满意度；威权领导与下属感知到的辱虐管理（abusive supervision）呈正相关关系；威权领导会削弱下属的工作绩效、组织承诺及团队创造力。

为了进一步厘清威权领导的构念内涵及作用机制，周婉茹等将威权领导分为专权领导与尚严领导两个维度：①专权领导，强调领导者的个人权威，其焦点在于对下属的控制，行为体现为掌控决策和信息、忽视下属意见等拉大领导者与下属间权力距离的行为；②尚严领导，强调组织规范与绩效表现，着重关注任务成果与下属工作中的心态，行为体现为设定高绩效目标，掌握下属的工作状态，以及严格要求下属的工作态度、价值观与品格。他们的研究表明，对于下属的建言行为、努力工作的信念及心理资本等方面，专权领导皆有不利的影响，而尚严领导则恰恰相反。研究者们经过逐步探索，结合儒家的核心思想"仁"所反映出的领导智慧认为，掌握权力者必须有"推己及人"的核心价值观，才能对下位者施加积极影响，如父慈子孝、君仁臣忠等。

因此，家长式领导中威权领导的内涵应更加贴近尚严领导，而有别于专权领导，其定义从最初的严格控制下属逐渐发展为基于责任感的严训教诲，强调下属的发展与集体利益。

2.4.2 仁慈领导

华人领导者威严决断的背后也有柔软仁慈的一面，他们对下属的领导风格中不仅有"严父"的要求，也有"慈父"般的关怀，即家长式领导中的仁慈领导（benevolent leadership）维度。

仁慈领导是指领导者对下属施加个别、全面、长久的关怀[①]，包含两种施恩行为：①个别照顾，指领导者会将下属视为家人，为他们的工作提供保障，并且在下属急难时给予其帮助；②维护面子，指当下属出现重大失误时，领导者会顾及下属的颜面，为其留有余地，避免公开责罚或直接诉诸法律，同时也会谆谆告诫，以免下属的工作陷入更大的危机。对于领导者的施恩行为，下属则会表现出感恩和图报。

直至 2000 年，郑伯埙和樊景立等学者均认为威权领导与仁慈领导这两个维度构成了家长式领导的核心。佩莱格里尼（Pellegrini）和斯卡杜拉（Scandura）对家长式领导的定义也体现了这一观点，即"同时展现出如家长一般权威与仁慈的领导作风"。那么，领导者应如何整合立威与施恩这两种看似不可兼容的行为，我们应如何理解华人领导者"恩威并济"的核心特点呢？王安智的研究基于自我精进（self-cultivation）与权威道德主义（authoritarian moralism）对这一问题做出了全新的解读。其中，自我精进这一概念源自儒家思想，认为人的"自我"并非一成不变，而是随着个人的发展不断动态变化的，因此，每个人都需要终身学习，以成为完整的自我。在儒家社会，自我并不是一个独立的概念，而是嵌入在一个特定的社会网络之中，并且在人际交往的情境中有适当的行为准则。权威道德主义是指在家庭或教育机构中，父母和师长有义务给孩子向上的引导，使他们成长为行为得当、承担责任的成年人。结合自我精进与权威道德主义这两个概念，华人领导者的威权领导通过教导促使下属实现自我精进，并在成长过程中获益。王安智做了一个形象的比喻，从栽培下属的角度来看，施恩好比施肥与浇水，为下属的成长提供温暖且充满支持的环境；立威好比

[①] 郑伯埙. 家长权威与领导行为之关系：一个台湾民营企业主持人的个案研究 [J]. 民族学研究所集刊，1995，(79)：119-173.

修剪杂草，去除出现偏差的行为与思想，培养他们正直的秉性。因此，恩与威的融合并不矛盾，而是为了一致的目标相互补充、相互支持。

2.4.3 德行领导

立德树人体现了家长式领导中的另一个重要维度——德行领导（moral leadership），其是指领导者展现出高度的个人操守和道德品质，并用以教化与影响下属，从而呈现出的一种具有高度道德廉洁性的领导方式。

德行领导具体表现为三个方面：①以身作则，指领导者在要求下属之前会先要求自己，并作为下属在工作或生活中的表率。②公私分明，指领导者不会滥用职权、假公济私，在管理中不徇私、不偏袒，公正不阿。③诚信不欺，指领导者为人诚实守信，表里合一。对于领导者的三种树德行为，下属则被期待表现出认同和效法，即认同领导者的价值与目标并将其内化为自己的准则，从而模仿领导者的道德行为。

德行领导主要来源于儒家的德治思想及人治的传统。《论语》中认为，上位者的道德修养是国家社稷的基石，主张"为政以德，譬如北辰，居其所而众星共之""其身正，不令而行；其身不正，虽令不从"。德行领导与西方的伦理型领导（ethical leadership）有相似之处。伦理型领导指领导者通过个体行为和人际互动，向下属表明什么是规范恰当的行为，并通过双向沟通、强制等方式促使他们遵照执行。与德行领导的作用机制相似，伦理型领导也强调领导者通过自身正直、廉洁的示范作用来引起下属的效法。二者之间的区别在于，伦理型领导的内涵不仅限于个体层面领导者对下属的影响，还包括组织层面，即领导者的伦理决策对组织发展的影响。此外，德行领导强调通过领导者的榜样作用让下属发自内心地效法，而在伦理型领导的内涵中，领导者还会通过强制的方式使下属遵从自己制定的伦理准则。

第 2 章
领导力理论

> **本章小结**

领导力被广泛地界定为一种影响力,是个人或组织带领其他个体、团队或组织实现共同目标的能力。19世纪以来,西方学者们从不同角度尝试解构领导力:领导特质理论关注能够预测领导者涌现以及提升领导有效性的有效领导特质,领导行为理论聚焦领导过程,关注不同类型的领导行为,而领导权变理论则进一步关注各类领导行为产生效能的情境边界。20世纪末21世纪初,组织战略和组织能力越来越受到人们的关注,也相应地产生了领导-成员交换理论、变革型领导、共享型领导等新兴领导力理论。除此之外,中国传统的儒家文化也催生了中国文化情境下的经典领导力理论——家长式领导。现实生活中,领导力的体现是多元化的,判断一个组织的领导者具备哪些领导力需要参照多个领导力模型综合而定。而团队的追随者想要更好地融入组织,也要根据情境做出相应的调整。

> **问题思考**

1. 通过本章的学习,你认为领导力的本质是什么?
2. 领导风格受哪些因素的影响?
3. 请结合本章的内容,制定适合自己的领导力发展策略。

> **课后案例**

方太的领导力:树立文化自信、现代演绎的中国式领导力

2002年,毕业于中欧国际工商学院(EMBA,即高级管理人员工商管理硕士)的茅忠群,给方太带来了西方的管理理论,同时也在方太内部引入了一些具有西方管理经验和背景的中高层管理者,但是实践两年,方太内部在管理上还是矛盾重重。茅忠群发现中国的人际关系很难用西方管理

理论来妥善处理。例如，在美式管理中，人力资源管理中的人被当作纯粹的利益驱动"经济人"，是获取利润的活工具；同时，美式管理更加崇尚个人奋斗，人与人之间的合作相对"流程化"。这与东方文化中强调集体主义、团体利益，以及以和为贵的合作精神相去甚远。因此，很多中国企业在推行美式管理的过程中，就出现了文化上的冲突和水土不服的问题。

在系统学习和实践西方管理理论的过程中，茅忠群洞察到西方管理理论隐含的西方文化与中华文化的差异，在此基础上，他从"仁义"的角度重新审视原有的企业制度，在用户"安心"等方面，开启了用儒家文化指导现代企业管理的过程，并且在儒学之道的统领下，总结出了"两要五法"（"两要"指要以用户为中心、以员工为根本，"五法"指教育熏化、关爱感化、礼制固化、专业强化和领导垂范），将儒学和企业管理有效融合起来。

而在具体的企业管理过程中，茅忠群又发现儒家文化中"按照等级观念行事""以和为贵"等思想使得中国的企业管理者不善于对下级授权，而下级又对上级有强烈的依附心理。儒家十分重视人在管理过程中的地位，可以说对人的管理是儒家理论的核心，通过对儒家文化的研究和学习，茅忠群认识到在企业内部强调和谐、稳定和团体意识，对于避免组织内部的矛盾和冲突，更好地优化资源配置具有重大的作用。但同时也要避免其中的问题，例如人治大于法治、缺乏统一规则、标准化程度低等弊病。

随着经济发展环境的变化，越来越多的中国企业发现企业面临的环境日新月异，没有哪一种管理方法是万能的，企业管理要不断创新，以应对新的环境挑战。对于如何在本行业、本领域中建立自己的产品或服务优势，并实现对国内外相关企业的追赶和超越，茅忠群的文化自信以及方太的管理经验为中国企业提供了有益启示。

资料来源：黄芳，石盛林，贾创雄. 茅忠群文化自信与方太战略创新［J］. 企业管理, 2021,（2）：40-43.

思考题

1. 方太的成功体现了中国式领导的哪些特点？

2. 从方太的管理实践中可以看出中国式领导与西式领导有哪些区别和联系？

3. 结合实际，分析采取上述领导措施对方太发展的影响与意义。这对当代领导实践有什么启示？

第 3 章 技术创新中的领导力

学习目标

通过本章的学习，应该能够：

1. 认识技术创新中的关键问题
2. 理解领导与技术创新的关系
3. 掌握提升创造力的领导技能

本章关键词

内在动机（intrinsic motivation）

边界跨越（boundary spanning）

悖论型领导（paradoxical leadership）

引导案例

阿里云创始人王坚：你要相信你所坚持的

预见未来

王坚是阿里巴巴最早看到云计算前景的人。2009 年 9 月 10 日，阿里云计算公司（以下简称阿里云）在阿里巴巴十周年庆典之际成立，王坚担任总裁，带着 400 多人的团队开启了中国最早研发云计算的征程。他认定这是未来互联网的发展方向，"如同电力是工业社会的底层设施，云计算将取代传统信息技术设备，成为互联网世界的底层设施"。

加盟阿里巴巴之初，王坚就告诉管理层，阿里巴巴业务高速增长所带来的信息技术设施扩容成本，很可能会拖垮公司。在后来的一次预算讨论中，王坚与技术团队郑重明确阿里巴巴再也不会购买一台小型机，而是会尝试用计算机技术替代小型机技术。从那开始，王坚推动阿里巴巴"去IOE"①，IOE 是过去十多年来互联网行业的底层架构，因为不可或缺而价格高昂，更重要的是这一架构无法满足互联网企业对海量数据的存储和计算需求。阿里云的任务是打造互联网数据分享的平台，通过云计算基础服务，为大数据的分享、流通以及新价值的创造提供土壤。

面对质疑

阿里云成立五年间，集团内外关于"阿里云要被撤掉"的传闻此起彼伏，直到 2013 年才彻底消失。时任阿里云总裁的王坚，承受的压力可想而知。2012 年，阿里云发布的智能手机操作系统 YunOS 遭到了谷歌的封杀，后者要求智能手机厂商在安卓和 YunOS 之间二选一，很多主流手机厂商迫于压力选择了安卓。

来自集团的争议和质疑更多。阿里云有集团最强的技术团队，在云计算尚未形成规模时，集团内部员工不理解为何还要让这家业绩每年都垫底的公司继续存在。一次最为夸张的行动是集团召开高管会，其他业务部门的负责人听说马云要把阿里云撤掉，便纷纷带上自己的技术负责人参会，准备马云一声令下，就争抢阿里云的技术人才。

最令人伤感的是内部员工的放弃。就连王坚自己也承认，阿里巴巴做云计算是早了两年，所以一直都是在探索，没做出什么显著的成绩。这让

---

① 去"IOE"是指在企业信息化建设中逐步淘汰和替换掉依赖于 IBM 服务器、Oracle 数据库和 EMC 存储设备的架构模式。

很多员工看不到希望，于是纷纷出走，或者转岗到风生水起的淘宝、天猫等业务部门，或者直接离开阿里云。甚至那些从微软追随王坚而来的人也选择了放弃。2010 年，王坚在微软亚洲研究院的一位老部下辞职离开阿里云时，深情而失落地对王坚说，做云计算的感觉就像集体合抱一棵大树，谁都知道大家的手最终会连在一起，但谁也不知道那一刻何时才会到来。"我相信只有一个人没动摇过，就是他本人。"阿里云业务总监张敬说，任何时候，王坚都固执而乐观地坚持着自己对云计算的判断，从未改变过。

执着坚定

"如果太在意外界的看法，那你什么都做不成。有时候就得专注，目光和心思盯着自己想做的事。"王坚这样解释自己的执着。但他坦言也经历过"黎明前最黑暗的时刻"。那是 2012 年年中，内外交困的阿里云组织了一场员工和客户共同参与的"共创会"。王坚在会上把每年一度的阿里云"飞天奖"颁给了全体员工，颁奖词是一句略带悲情的话——"坚持就是伟大"。

资料来源：刘杰，王坚. 阿里云先生 [J]. 环球市场信息导报，2014，(42)：54-57.

思考题

1. 什么是技术创新中的领导力？
2. 技术领导者面临哪些关键挑战？
3. 技术领导力的运用策略有哪些？

马云曾评价王坚是一位了不起的、绝对负责的技术领导者，相信从"引导案例"的描述中我们也能看出他难能可贵的科学精神和坚持不懈的努力，这些精神也帮助如今的阿里云取得了极其耀眼的成绩。对于技术创新来说，内外部动荡的环境给组织和团队带来了巨大的挑战。技术创新是新技术的产生和应用过程,需要通过一系列相互作用和相互影响的创新行为来实现。作为领导者,如何带领其他人一同克服困难走向光明是一个重要的问题。

领导力贯穿了技术创新的整个过程,包括预判技术发展趋势、获取持续创新投入、释放团队创新能力等。领导者的个人特质、领导行为和领导风格都会对企业创新产生重要影响,基于相关学术研究,本章将进一步介绍创新领导力的运用策略,例如提高风险决策的能力、获取团队成员的信任、释放员工的创造力、优化创新团队配置等。

3.1 技术创新中的关键挑战

3.1.1 预判技术发展趋势

《中国共产党第二十届中央委员会第二次全体会议公报》指出:"当前,世界百年未有之大变局加速演进,世界进入新的动荡变革期,我国发展进入战略机遇和风险挑战并存、不确定难预料因素增多的时期,必须准备经受风高浪急甚至惊涛骇浪的重大考验。我国改革发展稳定依然面临不少深层次矛盾,需求收缩、供给冲击、预期转弱三重压力仍然较大,经济恢复的基础尚不牢固,各种超预期因素随时可能发生。"[1]

互联网、移动互联网、大数据、人工智能和物联网技术的兴起不断地颠覆着组织传统的商业模式。跨界竞争与颠覆式创新层出不穷,新的技术打破了行业边界与企业之间的竞争壁垒,使得许多传统巨头企业遭遇前所未有的冲击。例如,蚂蚁金服旗下的网商银行,凭借其大数据和云计算技术将海量线上交易数据形成用户画像,并通过支付宝"付款码"所沉淀的

---

[1] 中共二十届二中全会在京举行[N].人民日报,2023-03-01(1).

小微企业交易数据建立起一套互联网信用体系，从而解决了传统银行服务小微企业时无担保、无抵押、缺风控数据等痛点，快速占领了这一市场。网商银行对外发布的2021年年报显示，其服务的小微企业和个体经营户累计已经超过4 500万家，是目前服务小微企业数量最多的银行（是招商银行的近50倍），被称为"小微霸主"。

习近平总书记指出："互联网核心技术是我们最大的'命门'，核心技术受制于人是我们最大的隐患。"[1] 企业唯有掌握领先的核心技术，方能在动荡的环境中永立潮头。这就对领导者们提出了挑战。正如王坚在还未"看见"阿里云的成功时就坚定地"相信"它是阿里巴巴乃至整个行业未来发展的核心技术一样，成功的技术创新往往需要领导者在不确定的外部环境中敏锐地判断未来的变化趋势，做出有预见性的决策。

3.1.2 获取持续创新投入

技术创新往往伴随着高风险和高度的不确定性，长期处于前途未卜的状态可能会逐渐失去利益相关方的信任，甚至导致众叛亲离。尤其是激进式创新，因为需要对新技术或市场进行大量投资，其发展具有更大的风险，能够收获的结果也更不确定。根据市场分析公司Finbold的报告，2020—2021年，有179家公司从美国主要交易所退市。2021年，纳斯达克和纽约证券交易所的公司数量为6 000家，与上年相比减少了2.89%。每项创新活动都需要诸多不同参与者，包括客户、供应商、分销商、监管机构、专家等的投入，这个过程需要整个创新团队共同努力来克服挑战，他们需要在产品开发和项目推广之间来回切换，以获得各方支持，促进创新项目的成功。而创新团队的领导者需要在此过程中发挥自身作用，建立内

---

[1] 习近平治国理政关键词（38）·发展网信事业：以人民为中心 让百姓用得好［N］．人民日报海外版，2016-08-02（1）．

外部联系，促进重要资源的获取。

在阿里云最困难的阶段，80%的工程师选择了离开。王坚回忆道："阿里云的成就是工程师拿命换来的，其实也是最早一批客户拿命在填，就像第一个用电的人一样。"此外，在阿里云的创新历程中，马云始终坚定地支持王坚，为他投入大量资源并破除外界的质疑。

3.1.3 释放团队创新能力

为了应对技术动荡带来的挑战，团队目标导向是创新的关键因素，因为它们影响目标追寻中的目标选择和行为策略，其既表现为团队追寻理念的激进性，也表现为成员追寻理念发展和提升的适应性调节行为。当领导者通过树立目标激励团队成员朝着一个方向努力时，团队成员更有可能产生共同的行为倾向，并不断在团队内部相互强化。[1] 因此，在技术创新中，领导者需要关注团队创新发展和实施过程中的目标优先级以释放团队创新能力。

安德鲁·范德文（Andrew Van de Ven）等学者认为，创新的发展与实施是共同发生的，因此创新越来越多地融入现有的组织安排。[2] 也就是说，技术创新在发展过程中已经自然而然地与组织的运营单元联系起来，甚至在组织安排业务单元进行生产和商业化运作之前，创新与运营单元的联系就已经存在了。如今，越来越多的组织采用扁平化的架构和以团队为基本的创新单元，以更快速敏捷地响应外部环境的变化。因此，如何最大化地释放团队创新能力，成为企业获得技术创新成功的关键。例如，由于技术

---

[1] Kozlowski S W J, Bell B S. Work groups and teams in organizations [M]//Borman W C, Ilgen D R, Klimoski R J. Handbook of psychology: industrial and organizational psychology. New York: Wiley-Blackwell, 2003, 12: 333-375.

[2] Van de Ven A H, Polley D E, Garud R, et al. The innovation journey [M]. New York: Oxford University Press. 1999.

的快速迭代，在一些团队中，团队成员比团队的领导者更快地掌握最新的产品技术、更有影响力，这会在一定程度上促使团队内部知识、专长与话语权的背离，给团队创新带来阻碍。

3.2 创新领导力的研究发现

创新是企业可持续发展的动力机制。领导者作为组织中的决策者，对于组织创新的产生具有举足轻重的作用。因此，识别什么样的领导者本身更具创造力、更有利于企业创新的产生，成为企业关心的话题。此外，员工是创意产生和落地的主体，企业管理者们也意识到激发员工创造力的重要性。领导者在这个过程中的作用不言而喻。那么，领导者又该如何激发员工创造力、提升创新产出呢？本小节将通过回顾以往的相关文献，从领导者的特质、领导者的行为和特定领导风格三个方面回答上述问题。

3.2.1 领导者的特质与企业创新

3.2.1.1 领导者的成就动机与创新

成就动机（achievement motivation）是个体追寻自认为重要的有价值的工作，并使之达到完美状态的动机，即一种以高标准要求自己力求取得活动成功的动机。成就动机强的人总是在工作中对自己和他人设定高标准，习惯于制订工作计划并坚持追寻目标。对于技术创新团队来说，领导者的成就动机非常重要。经典创业型领导角色由五个方面构成，分别是成就动机、风险偏好、结果导向、个体创新，以及个人规划与目标设定[1]，而领导者的成就动机会影响组织学习，因为高度重视成功和效率导向的领导者

---

[1] Miner J B. Role motivation theories [M]. London: Routledge, 1993.

总是会鼓励员工们进行学习，促进部门间和员工间的信息共享，从而增加组织的知识储备并提升能力水平。

3.2.1.2　领导者的风险偏好与创新

风险偏好（risk propensity）指的是个人避免或承担风险的倾向。与产品或技术相关的创新通常是一个需要巨额投入的过程，有时甚至涉及企业的大部分资产，因此技术创新活动中总是存在诸多风险。有学者认为风险本来就是创新的一个组成部分，企业家选择一个创新备选方案就等于在选择一个有风险的潜在客户。以往的研究表明，领导者的风险偏好与他们抓住并充分利用宝贵机会的意愿有关，在创新创业活动中，领导者对于风险的倾向会影响他们对现在和未来形势的评估，并正向影响企业创业初期的创新绩效。如果领导者重视并希望员工更有创造力，那么他们就需要努力营造一个鼓励冒险、鼓励建设性任务冲突的环境。偏好风险的领导者自己就可以作为员工的榜样，并通过管理手段积极鼓励和支持员工多尝试、多总结，让员工更好地接受技术创新活动中的风险。当然，即便是创新团队，领导者的风险偏好仍需要控制在一个合理的范围内，过度被机会吸引从而忽略潜在损失也会导致创新失败；能够适度地接纳风险、勇于面对风险的领导者更有可能带领团队走向成功。

3.2.1.3　领导者的自恋与创新

乔布斯缔造了传奇的苹果王国，层出不穷的苹果产品改变了人们的生活方式。但是，一个可能并不为人所知实际上却非常有趣的事实是，最早上市的苹果电脑上都刻着乔布斯的签名。由此我们不难推断：乔布斯是一个高度自恋的人。以往的研究发现，自恋的人更有可能成为领导者，而领导者身上也或多或少都会有自恋相关的表现。尽管自恋型领导者往往缺少共情、过度敏感且容易暴躁，但同时也极其自信、善于自我表达、充满魅力，能在动荡、变革时期积极进取、脱颖而出。

已有的研究表明，人们对于高自恋水平的个体的创造力评价相较于低自恋水平的个体要更高，高自恋水平的个体也认为自己的创造力水平要比其他人更高，但实际上他们客观的创造力表现并没有显著差异。在阐述自己的创意时，高自恋水平的个体看起来更有激情且自信，这是其"创造力"的重要来源。尽管并没有研究明确显示自恋型领导者对组织产出有积极影响，但是不少研究都发现自恋型领导者会更加激进，更偏好风险。高自恋水平的公司首席执行官会做出更加大胆的决策，例如更加激进的研发投入决策，从而在一定程度上让公司拥有更大的创新可能性。高自恋水平的个体有很强的自我提升动机，因此，他们非常关注外部的反应，希望在他人面前始终保持强竞争力的表现，从而获得外部对他们的认可和赞赏。对于自恋型首席执行官而言，让公司看起来有突出的创新产出是展现其强大竞争力的一种重要方式。有学者调查了1980—2008年多家大型制药公司对于非连续生物技术的应用情况，结果发现，自恋型首席执行官所在的公司会更加积极地采取非连续技术，并且，进一步地，当外部的关注度高时，自恋型首席执行官会认为外部普遍欣赏和认可其决策，因此，他们会更加积极而大胆地采取非连续技术。[1]

3.2.2 领导者的行为与企业创新

3.2.2.1 边界跨越行为

领导者的行为对于提升组织和团队的创新产出具有重要作用。伴随着

---

[1] Gerstner W C, König A, Enders A, et al. CEO narcissism, audience engagement, and organizational adoption of technological discontinuities [J]. Administrative science quarterly, 2013, 58（2）: 257-291.

移动互联技术的发展，跨界竞争盛行，客户整合式个性化需求不断提升。领导者一方面需要积极与外部建立联系以获取宝贵的资源和信息，另一方面也要与组织中的其他团队高效协作，快速落地创新方案。

学者们将前文所描述的团队外部活动称作边界跨越行为（boundary spanning behavior）。德博拉·安科纳（Deborah Ancona）和戴维·考德威尔（David Caldwell）提出，边界跨越行为包括使节行为、任务协调行为、侦测行为。[1] 激烈而高度不确定的外部竞争、动荡变化的市场创新需求以及持续精细化的专业分工，使得当代组织比以往任何时候都更需要多样而高效的人际沟通与协作，以不断提升需求响应的灵活性与效率。作为组织运行的基本单元，团队的形态也发生了从封闭、稳定系统向开放、动态系统的转变，而边界跨越行为是团队管理自身与外部环境关系的重要途径。作为创新团队的最高负责人，领导者有责任和义务与外部各方接触，并通过边界跨越行为来实现这一目标。根据社会资本理论，这些联系能够为创新团队带来更加多元化的信息和重要资源，从而提升下属的创造力表现。同时，领导者实施边界跨越行为（例如良好的外部沟通行为、信息搜索行为、资源争取行为等）能够有效地为团队获取新知识和观点，激发团队产生更具创造性的解决方案，从而提升团队整体的创新产出。闫帅等学者对于中国5个区域163家企业的研究发现，高管团队的边界跨越行为对企业的商业模式创新具有显著的正向影响，高管团队与外部利益相关者建立关系的行为有助于得到后者对企业商业模式创新的认同，并进一步获得相关资源支持，也能够通过横向沟通使得创新过程中的各个环节顺利运行。

---

[1] Ancona D G, Caldwell D F. Bridging the boundary: external activity and performance in organizational teams [J]. Administrative science quarterly, 1992, 37: 634-665.

知识 3.1

有效跨越边界对领导者及其团队至关重要

创新领导力中心（Center for Creative Leadership，CCL）对边界跨越行为进行了广泛的研究，他们调研了125位高管，结果发现超过86%的高管表示在当前的领导角色中跨界有效协作"极其重要"，然而，只有7%的高管表示在跨越边界时感觉"非常有效"，两者之间相差79个百分点。显然，跨越边界是我们大多数人都不具备的重要技能，但领导者可以通过培养及发展跨界领导力的协作技能、思维方式和行为习惯来缩小这一差距。

首先，根据创新领导力中心对各地领导者的研究，有五种通用的边界类型：横向边界（如专业知识、部门、同行），纵向边界（如等级、资历、权限、权力），利益相关者边界（如客户、合作伙伴、支持者、价值链、社区），人口统计边界（如性别、年龄、国籍、文化、意识形态），以及地理边界（如地区、市场、距离），如图3.1所示。

横向边界　　纵向边界　　利益相关者边界　　人口统计边界　　地理边界

图3.1　领导者需要跨越的五种边界类型

对于领导者来说，要超越组织结构中的框架，跨越利益相关者利益或人口差异的界限，或者超越自己所代表的部门或团体的边界，并不容易。但是，领导者可以通过以下三种方式朝着有效跨越边界努力：

（1）**管理边界**。跨越界限的第一步是通过区分和明确角色、目的、专业领域等来创造或加强界限，以建立心理安全和尊重。

（2）**建立共同点**。将团队聚集在一起以实现更大的目标，并跨越边界建立信任、增加参与和共享所有权。

（3）**发现新的领域**。在这些领域，团队与差异化的专业知识、经验和资源交织在一起，但有一个综合的愿景和战略，以支持突破性的创新、转型和再发明。

跨越边界的行为、技能、思维方式和实践最好在日常工作、活动过程中学习及应用，卓有成效的领导者每天都会跨越边界，找到产生变革、共同创造创新解决方案并为组织和社区做出贡献的方法。

资料来源：Why you should collaborate across boundaries［EB/OL］.（2022-04-18）［2022-06-27］. https：//www.ccl.org/articles/leading-effectively-articles/boundary-spanning-the-leadership-advantage/.

3.2.2.2 领导者的示范与创新

在团队内部，领导者身先士卒、打破常规、展现出高水平的创造力对于下属的创造力同样具有积极影响。领导者是下属在日常工作中的重要互动对象，因此很容易成为下属学习的对象。当领导者展现出高水平的创造力时，下属会将其当作榜样来学习，从而在自我评价的过程中更加认可自己的创造力身份，进而有更具创造力的表现。在一项包括 364 名美国中部高校大学生的实验研究中，当领导者表现出突破常规的行为时，下属会将领导者视作榜样，表现出更高的创造力水平。

3.2.2.3 领导者的支持与创新

领导者的支持（leader's support）对于激发下属的创造力产出也具有重

要影响。创新解决方案的提出需要个体投入更多的认知资源进行信息加工。哈佛大学商学院教授特蕾莎·阿马比尔（Teresa Amabile）等的研究发现，领导者对于下属的理解、鼓励和支持，能够提升下属的责任意识，使其投入更多的时间和认知资源深度加工任务相关的信息，进而产生更具创造力的解决方案，同时提升其他成员对该员工的创造力评价。[①]

3.2.2.4　领导者的反馈与创新

领导者的反馈（leader's feedback）对于员工的创造力也具有重要影响。领导者的重要职能之一是为下属指明方向、明确目标，而即时、有效的反馈能够切实地帮助下属不断调整努力的方向。领导者应该做出更多的发展性反馈（developmental feedback），向员工提供有帮助或有价值的信息，助力员工学习、发展和改善工作。周京的研究发现，当某个员工的创造力不足但其同事具有创造力时，领导者提供的发展性反馈越多，该员工的创造力提升就越明显。[②]

3.2.2.5　领导者的授权与创新

除此之外，领导者的授权（leader's empowerment）也能够有效提升下属的创造力水平。人们对于自己发起和主导的任务有更强的自主动机，往往会投入更多的努力和资源。领导者的授权能够有效地提升下属的心理授权感，从而使下属产生更强的自主动机，投入更多的努力和资源并获得更具创造力的产出。

[①] Amabile T M, Schatzel E A, Moneta G B, et al. Leader behaviors and the work environment for creativity: perceived leader support [J]. The leadership quarterly, 2004, 15（1）: 5-32.

[②] Zhou J. When the presence of creative coworkers is related to creativity: role of supervisor close monitoring, developmental feedback, and creative personality [J]. Journal of applied psychology, 2003, 88（3）: 413-422.

> **案例 3.1**

字节跳动的创新文化：情境管理而非控制管理

字节跳动能够飞速发展并成为互联网界的传奇，离不开技术的创新、组织的创新与制度的创新，乃至领导者展现出的创新能力。随着科学技术的飞速发展和经营环境的急剧变化，传统的企业管理已经无法满足企业更快更好地发展的需求。企业要想在激烈的市场竞争中生存和发展，就要根据市场环境的变化来调整自身的管理模式，进行各个层面的创新。字节跳动的创始人张一鸣尤其注重员工的自我驱动和决策参与。

字节跳动在绩效管理方面主要采取目标与关键成果（objectives and key results, OKR）的方式：全员每双月制定一次OKR，员工基于自我驱动力实现目标，而不是迫于上级指示才开展工作和学习，管理者不是为了关键绩效指标去管控员工，而是为了帮助员工实现自身的工作目标，进行沟通指导。此外，字节跳动内部还形成了信息畅通的企业文化，推崇"情境管理而非控制管理"（context, not control）。控制管理除了会带来战略上的问题，还会因追求控制感而使企业反应迟钝。而情境管理文化让更多的人参与到决策中，有利于激发集体智慧：可以快速地执行任务，提高决策和工作的效率；可以保持开放学习的心态，让更多的员工直接面向市场，使得信息获取更加充分，角度也更加多元；可以提高员工的参与感，有利于发挥员工的创造力；可以塑造宽松开放的企业文化，使员工在开放学习的环境中主动思考和实践。

资料来源：故里悦读会. 字节跳动：全球化企业的管理与创新之法 [EB/OL]. (2021-06-01) [2022-06-17]. https://zhuanlan.zhihu.com/p/375825596.

3.2.3 特定领导风格与企业创新

3.2.3.1 变革型领导

变革型领导是一种领导风格，可以激发下属发生积极的变化。变革型领导者通常充满活力，富有热情和激情，他们不仅关心并参与工作过程，还致力于帮助团队的每一个成员取得成功（具体理论内容见本书 2.3.2 小节"变革型领导"）。以往的大量研究发现，变革型领导者能够积极影响员工的创造力、团队创新以及组织创新。有研究发现，变革型领导者能够有效地增进下属对自身创造力身份的认同，也就是说，员工会认为自己就是有高水平创造力的人，并在工作中不断产生创新的想法，以验证并保持其创造力身份。

进一步地，在团队层面，变革型领导者可以通过增加团队内的互动和沟通、鼓励原创想法并强调合作的重要性等，培养积极的团队氛围和认同感，从而促进团队创新。此外，研究发现，变革型领导者与团队主动性有关，其通过影响团队内部的动机、认知和社会过程，使得团队成员更加主动地识别和抓住机会，并寻求新信息和新方法来提升团队绩效。尤其对于成员专业背景差异较大的团队，变革型领导者通过鼓励团队成员从全新的角度看待问题以及提供个性化关怀，能够更好地管理背景多样化程度较高的团队，并发挥多样性的优势促进团队创新。[①]

最后，在组织层面，组织高层领导者（如首席执行官）的领导风格对组织创新有重要影响。基于上述个体层面和团队层面的研究，不少学者认

---

① Shin S J, Zhou J. When is educational specialization heterogeneity related to creativity in research and development teams? transformational leadership as a moderator [J]. Journal of applied psychology, 2007, 92 (6): 1709-1721.

为，组织高层领导者会通过其特征和行为影响组织做出的战略选择，从而对组织创新和组织绩效产生影响。首席执行官基于其职位和权力，可以决定组织应对挑战的战略，而具有变革型领导力的首席执行官可能会选择本质上以变革和增长为导向的战略，从而提升企业创新。已有研究也进一步证实了变革型领导与组织创新之间的正相关关系。①

3.2.3.2 悖论型领导

悖论型领导（paradoxical leadership）也能够积极影响组织的创新产出和下属的创造力表现。悖论型领导是指，领导者用看似存在竞争却又相互关联的行为在相同或不同时间段满足组织结构需求或下属工作需求。在中国传统文化中，悖论无处不在，"阴阳"思想即为传统文化对悖论的思考和总结。张燕等学者以中国阴-阳学说为哲学基础，系统归纳、分析了悖论型领导的前因和结果，并将悖论型领导的内涵分为五个维度：决策过程高度控制与高度自主相结合、工作执行过程同时保持高标准化与高灵活性、权力分配以自我为中心和以他人为中心相结合、对待下属一视同仁与个性化相结合、领导者与下属保持松紧适宜的关系。② 在外部环境动荡、不确定的当下，企业领导者面临越来越多的矛盾和张力问题：灵活与有序、效率与柔性、创新过程中的探索与利用，等等。

领导者既要跨越组织边界获取外部信息和资源，又要收紧边界防止内部的创新资源流失。领导者只有协调、整合好矛盾的两端才能够更好地激发组织创造力。罗瑾琏等学者发现，悖论型领导能够促进团队的知识创造

---

① Jung D D, Wu A, Chow C W. Towards understanding the direct and indirect effects of CEOs' transformational leadership on firm innovation [J]. The leadership quarterly, 2008, 19（5）: 582-594.

② Zhang Y, Waldman D A, Han Y L, et al. Paradoxical leader behaviors in people management: antecedents and consequences [J]. Academy of management journal, 2015, 58（2）: 538-566.

和整合过程，从而积极影响团队创新产出；而在任务复杂多变、动荡复杂的外部环境下，上述关系还将被强化。除此之外，一项针对120个企业研发团队的研究发现，悖论型领导还能够通过激发团队活力提升团队整体的创新产出。一项调研对象来自德国和荷兰公司的研究发现，悖论型领导能够有效提升下属的创新自我效能感，进而提升其创造力表现。表3.1总结了传统领导力与悖论领导力的联系和区别。

表 3.1 传统领导力与悖论领导力的联系和区别

	传统领导力：择一而从		悖论领导力：两全其美	
	预设	领导者如何作为	预设	领导者如何作为
事实	符合事实的观念、信念和认知皆具有内部的连贯一致性	• 做出战略选择 • 力图折中妥协 • 保持决策与选定的战略一致 • 统一企业文化 • 行事保持始终如一	符合事实的观念、信念和认知始终具有往往并不连贯的多元性	• 同时兼顾几个相互冲突的战略 • 接受并重视多种多样的文化 • 从多角度学习 • 行事多变
资源	时间、金钱和人力等资源稀缺	• 制定明确的日程 • 按照优先顺序分配资源 • 鼓励各方争夺有限的资源	资源充足且可以开发，产生新的资源	• 寻求机会使资源增加，不拘于当下的资源和工具 • 探索新技术，寻找新的合作伙伴 • 灵活设置时间框架
管理方式	管理即控制，寻求稳定性与确定性	• 将始终如一的认知在组织中一以贯之 • 推广最佳工作方式 • 尽量简单	管理即应对，接受动态和变化	• 接受多种多样的战略和认知 • 容忍不确定性 • 从错误中学习 • 实行可行的临时解决方案，并不断试验

资料来源：史密斯，刘易斯，图什曼.领导者最大的挑战，不是"择一而从"，而是如何"两全其美"[J].变频器世界，2017，(10)：29-30.

3.3 创新领导力的运用策略

在技术创新的背景下,领导者一方面需要修炼自身的创新能力,在动荡的外部环境中做出正确的决策,另一方面需要提高自身的创新管理能力,通过有效的管理策略激发员工的创造力,并对团队创新过程进行有效的干预。这一小节将针对领导者如何提高风险决策的能力、如何获取团队成员的信任、如何释放员工的创造力以及如何优化创新团队配置等问题提出若干可行的建议。

3.3.1 提高风险决策的能力

技术创新往往伴随着诸多风险。这些风险既来自技术开发活动本身的技术性挑战,也来自外部市场环境变化带来的战略性挑战。在高度的不确定性中,领导者如何做出正确的决策不仅直接决定了技术创新的成败,更影响到企业的生存与发展。集合了学习机、游戏机、电子词典等功能的"小霸王"是无数人的童年记忆,在那个时代收获了绝无仅有的辉煌。1994年,小霸王销量突破百万台,销售额超过4亿元,占据了当时国内80%的市场份额;1995年,小霸王销售额高达10亿元。1996—1999年,尽管受到DVD的冲击,小霸王却依然坚挺,在此期间创造了至少40亿元的销售额。在口碑上,小霸王也表现得很好。在1994年全国市场产品竞争力调查评价中,小霸王在"心目中的理想品牌""实际购买品牌""1995年购物首选品牌"这三项中的占比都超过75%。

但好景不长,随着VCD等新产品的流行和好记星、诺亚舟等竞品的出现,这一市场的竞争愈发激烈,而作为小霸王掌门人的段永平在企业的关键决策上却出现了重大失误。小霸王赚得的利润并没有持续投入于后续开发,而是导入地产、集团酒店等新的增长业务上。这直接导致了小霸王在后续技术维度竞争上节节败退。沧海桑田,小霸王已经成为一个时代的记忆,缺乏技术壁垒的小霸王早已失去了容身之地。小霸王的陨落启示我们,在技术创新决策中,领导者需要避免一些致命的决策误区,如路径依赖等。事实上,企业在技术选择上往往容易陷入路径依赖的误区。有学者对技术创新背景下组织路径创建和路径依赖的过程进行了研究,发现组织在发展和创新过程中,技术层、战略领导层、组织层、外部协作层会相互影响,并通过预成形、成形和锁定三个阶段创建并固定组织路径(如图 3.2 所示)。①

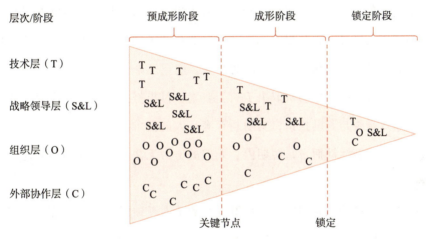

图 3.2　路径创建和路径依赖的多层框架

资料来源:Wang J, Hedman J, Tuunainen V K. Path creation, path dependence and breaking away from the path: re-examining the case of Nokia [J]. Journal of theoretical and applied electronic commerce research, 2016, 11(2): 16-27.

由于某项技术先前已经为企业取得了巨大的收益,因此领导者往往倾向于沿用看似卓有成效的已有技术,而不愿意采用新技术。路径依赖虽然

---

① Henfridsson O, Yoo Y, Svahn F. Path creation in digital innovation: a multi-layered dialectics perspective [C]. Association for information systems, 2009.

在短期内可以保证企业获得稳定的收益，却可能让企业在技术变革的动荡时期失去竞争优势，甚至被新的技术潮流淘汰。因此，领导者应当保持对技术发展趋势的清醒判断，不要因固守已有的产品或商业模式而在新一轮的技术变革中错失良机。

3.3.2 获取团队成员的信任

在多数情况下，技术创新都不是一个短期的确定性任务；相反，它是一个长期的不确定性探索活动。在技术创新的过程中，企业或研发团队可能面临在很长一段时间内都无法获得明确回报的局面。从开篇的"引导案例"中我们可以看到，王坚在接手开发阿里云的前几年里，面临来自公司内部的巨大质疑。究其根本，这种质疑源自技术创新活动的高度不确定性与人们寻求确定结果和回报之间的冲突。期望理论（expectancy theory）告诉我们，人们的工作动机取决于三个要素：付出努力是否可以取得好的绩效，绩效是否与奖励挂钩，奖励是否满足人的需求。对于具有高度不确定性的技术创新活动而言，短期内，人们的努力无法与绩效挂钩，因此严重影响了他们的工作动机。

当员工在较长时间内无法获得及时的正向反馈时，他们会感到不安和焦虑，并对领导者的决策产生怀疑。一旦这种不安和怀疑的情绪蔓延，团队的凝聚力和战斗力都将遭受沉重的打击。因此，领导者如何赢得团队成员的信任、重聚人心，将直接影响到团队创新的成效。首先，领导者需要表现出对技术创新目标的热情。领导者对目标的热情和坚定将传递给员工一种强烈的信号——我们的投入终将获得回报。具体地，领导者需要常常与员工沟通，向他们表达自己的愿景。需要注意的是，领导者不能仅仅停留在描绘蓝图层面，更重要的是要告诉员工自己为了实现这个目标做了哪些准备。只有当员工看到领导者自身的努力和付出时，他们才会真正信服于领导者的引领。

领导者除通过自身的榜样作用来影响员工外,还应当持续为员工投入资源。技术创新活动并不只是产出想法,更重要的是要将想法成功转化和实施,而这就需要投入大量的人力、物力和财力。技术创新团队的领导者不仅是技术创新活动的参与主体,也是团队的外部联络人,其主要职责之一就是保障团队创新活动的资源供给。如果领导者能够为团队争取充足的资源,那么,一方面,团队成员可以更自如地学习、探索、试错,其创新能力将得到提升;另一方面,团队成员会感受到来自组织对团队的支持,他们的信心将进一步增强。

3.3.3 释放员工的创造力

除了稳定人心、赢得员工的信任,领导者还需要通过有效的管理手段来激发员工的创造力。特蕾莎·阿马比尔的创造力成分理论(componential theory of creativity)指出,个体的创造力水平取决于内在动机、领域知识和创造力技能三种成分,如图 3.3 所示。

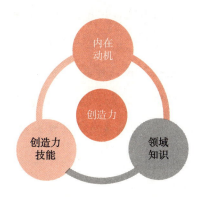

图 3.3 创造力成分模型

内在动机与外在动机相对应。内在动机指的是个体做某项工作是源自对工作本身的喜欢,而外在动机指的是个体做某项工作是源于奖金等外在因素。已有的研究发现，内在动机可以有效地提升员工的创造力。因此，他们应避免过多地用奖励、惩罚等管控手段去干预技术人员的工作，而应该采用授权、发展性反馈等领导行为来提升他们的内在动机。

认知评价理论（cognitive evaluation theory）[1][2] 告诉我们，控制性事件会给人带来压力，让人觉得自己的行为是受外部控制的，因此会削弱个体的内在动机；相反，信息性事件给人提供有助于提升效能感的信息，与此同时保证其行为是自主的，有利于增强个体的内在动机。

知识 3.2

特蕾莎·阿马比尔于1995年进行了一项实验研究，她招募了72个有创意写作经验的人参与实验，并把他们随机分为三组，分别是内在动机组、外在动机组和控制组。在正式实验前，她要求所有参与者写一首关于"雪"的诗，随后让他们花五分钟的时间对写诗的动机进行排序。内在动机组被提供的动机选项包括"享受表达自我的机会""通过写作获得新的观点""从清晰和强有力的自我表达中获得满足感"，等等；外在动机组被提供的动机选项包括"认识到随着每年大量杂志的引入，自由作家的市场正不断扩大""听说过一些畅销小说或诗集让作者财务自由的例子""享受公众认可你的作品"，等等；控制组不做处理。动机排序完成后，她要求所有人以"欢笑"为主题写一首诗，并在后续邀请12位诗人独立评价每首诗的创造力。结果发现，仅仅通过这五分钟的操作（即对写诗的动机进行排序），就让外在动机组的创造力有显著的下降（如图3.4所示）。

---

[1] Deci E L. Intrinsic motivation [M]. New York: Plenum Press, 1975.
[2] Deci E L, Ryan R M. The empirical exploration of intrinsic motivational processes [M]// Berkowitz L. Advances in experimental social psychology. New York: Academic Press, 1980, 13: 39-80.

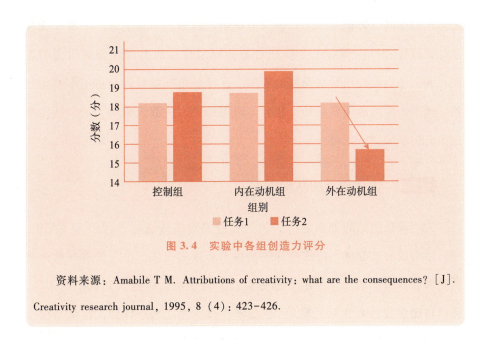

图 3.4 实验中各组创造力评分

资料来源:Amabile T M. Attributions of creativity: what are the consequences? [J]. Creativity research journal, 1995, 8 (4): 423-426.

领导者应该为员工提供新知识和新技能的培训,以及对外交流和学习的机会。对于技术创新工作者而言,他们只有在自己的领域内深耕,才有可能取得突破性的成果。领导者也需要发展员工的创造力技能。创造力技能包括发散性思维、逆向思维、批判性思维等。领导者应当在日常的工作中有意识地引导员工进行广泛的联想,创造安全的氛围让员工敢于挑战传统和权威。领导者要让自己变成员工的教练,不仅为他们传递知识,更重要的是培养他们的创新思维和创新技能。

谷歌、IBM、易贝、华为等知名企业内部都设置了"红军"和"蓝军"部门,其中,红军站在企业自身的立场上来进行战略决策,蓝军扮演假想敌的角色来挑红军的毛病,两个部门互为对手、互相挑战,从而帮助企业制定出既有利于企业发展又不容易被对手击垮的决策。这样的设置迫使员工采取不同的思考方式,通过引入不同的观点来挑战原有的计划和思路。事实上,无论多么聪明,受过多么好的教育,每个员工在工作中都会无意识地受到认知偏差和逻辑谬误的影响，而通过与对手部门不断交锋和演练，领导者可以使员工意识到自身的局限性，从而打开分析问题的思路，并创造性地提出解决问题的方案。这样的培训能够教会员工不要想当然，而要去质疑毋庸置疑的、想象不可思议的、挑战无懈可击的，从而跳出原有的框架进行思考。

3.3.4 优化创新团队配置

为了确保团队的创新能力，领导者需要对团队进行合理的人员配置。创新活动的有效开展不仅需要有成员提出新颖的想法，也需要有成员扮演支持者和执行者的角色，不断地完善和实现想法。根据认知风格的不同，可以将团队成员区分为三类人：创新型个体、遵从型个体和关注细节型个体。创新型个体善于识别问题、重塑问题，并提出原创性的解决方案。遵从型个体倾向于寻求共识，他们会更多地提出一些可能会被团队和组织接受的想法。遵从型个体的存在对于维护团队规范和结构至关重要，也有利于促进团队的协调。关注细节型个体做事有条理、细致、可靠，非常关注对自己想法的践行。他们善于将想法运用于实践或将其转化为靠谱的产品，但是对错误的容忍度却很低。

通过对以色列国防行业中的一家大型企业的调查，研究者发现，在一定范围内，遵从型个体的比例越高，团队的突破式创新（radical innovation）越多；关注细节型个体的比例越高，团队的突破式创新越少。那么，三种不同类型的认知风格该如何配比才有利于团队创新呢？该研究显示，当团队中有高比例的创新型个体、低比例的关注细节型个体、中等比例或高比例的遵从型个体时，团队的突破式创新最多；当团队中有低比例的创新型个体、中等或高比例的关注细节型个体、中等或高比例的遵从型个体时，团队最不容易产生突破式创新。①

在创新团队的管理上，领导者首先应当具有识人的能力。领导者需要了解每个个体的认知风格等特点，这是管理创新团队的基础。在组建团队之初，领导者就应当考虑到什么样的团队配置才是更有利于发挥团队创新能力的。并且，在团队组建后，领导者还需要通过人员调配，如淘汰或引进人员来进一步优化团队配置。

本章小结

习近平总书记强调："强化企业科技创新主体地位，是深化科技体制改革、推动实现高水平科技自立自强的关键举措。"② 此外，技术创新也是企业保持生命力，实现长久发展的关键途径。然而，技术创新活动本身的复杂性和企业外部环境的不确定性给领导者带来了巨大的挑战。如何在技术创新活动中做出理性、前瞻性的决策将直接影响企业的兴衰。与此同时，蕴藏在技术创新中的不确定性也埋下了信任的隐患。领导者能否获得员工、上级领导等其他利益相关者的信任也直接影响到创新活动的有效开展。领导者必须充分认识和了解这些挑战，并采取有效的领导和管理手段，激发员工和团队的创造力。

问题思考

1. 领导者应如何提升对外部技术和市场环境的解读能力？
2. 领导者应如何管理技术创新过程中员工的不安情绪？
3. 技术创新背景下，领导者自身是否必须有过硬的技术能力？

---

① Miron-Spektor E, Erez M, Naveh E. The effect of conformist and attentive-to-detail members on team innovation: reconciling the innovation paradox [J]. Academy of management journal, 2011, 54 (4): 740-760.

② 守正创新真抓实干 在新征程上谱写改革开放新篇章 [N]. 人民日报, 2023-04-22 (1).

> 课后案例

任正非：孤注一掷向 3G 进军

2000 年 5 月，国际电信联盟首次公布了有关 3G 的通信标准，标志着 3G 时代的到来。在熟悉了 3G 技术的多重优点之后，加之中国在这一产业中的局部成功，任正非清楚地认识到，在未来十年的通信市场竞争格局中，"得 3G 者得天下"。于是，他大手一挥，整个华为都为 3G 忙碌了起来。任正非为了让华为全面适应 3G 时代，不惜"将所有的鸡蛋都放在同一个篮子里"，向 3G 进军。对于这种新技术，华为没有任何基础，为了响应老总的号召，大家只好从最基础的芯片做起。

当时，与 3G 同时代的小灵通也是一个比较有市场前景的项目。可是华为舍弃了小灵通的研发，转而在 3G 通信的芯片上埋头钻研。而华为的老对手中兴则在小灵通上大力研发，并很快取得了惊人的成绩。更糟糕的是，2002 年，华为遭遇了"寒冬"——国际范围内的电信产业普遍低迷，因此很多人开始质疑任正非此次的决策，可他就是不服输，并宣称：PHS（个人手持电话系统）技术并不是什么先进的技术，但没有想到会连续 5 年持续建设，这是政策造成的，但是不是后悔得过几年再来总结。

不可避免地，华为内部也出现了质疑的声音。任正非力排众议，仍继续启动迟滞低迷的 3G 工程。中国的 3G 产业标准总是得不到肯定，市场启动十分困难。到了 2003 年 10 月末，全球范围内的 3G 峰会传出了令人沮丧的"小道"消息，宣称在这个 3G 时代刚刚来临的日子里，新技术仍然处于幼年阶段。迫不得已，中国政府在 3G 上也追随世界主流，放缓了脚步。任正非面对质疑始终不为所动，他坚信终会有云破天开的那一天，并且十分自信地安慰大家："笑到最后的才是真正的胜出者。"

到了 2005 年 2 月，市场情形开始好转，华为迎来了曙光。这一年，国家实体经济的有效发展使得 3G "回暖",这意味着在国内市场中 3G 产业已经有了发展空间。信息产业部高级顾问徐木土甚至这样分析:3G 移动通信系统在技术和商品化过程中的渐趋成熟,将直接导致信息产业部在发放 3G 经营许可证的过程中会牢牢抓住中国电信业务市场中的发展需要这个核心。经过三年的不懈努力,华为在 3G 领域屡获佳绩。华为不但在境内先后开通了 30 多个有关 3G 的业务试验局或预备商用局,还以少量的尖端技术和相关业务的解决方案,让沙特阿拉伯、阿联酋、马来西亚甚至欧洲富国荷兰等纷纷向其抛出合作的橄榄枝。

资料来源:孙力科. 任正非传 [M]. 杭州:浙江人民出版社,2017.

思考题

1. 有哪些因素对华为的技术创新过程产生了影响?
2. 任正非在华为的技术创新中扮演了怎样的角色?
3. 上述案例对当今 5G 时代的技术发展有什么启示?

第4章 组织变革中的领导力

📖 学习目标

通过本章的学习，应该能够：

1. 认识组织变革中的关键挑战
2. 认识网络化变革与平台化变革的特征
3. 了解组织变革的难点
4. 了解变革领导力的概念内涵及主要研究发现
5. 掌握在组织变革中的领导力策略

✓ 本章关键词

网络化变革（network change）

平台化变革（platform change）

变革型领导（transformational leadership）

引导案例

中国式堂吉诃德：张瑞敏与海尔的"平台化"

进入互联网时代，传统企业所具备的信息不对称优势正在被迅速消除。以往是等着客户上门，现在则必须主动争取客户。与之相应地，曾经等级森严的树状组织结构因无法快速响应市场需求,容易滋生权力斗争,而快速被淘汰。面对这一新态势,海尔从 2005 年起就开启了自我颠覆式变革历程,并于 2010 年进入实质性变革阶段。海尔集团董事局主席张瑞敏把海尔的这次"大手术"形容为堂吉诃德式冒险。

事实上,早在 2000 年,张瑞敏就表明过观点:企业不触网,就死亡。2005 年,他就在海尔集团内部提出了"人单合一"的概念。"单"指的是市场和用户需求,比如具备某种独特功能的冰箱。只要是市场和用户所需的价值,就是海尔的"单"。"人"指的是员工,包括海尔在册或在线员工。在册员工容易理解,是指海尔集团内部雇员;而在线员工则是指与海尔有各类合作的非海尔员工。简单来说,"人单合一"要求海尔员工敏锐地发现市场上用户的真实价值需要,并将企业所有资源都与市场需求直接对接。这对以前存活在资源和市场之间的中层管理者冲击巨大。

2013 年,海尔裁员 1.6 万人;2014 年,海尔继续大幅裁员。对于这场闹得沸沸扬扬的裁员事件,张瑞敏总结道,海尔裁员是因为业务智能化之后,员工队伍结构发生了巨大变化。"人单合一"重塑了海尔的组织结构,打破了企业层级,去掉了中层这道"隔热层"。员工围绕"单"重新组合,形成自主经营的小团队。之后,他又提出"企业平台化、员工创客化、用户个性化",并借用著名的"砸冰箱"事件,提出了"砸组织"这一理念。如今的海尔想要把自己彻底变成一家"互联网公司"。

值得一提的是,海尔组织架构的变革绝非一蹴而就。从 2010 年至今,海尔的组织结构改革历经"自主经营体""利益共同体"和"小微"三个阶段。自主经营体,是以创造并满足顾客需求为目标,以相互承诺的契约关系为纽带,以共创价值且共享价值为导向的自组织。具体来说,自主经营体由按单组合的一个个小团队形成。7 万多名员工被划分为 2 000 多个自主经营体,每个自主经营体都是企业的一个子系统。虽然形成了自主经营体，但是传统的科层制依然存在，海尔并不能有效调动资源。这时，海尔又把组织从"串联"变成"并联"，形成一个个"利益共同体"。利益共同体由自主经营体同企业外部的用户、供应商等利益相关者整合而成。此外，为鼓励内部和外部的人员在海尔平台上创业，海尔又去掉中层管理者这一"隔热层"。至此，海尔被分解为数千个"小微"，包括创业小微、转型小微、生态小微三类：创业小微是海尔内部员工成立的创业公司；转型小微由原来的事业部逐步转型而来，这类小微涉及核心业务；生态小微是在海尔创业平台上由各利益相关者共同成立的小微。到2019年，海尔进一步探索"生态链小微群"的组织体系，它改变了以往小微间各自为政的局面，通过创建与社群对应的生态圈，使彼此独立的小微因为满足用户特定需求而并联起来。

"企业无边界、管理无领导、供应链无尺度"，张瑞敏强调，海尔的变革不容易，且仍在路上。在互联网时代，大企业要被平台型企业代替，海尔作为大企业，要敢于把大企业做小，做成很多很多的小公司，就像一个生态圈一样，赋能员工去成为创客，赋能供应链去整合资源。

资料来源：海尔，中国式堂吉诃德：张瑞敏对话詹姆斯·马奇[J].哈佛商业评论，2013，(10)：154-159.

思考题

1. 海尔的平台化变革有哪些主要推动因素？
2. 海尔在哪些方面进行了变革？
3. 如何理解"企业无边界、管理无领导、供应链无尺度"？
4. 通过对案例材料的阅读，你认为张瑞敏在海尔的平台化变革中起到了哪些作用？

海尔的组织变革是时代大背景和海尔自身情况共同作用的结果。全球经济一体化和数字化浪潮正在加速，企业面临更加激烈的竞争，传统的组织结构和管理模式已经无法适应时代发展的需要。难得的是，作为一家制造业企业，海尔能够敏锐地认识到，如果不进行组织变革，将很难持续保持竞争力。通过大胆的改革举措，海尔一步一个脚印完成了转型升级，成为全球家电行业的领军企业。

习近平总书记强调："面对新一轮科技革命和产业变革浪潮，我们要着眼长远、把握机遇、乘势而上。"[①] 在当今这个时代，企业组织必须对内外部环境变化做出有效响应，适时而变，才能维持自己的竞争优势，海尔的平台化变革便是其中的典型案例。然而，组织变革过程中存在许多风险和阻碍，对领导者和组织本身都是一大挑战。学者们经过大量学术研究和管理实战总结，提出变革领导力是破局助力组织变革的一大关键。基于相关学术研究，本章将进一步介绍变革领导力的形成原因、作用效果以及应用策略，例如明晰发展愿景、进行精神激励、实施道德引领等。

4.1　组织变革中的关键挑战

4.1.1　企业为何要实施组织变革？

4.1.1.1　组织变革的宏观背景

正如第一章所述，伴随着中国经济的高速增长和新兴技术的不断创新，绝大多数企业组织都面临外部环境快速变化、内部资源不断整合等大量机遇和挑战。因此，企业组织必须相应地采取各种类型的组织变革，以

---

① 习近平在亚太经合组织工商领导人峰会上的书面演讲（全文）[EB/OL]. (2023-11-17)[2024-04-26]. https://baijiahao.baidu.com/s?id=1782765304170560928&wfr=spider&for=pc.

应对 VUCA 时代的机遇和挑战。

首先，竞争环境愈发动荡，跨界竞争盛行，组织必须拥抱不确定性。其次，用户需求正在发生显著变化，个性化消费快速兴起，这对企业组织能力的拓展提出了更高的要求。具体而言，用户之间相互连接，不再是孤立分散的状态；用户对产品和服务有着丰富的知识与见解，不再是单一地被动接受；用户对产品和服务有着自身独特的需求，不再千篇一律；用户更加积极主动地参与交易过程，不再消极等待。①

习近平总书记指出："坚持创新驱动。要更加积极地推动科技交流合作，携手打造开放、公平、公正、非歧视的科技发展环境。加速数字化转型，缩小数字鸿沟，支持大数据、云计算、人工智能、量子计算等新技术应用。"② 深度学习、云计算、物联网、虚拟现实、GPT 等新兴技术构筑起了全新的商业场景和实现方式，促使大量企业组织必须快速响应。与之相对应地，企业间由于信息共享和协同的需要，必须打破原有的边界。企业组织不再是一台台封闭的机器，而必须成为以开放为特征的生态体系。与此同时，新技术的出现颠覆了大量传统岗位，技术能够替代人类完成简单重复的工作，重塑岗位职责、工作内容和工作流程。

党的二十大报告强调："深入实施人才强国战略。培养造就大批德才兼备的高素质人才，是国家和民族长远发展大计。功以才成，业由才广。"③ 从人才角度来看，大量新生代员工都希望企业的长远目标能够与个人价值

---

① Bass B M. Bass & Stogdill's handbook of leadership: theory, research, and managerial applications [M]. 3rd ed. New York: The Free Press, 1990; Bass B M. From transactional to transformational leadership: learning to share the vision [J]. Organizational dynamics, 1990, 18 (3): 19-36.

② 习近平出席亚太经合组织第三十次领导人非正式会议并发表重要讲话 [N]. 人民日报, 2023-11-19 (1).

③ 习近平: 高举中国特色社会主义伟大旗帜 为全面建设社会主义现代化国家而团结奋斗: 在中国共产党第二十次全国代表大会上的报告 [EB/OL]. (2022-10-25) [2023-10-10]. http://jhsjk.people.cn/article/32551583.

实现之间构建起有机联系。因此，他们不再希望被固定的职位、明确的工作职责所限制，也更愿意参与个性鲜明的产品或业务团队。这些团队具备充分的未来发展空间，并将团队业绩指标作为衡量其能否晋升、加薪的核心指标。

为了应对上述新兴挑战，企业必须做出积极响应，慎重思考自身发展战略、优化组织架构、改变经营方式、完善人员配置等，这就促使组织变革成为当下组织发展的一个热点议题。

4.1.1.2 组织变革的定义及类型

所谓组织变革，是指运用组织行为科学的相关理论和方法，对组织的权力结构、管理模式、沟通渠道、角色设置等进行界定，并对组织成员的工作态度、理念及行为，以及成员之间的互动关系等进行系统性调整和更新，以最终提升组织效能，加强组织整体及组织内个体的环境适应性的各类活动。

经典组织变革理论指出，组织变革主要包括战略性变革、结构性变革、流程性变革以及文化性变革等四种类型。[1] 其中，战略性变革是指企业为了获得可持续竞争力，根据内外部环境变化，对组织战略做出动态调整，持续实施系统性优化。结构性变革是指企业运作的管理方法以及权力和职责界定、分配等发生变化。流程性变革着重突出将新兴信息技术和流程管理方法等运用到业务流程再造的过程中去。而文化性变革则着重强调企业员工价值观、工作态度、技能和行为方式，以及企业整体共享理念的转变。

---

[1] Avolio B J, Bass B M. Transformational leadership, charisma, and beyond [M]//Hunt J G, Baliga B R, Dachler H P, et al. Emerging leadership vistas. Lexington, MA: Lexington Books/D. C. Heath and Com, 1988: 29-49.

4.1.2　前沿组织变革的特征与形式

针对当前市场、技术、人才等方面提出的新兴需求和挑战，企业管理者们已清醒地意识到，传统的官僚行政组织体系难以达成理想绩效。一大批新兴组织不断涌现，在传统组织框架内持续寻求破局变革之道。当前企业组织主要呈现出适度授权、扁平化、协作式及碎片化等四个方面的新型组织特征。具体来说，适度授权是指打破原有官僚行政组织的金字塔式权力管控模式，将资源配置和操作性管理决策权授予基层单位或个体。扁平化是指减少官僚行政组织中的管理层级，尽可能地缩短管理指挥链。协作式是指打破官僚行政组织特别强调的职能分工和职权等级，而在一定程度上强调依据专业需求，突破职能边界和职权壁垒，形成效率导向的信息沟通渠道。碎片化是指企业组织内部形成越来越多小型化、自主决策的团队组织。它们贴近市场终端，进行分散化决策，并对外部环境变化做出快速响应。

接下来，我们将具体介绍当前我国商业市场中最具典型性的几种企业组织变革形式。

4.1.2.1　网络化变革

所谓网络化变革，是指大型企业组织为了实现管理集权和分权间的统一协调，一方面强化组织权威的战略选择，另一方面推动一线员工的变革活动。这种网络化组织主要展现出结构扁平、以任务为导向、分工柔性、内部市场化等特征，如图4.1所示。

首先，网络化组织充分运用互联网和信息技术，促使各个单元间的沟通互动更加高效，不再需要大量中间衔接层次，以提高管理决策与执行的效率。

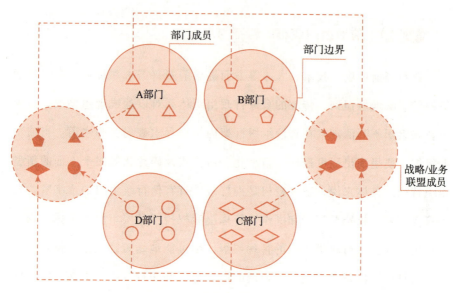

图 4.1　网络化组织示意图

资料来源：陆玉凯，罗莎. VUCA 背景下企业组织结构的网络化变革［J］. 管理观察，2019，739（32）：46-47.

其次，在网络化组织中，每一个网络节点都是围绕关键任务而设置或消除的。当出现一项关键任务需求时，团队会根据其任务特征和资源需求而快速形成，一旦任务完成，该团队也随之解散。

再次，网络化组织将知识融合作为核心目标，但同时也注重专业分工的积极意义。因此，在网络化组织中，需要思考的是，如何依据不同项目的需求，对具备不同专长的员工进行最有效的配置，从而快速敏捷地实现网络节点的项目目标。

最后，网络化变革不仅要求形成各个项目节点，还必须打通它们之间的关联，使其形成竞争和互动。因此，在网络化组织中，内部运作规则不再是纯粹的科层等级，而是利用市场机制优势，通过内部价格机制、模拟市场等实现优胜劣汰。

案例 4.1

美图公司的变革之道

2018年，美图公司创始人兼首席执行官吴欣鸿在公司内部发出组织变革的消息，在原有美颜工具的基础上，成立三大产品事业群，即社交产品事业群、美颜产品事业群、智能硬件产品事业群。这次组织变革的目的是实现公司向"美和社交"战略的成功转型。具体而言，社交产品事业群对应公司的新"社交"战略，将探索由工具到社区再到社交的转型，美图秀秀和美拍是先锋产品。美颜产品事业群主要对应"美"的战略，从美颜出发探索各种变美的产品和服务，实现从"虚拟变美"到"现实变美"的进化。而智能硬件产品事业群则将在美图手机、皮肤检测仪之外继续探索变美智能硬件的生态布局。

吴欣鸿透露，美图公司的核心产品美图秀秀最近这几个月的社交数据有喜人的增长，每个月都在创新高。美图秀秀在工具基础上，正在形成一个特有的社交生态。他还表示，公司正在进行人才结构的升级，加大对人才的激励，"有好的结果，一定会有高的激励，真正做到奖惩分明"。

美图公司的三个产品事业群各自定位，聚焦自身特色业务，依据用户需求进行创新，同时也合力促进用户增长，并拓展公司产品商业化的深度和广度。

资料来源：陈天琪. 美图CEO吴欣鸿：2018年美图经受了前所未有的挑战［EB/OL］.（2019-01-24）［2023-01-26］. https：//www.jiemian.com/article/2822178.html.

4.1.2.2 平台化变革

作为未来组织演变的一种重要形态，平台型组织形式"大平台+小前端+富生态+共治理"已经被越来越多的企业组织选择并应用。具体而言，这种平台型组织形式呈现出大量自主小前端、大规模支撑平台、多元的生态体系以及自下而上的创业精神等特征。

首先，平台型组织中存在数量众多且规模较小的自主型前端团队。这些团队一般由跨职能部门的人员共同组成，发挥其各自专长，获得相对独立的权力和目标设置，与此同时，也承担团队项目的全部或部分盈亏结果。

其次，平台型组织建立起一整套大规模的支撑体系，以及清晰、简洁的标准界面，以帮助每个项目团队快速找到其所需的职能模块，构建起有助于资源共享的资源池，并根据平台整体的业务发展需求，形成前沿、特色、创新的资源和能力组合。

再次，平台型组织旨在实现企业平台一定的对外开放程度，引入生态共同治理、协作创新的力量。它依据生态需求和"进化"机制将有限的资源匹配到外部市场最急需的机会上，同时也识别出生态中最具竞争力的新兴技术和能力并将其嵌入组织框架中。

最后，平台型组织强调自下而上的创业精神。由于平台架构强调将领导权力下放，因此项目团队的自我驱动力和目标明确程度变得尤为重要。项目选定、团队组建、创意设计、需求分析等都应由小前端驱动并执行。在这种领导模式下，组织高层管理者不再事无巨细地实施管理，而是给予项目团队更大的自主权，并引入风险投资和自由市场机制，实现优胜劣汰。

4.1.3 组织变革的关键难题

许多企业管理者在面对"组织变革"议题时，一方面都清醒地意识到，企业必须针对内外部环境变化做出有效响应，"变革很难，但不变革将会更难"；另一方面又惆怅不知该从何入手。我们认为，组织变革的关键在于回应"为什么变""哪些要变""如何成功地变"三个核心问题。

知识 4.1

变革管理者面临的十大挑战

著名的管理大师彼得·圣吉（Peter Senge）曾在《变革之舞》一书中总结出组织变革过程中变革管理者遇到的十大挑战。

（1）无暇顾及：变革者没有充裕的时间对变革产生的重大问题进行思考并反复实践。

（2）缺乏帮助：变革者没有得到来自上级的充分支持与帮助，也缺乏必要的培训、辅导与协助。

（3）毫不相干：组织内的其他成员看不到变革计划能对组织、部门及个人带来好处。

（4）言行不一：变革者所倡导的新价值观、新工作行为、新领导风格与他们的行为格格不入。

（5）焦虑恐惧：变革者担心自己提出的变革措施由于可能会触及方方面面的利益而最终影响自己的地位、前途及与他人的关系。

（6）此路不通：组织没能采取恰当的方法与程序测量变革所取得的进步，甚至对变革的结果做出负面评价，导致组织成员得出"变革之路不通"的结论。

（7）傲慢孤立：组织内的其他成员对变革者心存抵触情绪，甚至拒绝配合，使变革者陷入孤立无援的境地。

（8）无人负责：变革者要求更大的自主权，但是上级担心权力失控而不愿分权，结果造成变革者不愿承担责任。

（9）原地踏步：组织没能及时沟通变革的信息，导致变革的经验无法推广，组织依然故我。

> （10）走向何方：变革者对于组织将朝什么方向发展、有哪些新目标等并不明确。一系列对于未来的不确定性，都会让组织成员充满焦虑与不安。
>
> 资料来源：圣吉，等．变革之舞：学习型组织持续发展面临的挑战［M］．中国人民大学工商管理研修中心组织编译，上海：东方出版社，2001．

结合上面提及的本章关注的前沿组织变革形式，我们认为，组织变革之所以如此困难，主要在于以下几个方面的原因：

首先，对于变革者以及参与变革的每个个体而言，由于身在其中，相互影响和作用，要想完全明确并统一某个目标不是一件容易的事情。因此，在组织变革过程中，变革者必须处理好"破"与"立"的关系。所谓"破"，是指如何去除中间层，如何通过团队化、小微化、创客化等机制，激活组织内每个个体的创造力和工作活力，使他们真正从被动接受指令转变为主动寻找市场机会。与此同时，变革者还需要为每个变革参与者明确其发展机会或未来通道，形成新的组织内部互动机制。简言之，组织变革绝不能仅仅一味突破现有的职能边界和利益格局，而不思考在这之后如何将手头的资源在新战略的指引下重新整合起来。

其次，对于参与变革的各个部门而言，打破原有利益归属、形成新的管理思维和模式并不是一件简单的事情。许多企业的组织变革发生在组织经历了快速的野蛮生长之后。企业管理者意识到了变革的重要性，但同时也必须关注到变革的实现难度。在企业内各个业务部门或职能部门业已形成各自的基本架构、业务流程、管理制度、文化氛围后，要想快速打破这些常态，必然会触及许多相关群体的利益，产生许多不得不面对的内部矛盾。尤其对于网络化变革和平台化变革等新兴组织变革形态而言，内部各个团队部门再不是依赖以往官僚行政组织的专有头衔或职能而具备合法性，而是根据其与外部用户需求的匹配度实施动态调整。这种不确定性必然会对许多传统部门造成巨大冲击。需要注意的是，只有让变革产生的各个新兴团队真正得到授权，配置充分的资源，并与组织战略建立明确的关联，才能够促使它们在现有的组织系统中"茁壮成长"，并反过来改造组织整体的环境。此外，部门目标在组织变革的各种资源的约束条件下所表现出的必然性冲突，也使不同部门管理者的认识不可能不受局部利益和局部视角的影响。

最后，对于组织整体而言，环境的变化以及管理行为的结果和效应的滞后性也会使得组织变革的价值变得模糊不清。传统的组织强调有序，而未来的组织强调生态。无论采取哪一种组织形式，组织变革的最终目的都是帮助组织实现更强的生命力以及更高的可持续发展绩效。因此，组织变革者必须通过有效的方式将组织变革所带来的"统"和"分"的变化及其影响直接展现给变革参与者们，并解决好目标、活力、效率三者间的平衡问题。具体而言，变革者不仅要明确组织层面的变革战略目标，还需要组织力量思考清楚变革所造成的管控机制变化、利益分配变化、职能分工变化、文化观念变化等。库尔特·卢因（Kurt Lewin）等学者提出的经典组织变革理论告诉我们，要想成功地实现变革，就必须有效开展试点，在试点中发现并验证变革的价值。与此同时，在快速迭代和响应的网络化和平台化变革过程中，变革者必须在战略目标明确的前提下，给予组织变革更大的空间和相应的资源投入，否则很可能由于短期的利益冲突、能力缺位等，一系列面向长期战略目标实现的组织变革行动难以被多数参与者所接受，最终导致变革失败。简单来说，平台化变革并不是指组织管理主体由个体转为平台，而是突出各个业务单元之间的相互融合和激发，这是以往传统组织难以达成的，同时也是组织变革过程中面临的一大挑战。

针对上述组织变革过程中可能遭遇的一系列关键难题，我们继续寻找有效且合适的应对方案。学者们经过大量学术研究和管理实战总结，提出变革领导力是破局助力组织变革的一大关键。

4.2　变革领导力的研究发现

4.2.1　变革领导力的研究回顾

4.2.1.1　变革领导力形成的原因

首先，领导者自身因素。以往的研究表明，领导力与个体特征具有显著的关联，而对于变革型领导而言，它在一定程度上受到特定领导者的性别、个性、情绪智力等要素的影响（详见本书2.3.2小节"变革型领导"）。

其次，互动对象因素。领导力是一种影响力，因此变革型领导效能绝不仅仅取决于领导者自身的因素，还受到互动对象特征的影响。以往的变革型领导研究主要表明，当领导者所面对的团队具有较高的自主性需求，并对变革活动表现出较高的开放性时，变革领导力更容易展现价值。因此，对于每一位想要提升变革领导力的领导者来说，确信其所在团队或组织具有变革特征，是非常关键的。

最后，组织层面因素。当组织结构非常稳定，并遵循十分严格、明确的秩序规则时，变革领导力难以得到有效展现。变革型领导是一种旨在推动组织改进和演化的领导力，因此，它与组织变革间存在相互促进的关系。研究发现，当组织整体迫切希望通过实施特定的组织变革来获得新的增长机遇或竞争优势时，变革型领导更容易获得充分的施展空间，也更可能最终达成令人满意的变革结果。除此之外，组织所在的外部环境也会对变革型领导的生成和效能产生影响。具体来说，组织所在区域的政策、行业准则等都会影响组织实施变革创新的意愿以及投入变革创新的资源，进而对变革型领导能否获得足够的施展空间产生影响。

4.2.1.2 变革领导力的作用效果

以往的研究表明，变革型领导者作为变革工作的主要指导者和协调人，对组织变革的氛围具有决定性的影响作用，能够显著地影响组织内员工个体的工作态度和动机。首先，通过愿景描述和智力激发，变革型领导行为可以有效地增强员工参与组织变革的内在动机。具体而言，变革型领导行为容易促使员工在"被授权"的状态下产生更加强烈的自我激励和自我驱动，从而帮助他们在变革的过程中找到更大的工作意义，获得更高的自我效能感。尤其是在组织成员面临大量不确定性的情况下，变革型领导者具有重要意义。他们给予成员精神激励，使其获得外部支持，从而帮助成员有效地应对组织变革必然伴随的各种压力和挑战。

其次，变革型领导行为有助于员工个体强化独立思考、耐心倾听等良好的工作习惯和行为。变革型领导者为员工们创造出一个安全的心理环境，并且公平地对待参与者，从而促使大家从抵制变革转变为拥抱变革。卫海英等学者发现，变革型领导者是驱动员工改变自身客户管理行为，进而实现关系营销变革的关键催化因素。[①]

再次，变革型领导行为有助于促进员工创造及创新。变革型领导者倡导对员工进行鼓励和关怀，激发员工在现有状态下思考全新的解决方案，

---

① 卫海英，骆紫薇. 中国的服务企业如何与顾客建立长期关系？企业互动导向、变革型领导和员工互动响应对中国式顾客关系的双驱动模型 [J]. 管理世界，2014，（1）：105-119.

并取得新进展。因此，员工们在变革型领导者的影响下，更倾向于针对手头任务进行新探索，接受新变化，尝试选用新的方法去完成富有挑战性的工作等。

最后，变革型领导行为有利于员工工作绩效和周边绩效的提升。在变革型领导者的影响下，员工们更有可能选择主动参与组织公民行为等工作角色外的行动。此外，由于变革型领导者注重个性化关怀，因此下属们在变革过程中也会模仿着尝试理解他人，产生利他行为。此外，变革型领导者的最终价值在于促进组织成功变革并实现绩效提升。

4.2.2　中国文化背景下的变革领导力

虽说变革领导力是一个西方舶来词汇，但事实上，它在中国文化背景下很早就已经被谈及并记录。《礼记·大学》中指出："古之欲明明德于天下者，先治其国；欲治其国者，先齐其家；欲齐其家者，先修其身；欲修其身者，先正其心；欲正其心者，先诚其意；欲诚其意者，先致其知，致知在格物。物格而后知至，知至而后意诚，意诚而后心正，心正而后身修，身修而后家齐，家齐而后国治，国治而后天下平。"这段文字告诫每一个想要为国家和天下实施积极变革的人，要想成就大事业，首先应当明确自身信念和目标，让自己头脑清醒，是非曲直分明，进而要真诚地待人处事，努力断恶修善，久而久之自身的修养就会不断提升，也就更具智慧，这样才能够让周围的人更加信服，让所在的环境更加和谐。

事实上，一个组织就是一个国家或社会的缩影，这些领导哲学同样非常有助于我们深刻理解如何在中国文化背景下更好地践行变革领导力。与西方变革型领导的特征相一致，中国文化背景下同样突出强调设定愿景、关爱他人、倡导道德是变革领导力不可或缺的组成部分。

4.3 变革领导力的应用策略

4.3.1 为组织设定清晰的发展愿景和目标

一位卓越的变革型领导者,不仅自身应明晰企业战略规划和未来前进的航线,还应当能够把复杂、模糊的愿景和目标,通过简洁、形象的语言,传递给参与组织变革的所有成员。正如柳传志在其提出的"管理三要素"中所总结的,"定战略"并把愿景和目标与组织成员们分享,是推动组织面向中长期目标,实现变革的关键。

早期的万科涉足零售、广告、货运、服装、家电、手机等多个行业,在企业向单纯的房地产转型变革的过程中,王石极具前瞻性地提出"减法"战略,明确指出在行业内做精做深在当时背景下的未来价值,并以自身行动为表率,推行收益分享、风险共担,最终推动万科发展成为一家卓越的房地产企业。此外,华为每年做滚动战略,动态规划未来三五年的长期战略目标,也明确当前业务模式变革的方向以及阶段性的里程碑等。通过不断向内部员工和外部合作伙伴明确华为当前的变革诉求和阶段性目标,促使所有变革参与者朝着同一方向努力。

尤其是在当前快速变化的市场环境和全球化的竞争环境下,战略愿景的制定和调整已由原先稳定的、静态的转变为波动的、动态的。领导者必须建立起一个动态衔接、快速调整的目标体系和管理系统,以确保大战略目标和小变革调整都能够及时、有效地被各个层面的组织成员所理解,进而共同应对变革挑战。因此,我们建议,组织的变革型领导者应当建立起与成员间正式或非正式的高效互动平台,以确保"以组织战略转型为导向、以员工行为转变为核心"的理念充分落地。

4.3.2 精神激励是变革领导力的重要内容

做好非物质的激励非常重要。尤其是在一个多元化、快速更替的年代，人们对激励的理解产生了巨大变化。企业面对不同年龄段、不同层次、不同文化背景的人才，除了给予足够的物质激励，对于非物质激励即精神激励同样需要重视。任正非要求各级主管要达成共识，学会使用非物质激励手段，重视与员工的沟通，表现出对员工工作的认可，用目标和愿景来引导员工。对于知识型人才而言，对企业目标的认同和价值沟通，是其职业发展非常重要的一部分。

在阿里巴巴，有一种带有浓厚中国武侠小说味道的企业文化——"一年香，三年醇，五年陈"。具体而言，阿里巴巴将入职一年的员工看作一瓶新封坛的美酒，入职三年的员工醇味十足，入职五年的员工则已然充满了"阿里味儿"。与之相应地，入职一年的员工会获得阿里巴巴授予的勋章，入职三年的员工会获得玉佩，而入职五年的员工则会获得最具代表性的"五年陈"纪念戒指。马云曾指出，这枚戒指的价值并不仅仅在于其价格，而是一方面营造出阿里巴巴紧密的团队文化，另一方面促使员工更愿意接受各类变革挑战，因为他们都想成为更具醇香的"美酒"。网易在业务结构变革过程中，除了给予员工传统的物质激励，还为员工团队提供独具创新精神的充分的内部创业和项目试水机会，这使得员工们不仅不担心原有业务项目在组织变革中被裁撤，反而产生了更加高涨的工作热情。尤其对于95后、00后的新生代员工来说，变革并不意味着不确定性，而是代表着未来成长更大的可能性。因此，有效的精神激励是推动组织变革成功的一项重要策略。

4.3.3 道德引领是变革领导力的必要基础

在组织变革过程中，大多数组织成员之所以选择退缩甚至抵抗，是因为他们无法准确地预期，变革事件究竟会对自己的利益产生什么样的影响。尤其在当前外部环境剧烈变化时，组织成员们更加担心一次组织变革可能就将消耗掉他们在过去多年中的工作积累。因此，在这种不确定性背景下，变革型领导者以身作则、身先士卒、与组织成员共进退变得尤为重要。

具体而言，变革型领导者应当明确自身坚守的信念、行为标准和价值观，而非仅仅向组织成员宣读纸面上的变革方案；必须真正找到自身目标与变革行动间的契合点，形成共同的价值观，让自己在与组织成员的互动中身体力行，做行动的表率，从而成为人人都效仿的对象。同时，变革型领导者应当成为一位道德的管理者，不仅不应当回避组织成员针对组织变革所不断提出的疑问，反而应当给予其充分的关心和支持，并清晰地将自身对变革的承诺和信念传递给他们，并且说到做到、兑现承诺。值得一提的是，基业长青的组织都拥有自身独特的核心理念和价值观，这些往往并不体现在文字上，而是体现在领导者的日常工作以及与组织成员的对话和讨论中。领导者只有这样做，才能持续推动组织从实现一系列小型变革中积累经验，成就重大变革。

本章小结

VUCA时代，组织正经历着快速迭代更新的过程。在这一过程中，许多企业由于组织架构、人员配置、技术创新等难以跟上组织变革的脚步而败下阵来。因此，如何正确地触发变革并有效地管理变革，成为当前企业管理者们共同关心的难题。企业管理者们必须充分认识和理解环境动荡、技术进步带来的机遇及挑战，并采取有效的领导和管理手段，促成集体变革行动，实现组织不断创新迭代。

问题思考

1. 在本章的"引导案例"中,海尔主要领导者的变革领导力体现在哪些方面?

2. 请结合自身经历过的各类组织变革事件,思考变革领导力有哪些具体表现形式。

3. 在你看来,践行变革领导力面临哪些现实挑战?

4. 请根据本章"变革领导力的应用策略"一节(4.3节)的相关内容,制订适合你自己的变革领导力养成计划。

课后案例

八岁的小米追求"年轻化"

2018年9月13日,雷军发出内部邮件,宣布了小米集团最新的组织架构调整和人事任命。这是小米上市之后的首次重大调整,也是小米成立以来最大的组织架构变革。

关于为什么要做出调整,雷军在内部邮件中开宗明义:经过八年的奋斗,小米已经成为营收过千亿元、员工近两万人的公众公司。为了保障公司的可持续发展,我们必须把组织管理、战略规划放到头等位置,培育更具前瞻性的战略领航与更坚实的组织保障能力。

雷军表示,小米的愿景是让每个人都能享受科技带来的美好生活,未来要成为营收过万亿元的公司,而达成这一目标预计需要十万名员工,因此必须依靠更多的人才。为此,小米需要进一步强化总部管理职能,提升组织效率,优化组织结构,加强公司人才梯队建设,发掘更多的年轻人才并给予他们更多的提升机会。

为此,小米的组织架构做出重大变革,强化总部管理职能,让合伙人回到集团,把一线业务阵地交给年轻人,同时,从战略和公司管理层面为年轻的管理者引路护航。首先,小米新设集团参谋部和集团组织部,进一步强化总部管理职能,小米因此成为国内继华为和阿里巴巴之后第三家专门设立组织部的巨头公司。同时,小米调整了王川、刘德、洪锋和尚进等高管的工作分工,以引领新业务的长远发展,其中,联合创始人、高级副总裁洪锋转任小米金融董事长兼首席执行官,专注于小米金融业务的发展推进,副总裁尚进协助高级副总裁祁燕负责小米产业园及各个区域总部的规划和建设。

小米的另一个大动作,是将电视部、生态链部、MIUI部和互娱部四个业务部重组成十个新的业务部,并梳理了复杂的业务结构,同时让组织结构更合理、有序、高效。由此带来的一个明显变化是,一大批年轻干部走上前台。新晋的一批部门总经理以80后为主,平均年龄为38.5岁,表明小米正朝着干部年轻化的方向演进,做好了人才梯队的传承准备。

任正非有一句名言:"让听到炮声的人呼唤炮火。"雷军对此很有共鸣。他曾经多次表示,小米想要加入"万亿俱乐部",首先就必须增强大脑能力,将经验丰富、年富力强的核心高管集中在总部工作,真正发挥他们的经验优势、体现其思维高度。

有人问雷军,一下子提拔这么多年轻干部是否有很大的风险?雷军回应道:"我对这批年轻干部非常有信心。别看他们大多数都是80后,但他们在小米都带领团队立过战功,非常优秀,也对公司有着罕见的忠诚。人才其实是信出来的。你不相信,不让他试,就永远不知道他到底行不行,他也成不了真正的人才,而公司也没法快速发展。"

这次组织架构变革是小米对公司上市以来人们不断提出其如何继续成长的有力回应。外有苹果大树不倒,内有华为、OPPO、vivo日渐崛起,小米想要继续保持住国产手机龙头地位,持续健康发展,压力依然巨大。但可以肯定的是，八岁的小米通过这一系列有效的变革策略，步伐已更加稳健。

资料来源：雷军启动小米第一次组织结构变革，把一线阵地交给 80 后 [EB/OL]. (2018-09-13) [2023-01-26]. https：//baijiahao.baidu.com/s?id=1611480717711345488.

思考题

1. 小米在哪些方面进行了变革？

2. 雷军运用了哪些变革领导力策略？

3. 请自行了解更多有关小米变革的信息，思考你从雷军推动小米变革中学到了哪些变革领导力行动经验。

第 5 章 战略领导力

📖 学习目标

通过本章的学习，应该能够：

1. 认识新兴的战略领导力的内涵、特征及其与传统领导力的区别
2. 理解今天的组织为什么越来越需要关注战略领导力
3. 学会从自我、群体和组织三个层面全方位地审视战略领导力
4. 掌握战略领导力的运用策略

✓ 本章关键词

战略自省（strategic self-examination）

战略思考（strategic thinking）

战略行动（strategic action）

引导案例

星巴克的经营哲学

星巴克的历史：从鱼市小店到咖啡业巨擘

在中国，人们在各大都市的每一条繁华街道上几乎都能看到星巴克咖啡的显著标志。但是，可能很少有人会想到，今天发展迅猛的星巴克，当初只是一家卖咖啡豆的小店铺。

1971年，杰里·鲍德温（Jerry Baldwin）、戈登·鲍克（Gordon Bowker）和泽夫·西格尔（Zev Siegel）在美国华盛顿州西雅图市的派克市场合资开了第一家星巴克小店，志在向美国大众传播咖啡文化。当时的星巴克只向顾客出售咖啡豆，店内装潢以手工及自然格调为主，偶尔也会向顾客提供一些免费的咖啡。没想到，这种自然随性的经营方式竟然大受欢迎。三人备受鼓舞，在几年的时间内又开设了四家分店。1981年，身为汉马普拉斯百货公司副主裁的霍华德·舒尔茨（Howard Schultz）在处理业务时发现，西雅图有家咖啡店订购了大量滴泡式咖啡壶，订购数量甚至超过了当地的大型百货公司。他对这个现象很感兴趣，于是不远千里从纽约赶到西雅图调查原因。从迈进那间毫不起眼的星巴克小店的第一刻起，舒尔茨就被它高雅的格调和浓郁的文化气息深深吸引，由此开启了他和星巴克的世界级商业发展征程。

星巴克的迅速发展无疑是一个商业奇迹。当舒尔茨于1987年正式接手星巴克时，它只有11家门店、100名员工；然而，到了2022年，它在全世界共开设了超过3.5万家门店，覆盖了80个国家和地区，拥有1 500万名活跃会员，其市值也由1992年刚上市时的2.5亿美元增长为2022年第四季度的971.19亿美元。2022年，星巴克在全球咖啡市场的份额高达37%。

霍华德·舒尔茨：把咖啡作为载体，将独特的格调传递给消费者

是谁创造了星巴克这个商业奇迹？是霍华德·舒尔茨！1981年，在初次造访之后，舒尔茨义无反顾地加入星巴克，负责销售和运营工作。1983年春，舒尔茨到意大利米兰度假。旅行期间，无论走到哪里，他都能闻周围飘溢着的香浓咖啡味，那些装潢雅致而又不失特色的咖啡吧无处不在。舒尔茨往往刚进店门，服务员便机敏地发现了他，热情的微笑让他感到亲切自然。他发现意大利的咖啡店和星巴克不一样，它们只向客人出售现做的新鲜咖啡，而且花样繁多。咖啡师常常一边制作咖啡，一边友善地与顾客聊天。

眼前的一切像一道闪电直击舒尔茨的心灵。意大利咖啡与当地人生活的融合程度，让商业嗅觉敏锐的舒尔茨突然意识到，对咖啡店而言，咖啡只是一种载体，独特的格调和放松的氛围才是它真正吸引顾客流连忘返的原因；如果能够把这种咖啡文化移植到美国，也许意味着巨大的商机。由此，舒尔茨决心从根本上改造星巴克，改变当时美国人以家庭自制咖啡为主的饮用习惯。

回到美国，舒尔茨马上建议在星巴克推行意大利咖啡馆的经营思路，但遭到几位创始人的强烈反对。由于一直无法达成共识，双方只得好聚好散。舒尔茨在几位创始人的帮助下开了自己的"每日咖啡厅"，按照新思路进行运营。结果，他的咖啡厅真正吸引住了顾客，发展势头迅猛。

1987年3月，舒尔茨听说鲍德温和鲍克要卖掉星巴克。他想方设法说服董事会，拿出全部身家，耗时5个月，完成了对星巴克的收购，并出任星巴克的董事长。

时至今日，星巴克已经成为世界范围内时尚的代名词，它所代表的已不只是一杯咖啡，而是品牌、文化和格调。在星巴克，咖啡只是载体；通过这个载体，星巴克营造出一种全新的格调，让顾客获得独一无二的消费体验。舒尔茨解读自己的成功秘籍时曾说："我只想为咖啡馆创造迷人的氛围，吸引大家走进来，在繁忙的生活中感受片刻浪漫，提供一种大众负担得起的奢侈。"

资料来源：王小东. 咖啡馆经营"星巴克"从小作坊到咖啡王国［J］. 读者，2007，(12)：52-53；YC. 舒尔茨：难忘米兰咖啡香［J］. 商务旅行，2008，(12)：126.

思考题

1. 什么是战略领导力？
2. 战略领导力是否依赖于某个个体？
3. 怎么看待战略领导力对一家企业的影响？

回头去看，星巴克已经在舒尔茨的影响下走了很远。在舒尔茨离任之后，这家彻底改变了全世界消费者咖啡饮用习惯的企业，还将继续发展。在瞬息万变的市场环境中，星巴克的战略领导力仍将继续发挥作用。

作为对传统领导力的重大突破，战略领导力将以其独特的广泛性与持续性影响企业的发展。本章将进一步介绍战略领导力的内涵与外延、发展与运用。

5.1　战略领导力：对传统领导力的重大突破

习近平总书记指出："古人说：'有一定之略，然后有一定之功。略者不可以仓卒制，而功者不可以侥幸成也。'"① 这充分说明了战略对于实现企业目标的重要作用。

但如何正确制定和实施战略，却常常是企业面临的巨大挑战。对于大多数从事管理工作的人而言，他们也许都曾有过这样的体验：从技术岗位转到基层管理岗位是容易的，但从中基层管理者晋升为高层管理者之后，要顺利地开展工作，却变得非常困难。其中当然有来自各方面的诸多原因，但从目标的角度来看，中基层管理者有相对明确的工作目标，也能够通过配套的岗位职责说明书和有针对性的训练课程获得必要的知识和技能，从而取得高水平的绩效。然而，对于高层管理者而言，不确定的环境和模糊的发展方向，让他们成为各类目标的制定者而非实践者；明确方向，擘画愿景，制定目标，引领组织前进，成为他们的首要工作职责。为了达成组织目标，作为组织化身的高层管理者，必须具备在长时间、大范围内影响他人的能力，即战略领导力。

---

①　习近平. 更好把握和运用党的百年奋斗历史经验［EB/OL］.（2022-06-30）［2024-04-21］. http：//www.qstheory.cn/dukan/qs/2022-06/30/c_1128786667.htm.

5.1.1 什么是战略领导力

战略领导力由"战略"和"领导力"这两个独立且成熟的概念构成。根据《现代汉语词典》的释义,"战略"源自军事领域,指的是"指导战争全局的计划和策略",后来"泛指决定全局的策略"。延伸到商业世界,"战略"意味着关于特定对象,如商业资源、市场定位等的全局的、长期的谋划,目的在于使企业获得可持续的竞争优势。

美国学者杜布林(DuBrin)认为,"领导力"本质上是影响力,是用一种别人能够接受的方式,改变他人的思想和行为的能力。在组织中,那些具有领导力的个体,既可以是组织的各级管理者,也可以是具备独特个人魅力的"群众领袖"。

作为一个复合词,战略领导力的核心内涵在于"领导力",而"战略"则是"领导力"的修饰语,意在表明"领导力"的范围和时间轴。正因为有了"战略"这个修饰性定语,战略领导力也就与一般意义上的"领导力"区分开来,在空间和时间这两个维度上都有了更为深远的内涵。

5.1.1.1 战略领导力的广泛性

广泛性是战略领导力的空间特征,它意味着战略领导力绝不仅仅限于组织的某个局部,而是遍及组织的每一个部分,甚至延伸到组织外部。这一特征和组织的系统性密切相关。

第一,从广义上说,组织是由诸多要素按照一定方式联系起来的系统,这些构成要素及其联系方式,共同决定了组织的性质。组织的各个要素紧密咬合、相互依存,其中任何一个要素都无法在失去其他要素的协调配合时有效地独立运作。因此,战略领导力必须定位于组织整体而非某个局部。

第二，企业组织更是一个开放的系统，必须依靠与环境之间的相互作用才能生存下去。这也许就是越来越多的企业即便实现了组织内部的完美协调，却依然在竞争中举步维艰的原因。可以说，对于今天的企业而言，最大的挑战在于如何更有效地适应外部环境的变化。从这个意义上说，战略领导力还必须跨越组织边界，在行业乃至整个社会产生更广泛的影响。

5.1.1.2 战略领导力的持续性

持续性是战略领导力的时间特征，它意味着战略领导力绝不局限于对人、事、物的短期影响，而是着眼于可持续的长期影响。

这一特征对管理者提出了很高的要求：他们必须在长期和短期目标的权衡与抉择中，坚定地站在长期目标这一边；只有这样，他们才能够转移焦点，看到更大的组织图景，并通过自身的表率作用在更长的时间内影响他人。当然，这并不意味着要否认短期目标的重要性，而是主张长期和短期目标必须具备内在的联系，当下的任何行为都应该出于长期目标的考虑。日本战国时代末期的"剑豪"宫本武藏曾指出："要立足于战略，将遥远的目标当作目前的任务来对待，同时也要用长远的眼光来看待当下正在做的事情。"[①] 这说的就是，要具备战略领导力，就必须时刻谨记长期目标，并对当前的所有决策持谨慎的态度。

通过分析比亚迪的战略转型便不难发现，王传福之所以能让比亚迪摆脱困境，起死回生，正是因为他在危难关头仍能保持思维的长期导向。在决定企业生死存亡的 2010 年，比亚迪的汽车产销规模已经达到 50 万台，但与此同时国内汽车销量增速放缓，逐步进入存量博弈阶段，合资车企大量涌入，价格逐渐下探，进一步压缩了尚处于弱小阶段的自主品牌的发展

---

① 宫本武藏. 五轮书［M］. 一兵，译. 武汉：武汉出版社，2009.

空间，比亚迪在第一轮燃油车发展冲高后也开始进入平台期。王传福果断开启由燃油车向新能源汽车转型的道路，集中企业资源进行电动车相关技术的研发。正是着眼于"为人类的可持续发展服务"的长期思维，王传福才能带领比亚迪在这个竞争极其惨烈的赛道杀出重围，取得行业领先地位。

5.1.2　为什么要关注战略领导力

战略领导力之所以受到越来越多的关注，原因便在于这个充满不确定性的时代。伴随着技术进步和全球化进程，特别是移动互联网的应用，整个世界的商业和社会格局正愈发呈现出动态性和不可预见性，具体表现为易变性、不确定性、复杂性和模糊性，也即用"VUCA"代表的时代特征。

与以往诸多时代截然不同，VUCA时代的变化具有很强的跳跃性和震荡性，因此很可能带来诸多具有破坏性的现象，如信息爆炸、突发事件频发、资源紧缺、员工投入度低等，这给组织管理带来了更大的风险。如果在位组织不能做好万全的准备以处理各种问题、及时调整方向以适应新的环境，那些如雨后春笋般出现的竞争者将随时准备给它们以致命一击。在《世界是平的：21世纪简史》一书中，弗里德曼指出，当今世界改变的速度已与过去不同，高频又具备颠覆性的技术革命加速了文明的变革，以往成功的公司现在也面临无法回避甚至无法预测的挑战；如果它们缺乏适应这些挑战所必需的灵活性和想象力，那么它们的淘汰将不是因为它们没有意识到这些问题，也不是因为它们不够精明，而是因为它们的变革赶不上变化的速度。[1]

习近平总书记强调："我国发展的外部环境急剧变化，不确定难预料因素显著增多，尤其是以美国为首的西方国家对我实施了全方位的遏制、围

---

[1] 弗里德曼.世界是平的：21世纪简史[M].何帆，肖莹莹，郝正非，译.长沙：湖南科学技术出版社，2006.

堵、打压，给我国发展带来前所未有的严峻挑战。"① 毫不夸张地说，企业今天所做的决策，将会在之后十年或更长的时间内对未来的世界产生影响。第一，企业的决策会导致气候和生态系统的变化，并直接影响食物的供给和分配；某一社会群体的人将更加难以填饱肚子，最终的结果会是什么？第二，社会网络化的增强，使得个体能够通过全球化的通信与更大范围内的他人建立联系，而组织如何才能协同一致，带来对整个世界有利的影响？很显然，所有这些力量和变化产生了一个新的竞争环境，这个环境让组织中的工作变得更加复杂、更需要相互依赖，因此也要求组织更加灵活、更具适应性。

在这种不稳定的、不可预知的环境中，即便是最能干的管理者，也可能会发现，他们原本引以为傲的知识和技能将会迅速过时。动态的环境不仅限制了管理决策的有效性，也加剧了个体员工、团队和组织在工作目标上的矛盾。这无疑对组织管理者提出了更高的要求：他们既要学会审时度势，承担适当的风险，又要利用有限的时间和资源，分析环境的不确定性，还要做出有效的决策，在深思熟虑后采取行动。此时，单一个体所具备的知识和技能很可能会捉襟见肘。可以说，在VUCA环境中，要达成组织灵活性和适应性的双重目标，必须团结组织内的所有成员，甚至组织外所有可能的合作者。为了团结一切能够团结的力量，使组织保持可持续发展的态势，战略领导力不可或缺。凭借卓越的战略领导力，组织的战略蓝本才能够最终落地，团队、职能部门甚至组织边界才能够被突破，合理的人才梯队才能够得以建立，员工的活力才能够高效地迸发出来。

进一步地，组织要应对VUCA环境的挑战，关键在于克服不确定性。不确定性意味着知识的缺乏。当环境易变（V）、复杂（C）、模糊（A）时，

---

① 习近平. 正确引导民营经济健康发展高质量发展 [N]. 人民日报, 2023-03-07 (1).

组织至少已经具备了一定的相关知识；而当环境不确定（U）时，组织实际上缺乏相关知识。在经济学中，不确定性常与风险相提并论，两者都是决策理论的重要研究对象；其主要区别在于，在风险决策中，决策者事先知道事件最终结果的可能状态，并且可以根据经验或历史数据，比较准确地预知各种状态出现的可能性，即知道整个事件结果的概率分布；而在不确定性决策中，决策者无法预知事件最终结果的可能状态及其概率分布。也就是说，不确定的环境意味着组织将会经常性地缺乏应对挑战所必需的知识。

因此，面对不确定性，知识创造自然就成为组织制胜的法宝，而知识工作者也就成为组织最宝贵的资源。相较于从事常规工作的体力劳动者，知识工作者善于思考和创造，更多地将组织视作自己发挥聪明才智的平台，希望通过个体努力贡献于组织绩效；他们也具有更高层次的价值情怀，不仅追求当前的物质和精神层面的回报，而且关注自身工作的长远社会价值。这些特征既让知识工作者成为组织得以适应不确定性的宝贵资源，也使他们具有较强的流动性。一旦组织所提供的平台无法满足知识工作者自我发展的需求，或者组织的长远价值导向与他们的价值观相悖，他们就很可能转而选择其他组织。显然，对于知识工作者的激励，战略领导力的作用不可替代；只有凭借广泛且长远的影响力，组织的各级管理者才能够让知识工作者凝心聚力，专注于知识创造过程，为组织的生存和发展做出突出贡献。

5.1.3　战略领导力依赖于个体吗？

在 VUCA 环境中，战略领导力对组织的生存和发展如此重要，那么，到哪里去找寻战略领导力呢？只有少数传奇的英雄人物才具备战略领导力吗？后一个问题的答案或许是肯定的。

没有舒尔茨天才般的尝试，星巴克怎么可能从一个名不见经传的小品牌成长为世界级的商业帝国？舒尔茨想给自己的咖啡注入浪漫，以优雅的方式不断创新，挑战不可能。毋庸置疑，舒尔茨的个性给星巴克打上了难以磨灭的烙印。贫民窟的童年经历使舒尔茨变得热诚、敏感、自重并尊重他人，且对去过的每一个地方、做过或正在做的每一件事保有好奇；而星巴克在面对顾客时，则"热情但不打扰"，通过一点一滴的渗透式服务，使顾客沉浸于特殊的文化氛围，自然而然地培育出客户忠诚。

尽管英雄人物的成功故事颇具浪漫色彩，但在日益充满不确定性的现实世界中，个别管理者已经很难独自承担领导者的角色职责。随着内外部需求之间的矛盾日益扩大，组织要想保有可持续的竞争优势，就不可能继续依赖少数个体管理者，而必须着眼于战略领导力的全员化，促使组织的所有成员都从全局出发，思考手头的事务和组织的未来，随时准备好发挥自己的影响力。虽然在现实情境中，某些组织成员相对而言确实有更多的机会和更大的责任去影响组织，但越来越普遍的现象却是，在组织的各个层级和各个职能部门，人人都有机会影响整个组织的发展方向。

事实上，早在"战略领导力"这一概念出现之前，战略领导力的实践就已经开始了。星巴克中国公司每两年会开展一次"星巴克中国咖啡公使大赛"，比赛内容涉及手冲咖啡、拿铁艺术、自创饮品等多个项目。星巴克所有门店的"伙伴"（员工被视为企业的"伙伴"）均可报名参加，竞争"星巴克公使"的最高荣誉——"棕围裙"。这一活动的开展和荣誉的设定，旨在培育咖啡师的荣誉感和工匠精神，促使员工立足企业全局为自己制定更高的目标，从而主动进行深入的学习和钻研。在连锁餐饮行业，员工的荣誉感通常来自职位的高低，表现出色的茶饮师可经考核成为主管、店长、经理等，这属于纵向的发展通道；而星巴克则开辟了另一条全新的横向发展之路，即培养更多精于技术的人才，同步增强"伙伴"的全局意识、凝聚力和创造力。

总之，要在 VUCA 环境中更具竞争力，企业就必须尽可能地与其所处的环境合拍。习惯站在战略层面考虑问题的高层管理者，非常需要那些最了解客户、竞争对手、行业趋势的中层管理者和一线员工的协助。因此，激发每个组织成员的主人翁意识和全局观，促进所有成员从自身工作出发思考关乎组织未来的更加长远的问题，将是企业求生存、谋发展的必由之路。从这个意义上说，战略领导力并不专属于高层管理者，而是任何一个负责任的、目光长远的组织成员都需要具备的素质。

5.1.4 战略领导力只存在于单一组织内部吗？

组织要在 VUCA 环境中持续保有竞争优势，就必须让组织成员充分运用整体性和系统性思维，立足全局看问题，提供独到的解决方案，亦即要求组织的各级管理者和一般成员都能具备一定程度的战略领导力。此时，战略领导力就超越了特定个体，转而成为该组织的特殊标签。与此同时，具备战略领导力的组织，将会对其所在行业乃至人类社会的发展产生广泛且持久的影响。

案例 5.1

保持龙头地位，宁德时代连续七年位居全球动力电池使用量第一

近日，韩国电池和能源研究公司 SNE Research 发布了 2023 年全球动力电池使用数据。榜单显示，2023 年全球动力电池总使用量约为 705.5 吉瓦时，同比增长 38.6%。其中，排名第一的宁德时代，其动力电池使用量达 259.7 吉瓦时，相较于 2022 年增长了 40.8%，市场占有率高达 36.8%，比第二名高出近 21 个百分点。而这已经是宁德时代连续七年位居动力电池市场榜首。目前选用宁德时代电池的车企众多，包括奇瑞、蔚来、理想、小鹏、特斯拉、大众、斯特兰蒂斯、宝马、奔驰等。值得一提的是，2023年年底到2024年年初，宁德时代还与赛力斯、东风猛士、江汽集团、滴滴出行等多家公司签署了合作协议。众多车企之所以选择宁德时代，与其不断发展的技术分不开。目前，宁德时代拥有M3P电池、麒麟电池、钠离子电池、神行超充电池等产品，覆盖高端、中高端和大众市场。汽车分析师王坤对《华夏时报》记者表示："宁德时代动力电池在电动汽车上的总装机量连续七年位列世界第一，主要原因包括宁德时代供应链完善、动力电池产能持续扩张以及拥有足够广的'朋友圈'，这些都为其今后的发展奠定了基础。"

资料来源：保持龙头地位，宁德时代连续7年位居全球动力电池使用量第一[EB/OL].（2024-02-27）[2024-05-20]. https://new.qq.com/rain/a/20240227A07D3200.

很显然，宁德时代的案例表明，战略领导力完全可以超越单一组织，引领整个行业的变革。因此，拥有战略领导力的组织，能够超越眼前和局部，关注更大范围和更加长远的趋势。这样的组织并不满足于通过定期的转型和变革来达到某一绩效水平，以被动地顺应商业周期，而是致力于引领潮流、创造未来，在所处的行业乃至整个商业世界和人类社会的发展中占据非凡的领导者地位。

5.2　战略领导力的研究进展

在管理实践中，战略领导力的主体逐步由"英雄人物"过渡到"组织的每个成员"，再进一步转变为"整个组织"；而在相关的学术研究中，学者们关注点的变化路径亦复如是。在"战略领导力"成为学术研究范畴之初,研究者们习惯性地以"高层管理者"来代替实践中的"英雄领导者",前者自然而然地成为传统的战略领导力理论关注的焦点。在这之后,伴随着领导力研究领域的"去英雄主义"潮流,研究者们开始推进战略领导力研究的集体化,更进一步地阐明战略领导力在自我、群体和组织三个层面与一般意义上的领导力的区别。除此之外,研究者们始终未曾放松对战略领导力具体内涵的探讨,相关研究工作一直从 2002 年持续至今。

5.2.1 传统观点:高阶理论

战略领导力的研究,最早见于"高阶理论"(upper echelons theory)。[①]该理论由汉布里克(Hambrick)和梅森(Mason)于 1984 年提出,目的在于阐明高层管理者对组织的决定性作用。高层管理者是组织的战略决策主体,对组织负有重大责任,他们的个人想法、感受和社会关系很显然会对组织的活动和绩效产生直接影响。因此,要理解组织运作,就必须研究高层管理者。

汉布里克和梅森早在 1984 年就将战略领导力理论与领导力的督导理论明确地区分开来。他们认为,以往的领导力理论,如路径-目标理论、领导权变理论、领导-成员交换理论等,只关注一般意义上的领导者在为下属提供指导、支持和反馈时的各种任务导向或关系导向的行为,而未能对那些对组织负有总体责任的个体,包括有头衔的高层管理者、高层管理团队成员和组织当权者,给予特别关注。但是,恰恰是这部分个体的偏好和行为,才真正彰显了组织存在的意义,这也正是战略领导力理论的焦点所在。

---

① Hambrick D C, Mason P A. Upper echelons: the organization as a reflection of its top managers [J]. Academy of management review, 1984, 9 (2): 193-206.

当然，高层管理者是人而不是神，在那些关乎组织未来或长远发展的决策过程中，他们的"天性"将发挥作用。高层管理者对于组织未来的认识是个性化的，这些个性化的认知基础带来了对组织情境的个性化解读，并决定了组织的战略选择。除了个性化的认知基础，高层管理者的时间和精力也非常有限，无法全面观察组织和环境的方方面面，这又让管理决策高度依赖于个体的有限理性。

事实上，当面对不确定的事件时，人们倾向于用自己熟悉的框架或理论来解释其中所谓的规律性，从而基于个人知觉做出自以为"合理"的决策。例如，人们习惯于以非此即彼的方式理解模糊情况，将其看成确定发生或确定不发生的事件；当事务繁多、身体疲劳致使大脑无暇仔细思考时，情况就更是如此。

在高阶理论看来，高层管理者的决策情形与普通人类似。如果说他们有什么特殊之处，就是考虑到其职位的特殊性，他们的有限理性会给组织带来更加广泛而深远的影响。基于个性化的认知基础，高层管理者会对组织面临的情境和备选方案做出高度个性化的诠释，并以此为基础采取行动。因此，在一定程度上，组织也就成为其高层管理者总体心理过程和行为的一种反映。当高层管理者具有较大的自由裁量权时，他们将有更大的空间来影响整个组织；当高层管理者承受较大的工作压力时，他们也会和普通人一样失去冷静思考的能力，从而更倾向于依赖自己的直觉。在这两种情况下，高层管理者的个性特征将会更鲜明地体现在组织的战略选择上。

总体来看，高阶理论有三个基本命题：其一，高层管理者能够在很大程度上影响其所在组织的战略选择；其二，高层管理者的相关特征，如年龄、人格特质、性别、受教育程度、国籍、工作经历、领导风格、认知技能、洞察力、信仰、价值观和心态等，都会影响其对市场环境的判断，并进一步影响其所做出的战略选择;其三,高层管理者通常以团队形式开展工作,因此,与个体特征相比,高层管理团队的整体特征能够更好地预测组织产出。高阶理论的主要研究框架如图 5.1 所示。

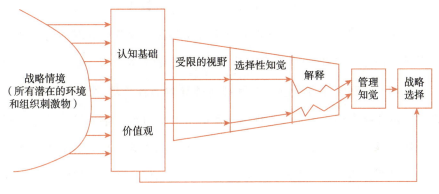

图 5.1　高阶理论的主要研究框架

后来,高阶理论被进一步发展为战略领导力理论,后者的主要关注点在于高层管理者的心理素质及其对信息加工过程和战略决策的影响机制。

高阶理论自提出以来,就获得了学术研究和管理实践两大领域的广泛关注。一方面,诸多基于高阶理论的实证研究表明,高层管理者的特征确实能够比较好地预测组织绩效;另一方面,高阶理论也为中高层管理者的选择和培养提供了有价值的指导意见。但是,该理论所具有的主导地位,在很大程度上也造成大量研究局限于对高层管理者的人格特质、价值观和其他个体特征的分析,这给战略领导力研究至少带来以下四个方面的问题:

其一,人口统计学变量究竟能在多大程度上准确地反映高层管理者的认知基础?在很多情况下,对这些变量的关注带来的是偏见而非真知。但是,出于研究便利性和可行性的考虑,采用人口统计学变量又是大多数实证研究的做法。

其二,高层管理者一定具备战略领导力吗?领导力并不等同于办公室的使用权、高水平的威望或决策。通过身处高位者的所作所为来界定领导力，很可能是无益的。如果高层管理者并不一定具备战略领导力，那么，已有的战略领导力理论的根基就会受到挑战。

其三，高层管理者的意图和行动的作用是否被夸大？事实上，战略领导力理论很少关注高层管理者采取战略行动的时机及其所面对的组织和环境条件。但是，很多时候，"形势比人强""时势造英雄"。

其四，战略领导力理论真的已经与领导力的督导理论区分开来了吗？在传统的领导力理论中，高阶理论涉及的所有人口统计学变量都已经得到深入研究。如果仅运用"输入—过程—输出"的框架来研究高层管理者对组织绩效的作用，而不考察战略领导力的真正内涵，那么，战略领导力理论就不过是传统领导力理论的一个子集，高层管理者也将仅仅成为一个特殊的样本而已。

5.2.2　战略领导力：超越高管，遍及组织中的所有个体

在对领导力的认识上，学术界向来存在两种不同的取向，即领导力的个人能力取向和领导力的集体能力取向。直到2000年前后，领导力的个人能力取向都在研究中占据主导地位。

学术界对领导力的关注开始于20世纪初。从那时起直到20世纪80年代，先后形成了领导特质理论、领导行为理论和领导权变理论三大流派，每个流派都曾在某一特定时期成为主流。20世纪70年代后期，技术进步带来了更激烈的竞争和更快的产品更新速率，迫使企业组织通过持续创新对短暂的商业机会做出反应，而持续创新必须以组织成员的工作热情和积极参与为前提。在这一背景下，激发组织成员的动机与热情、引导组织变革与创新，自然就成为组织所面临的新挑战。然而，三大主流领导力理论仅限于在正式的科层制体系下，聚焦于管理层面来研究领导力问题，几乎

第 5 章
战略领导力

只关注对追随者的监管以及由此所产生的短期绩效,这显然与组织的持续创新要求不相符。因此,新兴领导力理论应运而生。

新兴领导力理论以整个组织而非某个小群体的领导者为研究对象,其中具有代表性的理论包括变革型领导、愿景型领导和魅力型领导理论。新兴领导力理论在领导与管理之间做出了严格区分:管理在于应对工业化时代组织的复杂性,以保证组织按一定秩序协调运营;而领导则在于响应组织内外的变革诉求,引发和创造变化。因此,在新兴领导力理论中,领导者对整个组织的变革和创新负责,他们与下属之间的关系超越了简单的理性交易关系,领导者的信念、价值观和组织愿景成为有效领导力的关键成分。

与传统领导力理论相比,尽管新兴领导力理论更多地关注领导者、追随者及情境的相互作用,但是,它强调的仍然是领导者个体对追随者和情境的影响,延续着"英雄式领导"的前提假设。进入 21 世纪之后,这一前提假设的合理性日益受到质疑。为了快速而恰当地应对不断变化的外部需求,组织的内部结构要更具柔性,因此,越来越多的组织开始呈现出有机式组织的特征。有机式组织强调以松散的结构增强对环境的适应性,其整体目标优先于狭隘的责任;每个组织成员都被认为具有一定的知识和解决问题的能力,决策不再是"顶层"的专有权力;组织中的角色和责任难以得到清晰明了的界定,而是彼此转换、相互交叉。正因为如此,有机式组织的有效性不再取决于英雄领导者个人,而是依赖于组织内部不同成员的领导实践;组织不仅在各个层级上都要有能干的个体领导者,还需要发展个体之间的联合,以便发展出分布式领导力,这种分布式领导力是组织的整体能力,而不是组织中某些个体的能力。

正是在这种情况下,领导力研究的第二种取向,即领导力的集体能力取向,慢慢浮出水面。这一取向下的各种理论都有一个共同的前提,即

"去英雄主义"。领导力不再依附于个体,而成为一种过程,它由不同层级分担,依靠社会互动关系和影响网络得以实现。例如,时下热门的共享型领导就是这一取向的重要成果之一,标志着领导力研究已经超越了强调拥有正式职位的个体领导者作用的传统视角,转而强调个体之间动态的相互影响过程。

毋庸置疑,相较于一般意义上的领导力,战略领导力的集体化显得更为重要。在以持续变化为唯一不变特征的VUCA时代,与其将组织生存和发展的责任托付于一人,不如将其分散到不同个体身上更为稳妥。事实上,从高阶理论开始,战略领导力这一概念就已经有了集体化迹象。汉布里克和梅森在提出高阶理论时曾特别说明,对于高层管理者及其所寻求的战略之间关联的研究,大多数关注的都是首席执行官这一个体,而极少关注高层管理团队。

研究者们发现,鉴于组织的最高权力拥有者往往与团队成员共享任务和权力,从实用的角度来看,研究整个团队而不是首席执行官个体,可以提高理论的预测效度。例如,假定有A、B两家公司,它们的高层管理团队均有四个成员,且首席执行官都是从生产制造部门提拔上来的。在A公司,其他三位高层管理者的主要职能背景也是生产制造部门;而在B公司,高层管理者们的职能背景较为丰富,除首席执行官来自生产制造部门之外,其他三位高层管理者分别来自销售部门、工程部门和财务部门。不难想象,这两个高层管理团队将对组织产生差异化的影响。作为战略领导力领域的第一个成熟理论,高阶理论从一开始就明确地点出了战略领导力的集体性质,主张研究者们要关注高层管理团队的特征,例如集体认知、集体能力、团队构成和团队过程等,并认为这样才能更好地解释组织的产出结果。

汉布里克在之后的研究中也表明,大企业的战略领导力经常体现在很多个体身上，而这一集体形式的战略领导力也会通过明确的角色分工被正式化，以便让不同的个体以不同的方式贡献于管理决策。相较于人口统计特征，研究者们开始更加关注领导者的行为，认为这能够实现集体的战略愿景从上到下的传递；他们还将战略领导力视作一个动态过程，认为它的参与者、角色和影响力都会随着时间的推移而发生演变。① 但是，也不得不承认，战略领导力的集体化目前仍被限制在一个较小的范围内。因此，戴维斯（Davies）曾指出，尽管"战略"不过是"领导力"的修饰词，但是研究者们却倾向于将二者置于平行地位，且将"战略"理解为"组织战略"，这样的理解大大限制了战略领导力的发展。

此外，研究者们也已经深刻地认识到组织成员的主人翁意识和战略性思维对于增强其责任感和组织承诺，从而实现组织的可持续发展的重要性。需要注意的是，这里所说的"组织成员"并不特指占据管理岗位的少数个体，而可以被泛化到组织的所有成员。很显然，对于知识型组织而言，这种观点具有很大的启发意义。在知识型组织中，复杂多变的任务对多样化的知识和技能提出了很高的要求，扁平化的结构设计又使得组织的所有成员都有发挥领导力的动力和机会。如果组织中的每个成员都具备主人翁意识，能够从全局出发思考组织的未来，各尽所长，那么，组织就会在整体上具备战略领导力，也会获得可持续的竞争优势。因此，在战略领导力研究领域，一个隐含的发展方向或许是将组织中的所有个体作为战略领导力的研究对象，以深化领导力的集体能力取向的研究。

就目前来看，集体领导力（collective leadership）相关的研究，最有可能助战略领导力研究一臂之力。在该领域的研究者看来，集体领导力可被视作一个灵活的、多层次的神经认知系统，其中的神经元（即领导者）能

---

① Boal K B, Hooijberg R. Strategic leadership research: moving on [J]. The leadership quarterly, 2001, 11 (4): 515-549.

够被环境需要激活。不仅如此，领导者们还倾向于创造彼此之间的人际关系网络，而这些正式的和非正式的网络也为领导者及其团队成员带来了更多的知识和技能。这样一来，高水平的组织绩效就不仅取决于领导者网络的特征，也依赖于领导者之间以及领导者和下属之间的有效沟通。① 总体而言，集体领导力关注的是领导者、团队和网络，是一项基于社会网络的遍及全组织的事业。

但是，在集体领导力中，领导者毕竟是特殊的、有限的。虽然集体领导力在一定程度上跨越了层级的限制，能够有选择地利用一个更大的社会网络中多样化的知识和专长，但毕竟没有容纳一般的组织成员及其知识和技能。这或许是集体领导力和战略领导力之间的最大区别。要从集体领导力过渡到战略领导力，必须将一般的组织成员的潜在影响力包含在内。

首先，组织成员可能具备差异化的知识和技能，可以有效应对不同的任务需求，增强组织的竞争优势；其次，即便组织成员在知识和技能上有一定的同质化，他们也可以分担任务压力，解放对组织而言更有价值的知识工作者；最后，也是最重要的，唯有当所有组织成员凝心聚力，站在更高处看待组织的发展，并随时准备好发挥自己的力量时，组织才有可能在竞争激烈、变化无常的 VUCA 环境中生存和发展，并发挥长远的影响力。也正因为如此，有学者才将 21 世纪的战略领导力界定为"个体预期、想象和保持灵活性、战略思考以及与他人合作以启动变革的能力，这些变革将为组织创造光明的未来"②。

---

① Yammarino F J, Salas E, Serban A, et al. Collectivistic leadership approaches: putting the "we" in leadership science and practice [J]. Industrial and organizational psychology: perspectives on Science and practice, 2012, 5 (4): 382-402.

② Ireland R D, Hitt M A, Achieving and maintaining strategic competitiveness in the 21st century: the role of strategic leadership [J]. Academy of management perspective, 1999, 13 (1): 43-57.

5.2.3 战略领导力：引领自我、群体和组织

战略领导力的"全员化"内涵，意味着它是一个跨层面的概念。要最终实现跨越组织边界、遍及全行业乃至整个社会的影响力，需要组织成员从自我层面出发，在与他人的交互中不断磨炼战略领导力。在相关研究中，战略领导力也因此被区分为三个层面，即自我层面、群体层面和组织层面。[①]

5.2.3.1 自我层面的战略领导力

就现有的相关研究来看，战略领导力总是停留在人际互动层面，表现为领导者对下属的影响力。但是，在探讨人际互动层面的战略领导力之前，有必要首先关注自我层面的战略领导力。这是因为，相较于改变他人和组织，改变自我总是一件更重要和更基本的事情；而且，高度动态的外部环境也对自我层面的战略领导力提出了更高的要求。当面对复杂多变的环境中诸多权衡选项时，每个人都需要拥有高水平的自我意识和强大的判断力以做出正确的决策，并随时进行自我更新以适应环境的变化，避免无可奈何地随波逐流。在自我层面，战略领导力是自觉的、人格化的，受到个体性格特征的显著影响，表现为持续更新的自我意识和不断的自我调节。

对于自我层面的战略领导力的探讨是一个新兴领域，其中有很多虽有趣但未经检验的关于领导力的洞见。例如，旨在引领适应性变革的超前变革理论（advanced change theory），就强调了自我层面的战略领导力的重要性，要求领导者具备高水平的认知、行为和道德复杂性。在该理论看来，改变自我是改变他人和改变组织的前提。又如，广受管理从业者关注的五级领导力（level-5 leadership）的提出者柯林斯（Collins）表示，"最终找到实现跨越

[①] Crossan M, Vera D, Nanjad L. Transcendent leadership: strategic leadership in dynamic environments [J]. The leadership quarterly, 2008, 9 (5): 569-581.

所需的领导人类型时,我们都感到大为惊奇,震撼不已。与一些个性十足、惹人注目、上头条、做名流的公司领导人相比,实现跨越的公司领导人似乎是从火星上来的。不爱抛头露面、沉默寡言、内向甚至害羞——这些领导人都是矛盾的混合体:个性谦逊,但又表现专业。与其说他们像巴顿和恺撒,不如说他们更像林肯和苏格拉底"[1]。由此可见,除了远见卓识、促进承诺和丰富组织资源的领导力技能,领导者发展个人优势对于组织的长期成功至关重要。

彼得森(Peterson)和塞利格曼(Seligman)曾就个性力量与美德展开广泛研究,这一研究成果或许有助于自我层面的战略领导力的描述。尽管个性力量并非严格意义上的领导力要素,却与自我层面的战略领导力密切相关。他们归纳了六种核心美德,每一种都对应一系列个性力量(如表5.1所示)。

表 5.1 核心美德与个性力量

核心美德	个性力量
智慧和知识	创造力、好奇心、开阔的心胸、对学习的热爱、洞察力
勇气	勇敢、坚持不懈、正直、活力
仁爱	爱、善良、社会智力
正义	个人品德表现、公平、领导力
克己	宽恕和怜悯、谦卑或谦虚、审慎、自我调整
超越	对美和卓越的欣赏、感恩、希望、幽默、灵性

尽管某些品质(如克己)看似与传统意义上为人所称道的领导者特征关系不大,甚至背道而驰,但是,它们确实能够促进个体不断进行自我调整,有助于个体时刻保持清醒的自我意识,做自我的领导者。

---

[1] 柯林斯. 从优秀到卓越 [M]. 北京:中信出版社,2002:15.

5.2.3.2 群体层面的战略领导力

个体在锤炼好自我层面的战略领导力之后，还需要将战略领导力延伸到人际互动层面，以影响他人，这便是群体层面的战略领导力。在群体层面，战略领导力是人格化的、魅力型的，受到个体综合素养和专业能力的调节，表现为对他人广泛而长远的影响。

事实上，在以往的领导力研究史中，群体层面的领导力，即领导者与下属之间的关系，研究成果丰硕。其中，特质、风格和行为路径关注领导者，信息加工路径和内隐领导力理论关注下属，社会学方法以及领导替代理论关注情境，权变理论、领导-成员交换理论、个性化领导力模型和社会建构主义路径则关注领导者、下属与情境之间的相互作用。需要注意的是，这些理论的主要研究对象是组织中较低层次的领导者及其下属，领导力的作用方向自上而下，相关实证研究也仅侧重于领导者及其直接下属。因此，这些理论也被统称为领导力的督导理论（supervisory theories of leadership）。

正如豪斯和阿迪蒂亚（Aditya）于1971年所指出的，此前领导力研究中的大多数理论仍然主要关注领导者与其直接下属之间的关系，而在很大程度上忽视了领导者发挥作用的组织和文化背景、领导者与上级之间的关系、外部环境、同行，以及领导者所在组织提供的产品或服务的类型。换言之，领导力的督导理论普遍缺乏全局性的长远眼光，而战略领导力研究恰恰能够弥补这一缺陷。例如，希特（Hitt）和爱尔兰（Ireland）就认为，战略领导力研究需要专注于确立企业的目标和愿景、利用和保持核心竞争力、发展人力资源、保持有效的组织文化、强调伦理实践、建立平衡的组织控制等更为根本的问题。

与一系列领导力的督导理论不同，群体层面的战略领导力研究是跨层级的、双向的、基于全局问题的研究。在这方面，新兴领导力理论可能会带来一定的启示。例如，变革型领导理论关注领导者对下属的关怀与支持，认为这些行为能够带领下属适应动荡的环境；愿景型领导理论强调领导者本身如何在了解下属的前提下建立组织愿景；魅力型领导理论则突出了下属对领导者的个人认同和模仿欲望，认为魅力型领导者能够在不确定的环境中带领下属走出危机。在新兴领导力理论看来，好的领导者能够在不损害个体权利的前提下，通过确定方向、动员与激励、促使个体结盟的方式，推动个体达到一种对其自身以及与之相关的个体来说更好的境地。归纳起来，新兴领导力理论关注整个组织的变革与创新，将愿景视作领导力的核心要素，将激励、授权和对下属的培养视为主要的领导行为方式。

由此可见，就领导力的内涵而言，新兴领导力理论与战略领导力并无太大差异。两者的主要区别在于，战略领导力并不局限于组织中特定的高层管理者，而是遍及所有层级中的所有个体，且是一种双向的作用过程。已有的研究表明，当组织成员既具备优秀的专业素养和任务执行力，又能充分理解并运用组织的文化要素时，其就有能力从他人那里获得信任、钦佩，并提升他人的动机、绩效及对组织的忠诚。[1] 很显然，这就是群体层面的战略领导力。

5.2.3.3 组织层面的战略领导力

在自我层面和群体层面的基础上，到了组织层面，战略领导力的最终目标只有一个，那就是使组织在动荡的竞争环境中长久地占有一席之地。可以说，组织层面的战略领导力是战略领导力这一概念的根本内涵，它要求战略领导力超越对于自我及组织内成员的影响，遍及组织之外的其他组

---

[1] House R J, Aditya R N, The social scientific study of leadership: quo vadis? [J]. Journal of management, 1997, 23 (3): 409-473.

织、整个行业，甚至对整个世界产生深远的影响。

在界定组织层面的战略领导力时，研究者们倾向于关注非人格化的要素，例如战略、结构、规则和程序，以便使之与自我及群体层面的战略领导力区分开来。从组织学习的视角来看，这些要素代表着个体和群体学习的制度化。尽管战略管理和组织理论相关的研究已经就这些关键要素进行过深入检验，但是，组织成员在影响这些要素并受这些要素影响的过程中所扮演的关键角色，却没有得到充分关注。换言之，在产生非人格化的领导力要素之前，关于组织层面的战略领导力，目前还缺乏人格化的描述。

事实上，那些具备组织层面的战略领导力的个体，需要发挥的首要作用是意义建构。在高度竞争的商业社会，战略领导力意味着对于变动的环境的独到解释。这样一来，有利于组织生存和发展的破坏式创新才成为可能。在创新过程中，战略领导力又表现为对规则的制定，以便为新事物的涌现建立边界。当然，从根本上说，战略领导力的关键还在于维护组织的价值观，并怀揣以价值观为基础的愿景。尽管未来并不明确，但战略领导力带来了一系列使设想成为现实的过程和原则。通过建构意义、制定规则、维护组织的价值观和愿景，战略领导力才由承担相应责任的生动个体转向那些非人格化的要素，并以组织为单位在广泛的外部世界产生深远的影响。

正是这种由人格化过程向非人格化要素的转变，使组织层面的战略领导力得以跨越组织边界，成为一种超组织现象。此时，那些具备战略领导力的焦点组织，将成为众多竞争对手模仿的对象，甚至成为整个行业，乃至整个商业世界的规则制定者。在组织与管理研究的历史中，种群生态学理论所提出的同构（isomorphism）概念，从某种意义上说，就是对这种跨组织的战略领导力的生动刻画。依据"物竞天择，适者生存"的达尔文式进化逻辑，种群生态学研究者们认为，竞争性的市场会使得采取特定组织方式的企业生存下来,而使得其他企业走向灭亡。因此,新进入市场的企业自然也不得不采取上述组织方式以求生存,这便使得市场中所有同类企业的组织方式趋于一致。① 很显然,这种特定的组织方式就是一种非人格化的要素。正是这种非人格化的要素,将战略领导力由单一组织拓展到超组织层面。

5.2.4 战略领导力的真正内涵:超越当前,面向未来

最后,也是最根本的研究主题,或许正是有关战略领导力的内涵。可以说,唯有对这一根本性问题的解答,才能让战略领导力研究真正立得住。以希特、爱尔兰和博尔(Boal)等为代表的研究者,历来专注于这一主题。他们的研究主要涉及战略领导力的概念区分和界定、战略领导力的本质、有效的战略领导力的组成部分,以及战略型领导者应遵循的原则。具体成果如表5.2所示。

表5.2 现有研究对战略领导力内涵的理解

关注点	内容
概念区分	在某种意义上,领导力的督导理论涉及组织中的领导力,而领导力的战略理论则涉及组织的领导力 战略领导力不仅是对当前不确定性的规避,更是对企业长期发展所面临的环境变化的探索 战略领导力按照定义就是将战略功能和领导力功能相结合;战略领导力定义组织的道德意图和愿景并使其可操作化,包括为组织建立方向的能力以及使组织实现方向转变的能力。战略型领导者的思维优势在于摒弃细节性的操作视野,发展出一个整体的、广阔的组织观

---

① Hannan M T, Freeman J. The population ecology of organizations [J]. American journal of sociology, 1977, 82 (5): 929-964.

（续表）

关注点	内容
概念界定	战略领导力具有以下功能：①将社会伦理融入组织伦理；②领导角色理念、社会角色理念和组织角色理念的形成和校准；③组织随公共权力和社会影响而进行调整 战略领导力涉及对组织综合性战略的形成、实施的方向及目的的整体性感知。战略型领导者负责随环境、组织资源和管理态度的变化而持续调整的，从形成、实施到绩效，然后再返回到形成阶段的综合性过程 战略领导力是一个人进行预期、想象，维持柔性，进行战略性思考，以及发生转变为组织创造可行的未来的能力
本质探索	战略领导力涉及组织整体的能力以及目标的转变和演化 战略领导力本质上是基于认知复杂性、行为复杂性以及社会智力形成的吸收能力、适应能力和管理智慧 战略领导力的本质是有效化组织的人力资本和社会资本。战略型领导者必须有机敏的人际交往能力，还能够识别隐性知识需求，评价和发展隐性知识，在组织内建立和维持相互信任的合作氛围 人力资本是企业竞争优势的核心资源，也是战略型领导者关注的核心 企业的长期可持续发展必然与企业的行为道德有关联。接受并认同此观点，并在此观点指导下行动是战略领导力最本质的特征
有效的战略领导力的构成部分或战略型领导者应当如何有效地发挥作用	战略领导力概念暗含了对组织前进方向、增长速度和长期目标实现的控制；它必须对动荡的环境有适应能力，并在柔性和非结构化的环境中运作 有效的战略领导力的组成成分：决定战略方向、探索和维持核心竞争力、发展人力资本、维持有效的组织文化、强调道德实践、平衡组织控制 战略领导力的主要构成要素包括战略性思考、团队合作、创新、提出并维护愿景、创造企业文化、授权 有效的战略型领导者的七个准则：①战略型领导者是未来导向的，且有一个应对未来的策略；②战略型领导者是基于数据的决策引导者；③战略型领导者是行动派；④战略型领导者能开辟新天地；⑤战略型领导者能保持灵活性；⑥战略型领导者造就优秀的团队工作者；⑦战略型领导者总是先做下一件正确的事

资料来源：李鹏飞，席西民，韩巍. 和谐管理理论视角下战略领导力分析 [J]. 管理学报，2013，10（1）：1-11.

从表 5.2 中可以看出，目前关于战略领导力这一概念的内涵，研究者们虽然尚未达成一致，但已有研究成果又或多或少涉及愿景、战略、核心竞争力、组织文化、人力资本和管理智慧等要素，一致地突出了战略领导力的未来导向。也就是说，战略领导力不仅是对当前不确定性的规避，更是对企业长期发展面临环境变化的探索。这两者相辅相成，不仅使组织得以长期存在，更促使其在变幻莫测的外部世界中，通过别出心裁的创新占据领导者地位。

5.3 战略领导力的运用策略

基于上述实践总结和理论分析不难看出，在 VUCA 时代，要使整个组织具备战略领导力，组织的所有成员应首先在自我和群体层面开展工作；而只有当战略领导力的思维和实践遍及整个组织时，组织层面的战略领导力才会水到渠成。因此，有必要立足于战略领导力的自我和群体层面，从战略自省、战略思考和战略行动出发，阐明战略领导力的养成和运用策略。

5.3.1 战略自省

彼得·德鲁克认为，社会变化对于组织和管理者的成败而言，可能比经济事件还要重要。要想为社会提供整体解决方案，要将自我管理和责任感付诸社会的每一个组织和每一个个体。[①] 自我管理是自我意识的重要组成部分，是个体对自身心理与行为的控制。毋庸置疑，积极的自我管理必然基于个体对自身发展的全盘而长远的考虑，是一个"战略自省"的过程。一般而言，自我管理主要包括以下三个方面：

---

① 德鲁克. 下一个社会的管理 [M]. 北京：机械工业出版社，2009.

5.3.1.1 自我认识

"认识你自己",相传是刻在德尔斐的阿波罗神庙殿门前的三句箴言之一,也是其中最有名的一句。根据古希腊哲学史家第欧根尼·拉尔修的记载,彼时,当有人问古希腊哲学家泰勒斯"何事最难为"时,他回应道:"认识你自己。"[①]

认识自我是自我管理最重要的核心原则,也是启动自我管理的第一环。准确地认识自己的现状,是一切自我管理的基础。反之,对自我的认识不到位甚至认识错误,之后的自我管理就会出现很大的偏差。这样一来,个体就不能准确地把握自身的性格特征和优势,无法做自己的领导者;也不能思考自身与整个组织的契合性,失去了基于全局的系统性思维能力。一般来说,实现自我认识可以通过以下途径:

1. 通过内省了解自我

首先,改变叙事方式,以提升对过去自我的了解。叙事,即如何讲述自己过去的故事,在故事中关注什么,以及如何解读细节。叙事方式直接影响人们的人生态度,也决定了人们如何理解曾经的自己。能够正确认识自我的人,在讲述生命中的重大事件时更愿意尝试不同的角度和观点,从而产生对于同一事件的多样化理解。在叙述一个事件时,建议在多角度呈现事实的同时,讲述更深层的心理感受,分析自身所感受到的复杂的,甚至相悖的各种情绪。这是因为,自知的人接受并尊重事件的复杂性,他们不强求绝对的真实或者一个简单、普适的真理。

其次,全然接受,以提升对当下自我的了解。全然接受,意味着停止过度思考,放松下来去体会当下所经历的一切。具体来说,就是去觉察现

[①] 拉尔修. 名哲言行录 [M]. 马永翔, 等, 译. 长春:吉林人民出版社, 2003.

在想的、感受到的、做的东西,但不去评判。这种方法的本质是以一种新的方式来看待自己和世界,深刻了解自己的性格特征。以旅行为例,当置身于一个全新陌生的环境中时,人们很容易注意到自己身上和这个世界上过去不曾发现的事情,也就脱离了自己看待日常生活时早已习以为常的固有视角。

最后,结合组织背景,以提升对未来自我的了解。在自省的过程中,一定要注意结合组织背景认识自己的优势。在某个组织中工作,就要准确地了解这一组织的目标、制度和文化,从而明确自己在其中的角色和定位,有针对性地挖掘自己与之相符的优势。此时,一个基于企业、针对自我的SWOT(优势、劣势、机会、威胁)分析是必要的。在对自我的优势、劣势、机会和威胁进行分析时,要将自己的个人发展和组织的长远发展联系起来,像一个富有主人翁意识的战略型领导者那样思考问题。

2. 通过他人了解自我

唐太宗李世民曾说:"以人为鉴,可以明得失。"为了提升自我认识的完整性和准确性,可以参考周围各类人,如伴侣、朋友、亲人、同事等的看法。不过,鉴于他人的评价也在一定程度上带有主观性和盲目性,要选择性地寻求"对"的反馈,避开无爱的批评者和不批评的"仁"者。不难理解,前者就是那种无论人们做什么都会指责、批评的人,例如善妒的同事,或怀恨在心的前任;后者则是无论人们做什么,都不会批评的人,例如坚信"我的孩子完美无缺"的父母,或习惯性讨好别人的"老好人"。在获取他人的反馈时,无须做出任何回应,只需要真诚地倾听。

5.3.1.2 自我克制

获取一定程度的自我认知之后,我们也就对自己当前生活和工作的特点及边界有了一个大致的了解。与自己的期望状态对比过后,需要努力的方向就变得比较清晰了。此时，一般而言，个体很有动机去追寻更高的目标；而由于"习惯成自然"，自我克制和收敛便显得非常困难。但是，当面对众多来自自我、他人、组织的要求和期望时，自我克制非常重要。可以说，自我认识越深刻，自我克制就越重要，自我克制的力量也就越强。一般来说，实现自我克制可以通过以下途径：

1. 克制说话的欲望

毋庸置疑，说话是人的本能。正因为是一种本能，话语经常不是理性思考的结果，而成为情绪宣泄的渠道，容易暴露个体的性格缺陷。反之，克制那些没有逻辑、只为宣泄情绪的发言，本身就是对性格缺陷的一种弥补，有助于个体的长远发展。在与人交谈时，倘若对方还未发表完看法，就需要克制自己说话的欲望，直到对方说完；当工作中出现意外时，则需要明确当务之急，首先解决问题，而不是肆意发泄情绪，执着地寻找责任人。

2. 克制固有印象

印象，指个体接触过的客观事物在其头脑中留下的迹象。在接触新的社会情境时，个体一般会按照以往的经验，将情境中的人或事归类，明确其对自己的意义，从而使自己的行为获得明确定向。但是，印象天然具有先入为主的特点：印象一旦被固化，个体就很难对变化中的事物形成准确的认识。在实际操作中，要特别注意克制对下列两类事物的固有印象：

第一，之前印象不佳的事物。面对印象不佳的事物，人往往会有一定的厌恶感，心理上不愿意对其进行重新认识。为了摆脱这种思维定式，要时刻督促自己以更加开放和包容的态度特别对待这些事物。

第二，之前印象上佳的事物。近年来有一个很流行的概念，叫作"印刻者"。个体对"印刻者"有主观的欣赏心理，坚信其观点能为自己指点迷津。例如，乔布斯就是很多互联网人的"印刻者"。但是，"印刻者"也完全有可能会犯错，因此个体应该避免盲目崇拜。

3. 克制苛求他人

很显然，克制是对自己而非他人的一种要求。在人际互动层面，要求他人做到法律范围之外的道德高尚，本就是一件不太可行且很可能徒劳无功的事情。相较于他人，个体应该将克制的重心放在自己身上。

5.3.1.3 自我监督

必须承认的是，通过自我认识所期望达成的各种目标都有一个实现过程，所有改变都无法一蹴而就。无论是发挥个人优势，还是弥补性格缺陷，都需要花费一定的时间和精力。这时，有针对性的自我提醒和监督就非常有必要。

在这方面，最有效的方法是不断进行反思和总结。例如，可以养成事后回想整个任务过程的习惯，以便认识到自己在其中的错误和纰漏，并提醒自己坚决改正；再如，可以养成写日记的习惯，定期记录日常生活和工作中的重要事件，并阐明自己的看法。在不断反思和总结的过程中，个体能够更加接近理想中的自我，成长为自我导向的战略型领导者。

5.3.2 战略思考

在战略自省的基础上，战略领导力还要求人们学会进行系统性的战略思考。战略思考指的是在了解内外部环境的基础上，对组织的优势和劣势进行全方位的衡量，并确立有效的组织愿景。关于战略思考，首先要注意如下三点：

第一，战略思考是一个集体思考的过程。目前来看，在理论和实践领域，均存在一种普遍的偏见，即最好的战略思考源于一个或少数几个独立的个体，这些人具备超常的知识、能力和远见，理应对整个组织负责。但是，在 VUCA 时代，这种看法存在很大的问题，它不仅将使当事人面临无法克服的压力，也会让他们忽略其他人在战略思考方面可能做出的贡献。真正的战略思考，是一个集体的或社会的思考过程，要包含来自组织内部和外部的不同观点。为此，需要寻找有效的方法，让组织内外部的更多人参与到对话过程中来。

第二，战略思考是关于未来的，也是关于现在的。这主要体现在两个方面：首先，战略思考促使组织成员对组织目前的能力进行优先级排序，区分出具有战略重要性的能力和一般能力，以确保持续的竞争优势；其次，战略思考有助于组织成员了解组织的能力并对其进行投资，从而为未来做好准备。很显然，关于未来的有效思考，必须建立在对现状的清晰认知的基础之上。因此，尽管战略领导力强调长远的眼光，但战略思考也必须关注现实。

第三，战略思考是科学的，也是艺术的。它既有硬性的一面，又有软性的一面。在分析组织现状时，需要用到科学化的、严格的分析工具和技术；而在理解并制定价值观、使命、愿景等文化要素时，战略思考又是软性的。惠普的前首席执行官卡莉·菲奥莉娜（Carly Fiorina）在麻省理工学院 2000 年毕业典礼上提到，领导者在做出正确而重要的决定时，必须冷静地看待事物的本来面目，并进行思考；领导者一个人不能被个人友谊和自己的过去所欺骗，必须与下属充分接触和沟通，获得共鸣，同时也要保持距离，清楚地看到问题。她认为，这是一种复杂的平衡，我们必须每天都这样做，但并不是每个人都能意识到这是一个艰难的抉择。[①]

具体来说，战略思考主要包含以下五个方面的工作：

[①] 休斯, 贝蒂, 迪恩伍迪. 战略型领导力：战略思考、战略行动与战略影响 [M]. 2 版. 刘旭东, 牟立新, 沈小滨, 译. 北京：电子工业出版社, 2016.

5.3.2.1 环境扫描

一般而言,对组织现状的分析是战略思考的起点。在这方面,一个有用的工具是 SWOT 分析。借助这一工具,可以就组织的优势、劣势、机会和威胁展开详尽的分析,然后找到身边的同事与其开展 SWOT 对话。除此之外,还应该解放自我、拓宽视野,关注不同来源的信息,如业务范围之外的新闻、行业之外的期刊杂志上的文章等。与此同时,不要忘记抓住每一个与组织中其他成员交流的机会,以便形成关于内外部环境的统一且相对准确的认识。

5.3.2.2 制定愿景

愿景是一个组织的愿望,即未来能够并且应该成为一个怎样的组织。愿景经常是官方的,以书面文字的形式自上而下地传达。不过,很多组织成员在内心深处会对组织愿景有自己的理解。这些通常多样化的、未曾被明确表达的个人想法,对组织愿景的制定和完善具有很大的启发意义。作为一个意在培养战略领导力的组织的成员,当然需要对组织愿景进行深入思考,并主动影响其他成员,以便展开对于愿景的共同探讨。

当然,要形成个人关于愿景的看法和陈述,还应该遵守一些公认的原则。创新领导力中心曾建议,组织的愿景应该能够:

- 表达出理想和价值观(而不仅仅是短期目标和战术);
- 强调人的因素(而不仅仅是财务指标);
- 把组织故事放到一个有意义的背景下,让组织成员与组织的核心定位相互关联;
- 明确对组织如何成长以及成长速度的期望;
- 描述驱动变革的核心要素。

5.3.2.3 问题重述

从不同角度看待问题,以便对组织的战略性挑战和基本能力进行重新思考。在这一过程中,组织中广泛流传的隐含信念和假设可能会受到质疑,甚至被推翻。当然,问题重述的价值依赖于重述的背景。要培养战略领导力,就必须调整个人倾向,依据情境的需要对问题进行重述。

在很多时候,问题重述是创新的第一步。在本章的"引导案例"中,舒尔茨对星巴克的成功改造就来自问题重述。在他看来,星巴克不应该只是一家咖啡商店,更应该提供一种体验。这一重述直接影响了星巴克的业务定位,并带来了它在全世界范围内的巨大成功。

除此之外,问题的重述方式也会对决策结果产生很大的影响。外部环境究竟被描述成机会还是威胁,会在很大程度上改变组织成员应对的态度。因此,与其全盘接受对问题的最初描述,还不如尝试用不同的方式描述问题,观察这些方式是否会对组织成员的决策偏好产生影响。

5.3.2.4 达成共识

在 VUCA 环境中,团队和组织越来越多地面对不能被简单定义、没有现成答案的问题和挑战。此时,企图通过强加个人观点以降低组织的不确定性,是一种危险的做法。从长期效果来看,促使组织成员在复杂和模糊的环境中达成共识、形成共同的理解,才是战略领导力的集中体现。在工作中,组织成员需要在以下方面达成共识:

- 组织未来的愿景;
- 组织所面临的挑战;
- 高层管理者的指示;
- 本团队与其他个体和团队合作的方式;

- 团队取得成功的障碍，以及克服这些障碍的方法。

一般而言，达成共识的方式包括如下四种：

第一，建立框架。这指的是清晰地界定对话（日常交谈或者正式会议）的目的，要求组织成员把自己和他人的观点一起摆到桌面上进行审视。要避免主要负责人自说自话，确保各成员都充分了解后续的工作目标和行动方案。

第二，申明主张。这指的是明确提出一个要坚持的意见、观点或做法。当一个人说"我的想法是"或者"我认为我们应该这样做"时，就是在申明主张。遗憾的是，申明主张往往成为很多高层管理者的工作，一般组织成员对它的使用却不足。

第三，详细说明。这包括讲述具体的故事，从而使一个抽象或笼统的概念或提议变得生动而具体。说明得越清晰、越具体，就越能鼓舞和激励人们采取相应的行动，以达成所期望的结果。对于同一个主张，更详细的说明可能带来更准确、更有效的反应。

第四，有效探寻。这指的是主动向其他人提出问题，从而了解人们的想法。在进行探寻时，要充分考虑提问的环境和背景，并保持真诚的态度。当然，如果能遵循一个框架、明确自己的主张，并对自己的主张进行详细说明，探寻的结果就会大为不同。

5.3.2.5 系统思考

系统思考是一种逻辑思维能力，也被称为整体观、全局观。简单来说，系统思考就是对各种事物的全面思考，而不是简单地就事论事。在系统思维下，现有的资源条件、期望达成的目标、实现目标的过程，以及这三者对组织未来的长期影响，被视作一个相互关联的整体。结合战略领导力的概念内涵，系统思考应被视为战略思考的重要基石。

要做到系统思考，可以参考如下五种方法：

第一，寻找历史规律。对历史规律的关注有助于回答这样两个问题："我们是怎么到这里的？""我们如何从现在达到将来的理想状态？"纵向的历史思维有助于非线性的思考，这恰恰符合很多组织所面临的现实情况。

第二，立足全局看问题。这要求处于不同层级的组织成员都以整体性的眼光看待组织这个系统。这一整体性的眼光不可能通过针对局部的定量分析而获得。事实上，把事情分割成很多细小的部分，提升数字的准确性，对有影响力的战略的确立和组织变革阻力的化解来说，并没有实质性的帮助。组织成员所要做的恰恰相反，他们应该更多地进行综合整理，把各个部分的数据整合在一起，从而看到新的机会。

第三，探究复杂的相互作用。组织成员需要认识到，组织中的各种现象往往是各变量之间复杂的相互作用的结果。如果需要就一个重要的事件展开调查，那么，各种相关的因素及其之间的相互作用关系都应该被考虑在内。

第四，提出关系假设。整个组织的经营过程其实是一种权衡，也即选择做这个而不做那个，选择成为这个而不成为那个，选择开发这项能力而不开发那项能力。因此，应该将注意力投放在影响组织产出的关键要素上，重点发掘它们是如何发挥作用的。

第五，验证因果关系。这是指证实（或者证伪）对变量之间因果关系的假设。在某种意义上，这是战略思考的核心内容。在这个过程中，要特别注意防范验证性偏见，即大多数人总是倾向于注意到那些能够支持其观点的信息，而不愿意仔细考虑那些否定性的意见。有效的战略思考则意味着同时关注两方面的信息。

5.3.3 战略行动

对大多数组织的大多数成员而言，将战略思考转化为战略行动，是实现战略领导力过程中的最大挑战。我们在"战略自省"和"战略思考"两部分中已经提到不少具体的行动建议，这里将主要考察战略行动的重要性和与之相关的关键能力。总体来看，战略行动有如下三个重要特征：

5.3.3.1 战略行动是一个学习过程

一旦将战略行动视作一个学习过程，经营战略也就成为一种组织理论。既然要探究的是组织如何才能取得成功，而可以利用的材料则是它在长时间的经营过程中不断积累起来的相关数据，那么，这些数据便凸显出战略行动和战略思考之间的相互依赖性，即战略思考引发假设，战略行动检验假设。反之，当战略行动先于战略思考时，同样会产生反思式的学习机会。无论起点为何，问题的关键都在于如何用行动检验战略思考，以及如何从已经采取的行动中学习。也就是说，学习是战略行动的本质和核心。战略行动的重要性并非仅仅体现在落实今天的战略上，还体现在要有助于发现明天的战略；战略行动会为当下的绩效结果以及未来所需的素质和能力提供反馈信息。

同样，战略行动也能为个体学习创造机会。研究表明，事后反省是一种有效的学习方式。个体不仅能够通过事后反省改善自己的领导力效能，还能够帮助整个组织增强机遇意识。此外，对个体而言，在培养战略领导力的过程中，对他人的经验教训的深入挖掘也非常重要。例如，在创新领导力中心的一个研究项目中，成功的高层管理者们表示，他们不仅能够坚持从自己的经验中学习，也能够从那些不太成功的高层管理者们的经历中汲取教训。

5.3.3.2 战略行动总是包含着不确定性

当结果不确定时，是什么赋予了领导者们信心，让他们采取大胆的战略行动？在很大程度上，这是对组织能力的自信、对组织未来的考量，以及做出决策的勇气。因此，战略行动的不确定性在一定程度上可以通过战略思考加以应对。

5.3.3.3 战略行动应该长短相济

正如"战略思考是关于未来的，也是关于现在的"一样，战略行动也要兼顾长期目标和短期目标。它不仅意味着制定一个长远规划，还需要考虑如何让当下的行动（即战术）与战略重点保持一致。处理好长期目标和短期目标之间的矛盾看似容易，实际上却有一定的难度。为此，战略行动需要建立在一套完整机制的基础上，以便同时对现在和未来进行投资。

基于战略行动的上述特征，就需要有针对性地开发战略行动能力。有如下三种关键的战略行动能力与上述战略行动的特征相契合：

1. 面对不确定性时果断行动

面对不确定性时果断行动，将不可避免地带来精神、情感和生理层面的各种挑战。原因在于，变化常常使准确评估一项行动的风险回报率变得非常困难；行动失败会给个体、部门甚至整个组织带来潜在的危险；组织文化和那些正式或非正式的奖励体系有时会不鼓励冒险；等等。然而，在很多时候，即便面临巨大的不确定性，战略型领导者也需要知道组织在现阶段该做什么，以便为未来做准备。

在 VUCA 环境中，"问题"是不清晰的，"正确的答案"是缺失的，至少一开始就必定如此。在这种情况下，领导者的第一责任是快速行动，减少损失，建立秩序。事实上，针对这样的环境，很多组织的业务部门正在做出改变。在采取任何行动之前，一个小规模的试验成为常态。小规模试验的目的是尽可能地发现规则和模式，为大规模的组织行动打好基础。

不过，面对不确定性时果断行动，并不意味着要制定冲动的、重大的和冒险的决策。战略型领导者要通过培养组织的敏捷性,来增强其面对不确定性时的果断性。

2. 培养敏捷性

一个面向企业管理者的问卷调查显示,高绩效组织的管理者之所以实现了几乎是低绩效组织两倍的绩效成果,是因为他们预见到了变化,并为变化做好了计划。这里的"敏捷性",就是指一个组织感知变化以及对动荡的竞争环境迅速有效地做出反应的一种能力。要使组织具备这种能力,组织成员必须从自身做起,并加强集体协作。

> **知识 5.1**
>
> ### 行动后反思
>
> 培养敏捷性的一种行之有效的做法是行动后反思(after-action review)。这是一种从行动中系统化学习的方法。这一方法的核心是迅速捕获重要观点,然后将其转化为行动,从而在未来表现得更好。行动后反思的关键步骤如下。
>
> 1. 反思:目的是什么?行动的预期结果或者目标是什么?要完成的是什么?怎样才能完成?
>
> 2. 反思:发生了什么?结果如何?哪些事情导致了这个结果?谁是关键方?需要沟通的是什么?还有其他显现出来的关键节点或者联系人吗?
>
> 3. 反思:学到了什么?现在知道了哪些过去不知道的?哪些经验教训可以帮助别人下次做得更好?
>
> 4. 反思:需要采取哪些行动?基于所接受的经验教训,应该完成什么?做什么可以马上产生效益?完成哪些可以影响制度、政策以及行动?长期完成哪些可以影响战略、目标以及价值观?

> 5. 采取行动。
>
> 6. 传播所获得的经验教训。确保其他人了解这些经验教训,并从中受益。
>
> 资料来源:休斯,贝蒂,迪恩伍迪.战略型领导力[M].2版.刘旭东,牟立新,沈小滨,译.北京:电子工业出版社,2016.

3. 通过设立清晰的战略重点建立一致性

毋庸置疑,战略性地整合组织的资源和能力对组织的长期发展非常重要。如果资源和能力的运用缺乏一致性,组织的投入就无法产生期望的成果。设立清晰的战略重点,是战略型领导者为保证一致性所能做的最重要的事情之一。领导者需要设置优先事项来促进组织内的合作行为,同时也为采取短期和长期行为提供基础。如果对各事项的相对重要性了如指掌,资源的分配决策就会变得非常容易。

为了有效地阐释优先事项或战略重点,需要防止以下做法:

- 自言自语(尽管自己并没有注意到)。某些人会把这些话当成行动的号令,而其他人并不会这样。
- 不能以身作则。行为和语言不一致,例如,对其他人强调成本意识的重要性,而自己却在生产管理中大手大脚。
- 所拥护的战略与实际的战略之间出现鸿沟。
- 虽然强调了"关键优先事项",却把更多的资源用在别处。

很显然,有效的战略行动依赖于有效的战略自省和战略思考。唯有实现系统的战略自省,进行系统的战略思考,基于全局的战略行动才成为可能。

本章小结

习近平总书记强调:"战略与策略是我们党领导人民改造世界、变革实践、推动历史发展的有力武器。正确运用战略和策略,是我们党创造辉煌历史、成就千秋伟业、战胜各种风险挑战,不断从胜利走向胜利的成功秘诀。推进中国式现代化,必须把这一成功秘诀传承好、运用好、发展好。要增强战略的前瞻性,准确把握事物发展的必然趋势,敏锐洞悉前进道路上可能出现的机遇和挑战,以科学的战略预见未来、引领未来。"[1]

在VUCA时代,组织要在激烈的竞争中脱颖而出,离不开战略领导力。战略领导力是一种遍及组织每个部分,甚至延伸到组织外部的广泛而长远的影响力。它不仅是对当前不确定性的规避,也是对企业长期发展的持续探索。相较于一般意义上的领导力,战略领导力在空间和时间维度上都有更加深刻的内涵。

在传统观念下,战略领导力似乎应该体现在成功企业的高层管理者身上,但是,在日益充满复杂性和不确定性的现实世界中,个体领导者已经很难独自承担领导者的责任,而一个越来越普遍的现象是,无论在组织的哪个层级、哪个部门,人人都有机会影响整个组织的发展方向。因此,战略领导力的发展趋势,无疑将是主人翁意识的全员化,也即通过战略自省、战略思考和战略行动,组织成员都能够从全局出发思考手头的事务和组织的未来,随时准备好发挥自己的影响力。这样一来,战略领导力也就超越了个体,上升为一种非人格化的组织层面的影响力,从而在更大的范围内发挥更长远的作用。

---

[1] 习近平. 推进中国式现代化需要处理好若干重大关系[EB/OL]. (2023-09-30) [2024-04-21]. http://www.qstheory.cn/dukan/qs/2023-09/30/c_1129890528.htm.

> **问题思考**

1. 在本章的"引导案例"中,星巴克的战略领导力体现在哪些层面?
2. 战略领导力和一般意义上的领导力有何不同?
3. 传统的战略领导力理论有哪些贡献?又在哪些方面与现实脱节?
4. 在你看来,战略领导力的真正内涵是什么?
5. 请根据本章"战略领导力的运用策略"一节(5.3节)的相关内容,制订适合你自己的战略领导力养成计划。

课后案例

京东物流:刘强东的"破釜沉舟"

京东创建于2004年,最初聚焦于3C(计算机、通信、消费)类电子产品。2007年,刘强东带领京东开始向图书、家电等新品类扩张,并大力投入自有仓储物流体系建设。

刘强东自建物流体系的逻辑主要体现在两个方面:一是提升物流体验,满足消费者需求。京东最初的优势品类是3C数码产品和部分大家电,这类商品的消费者对物流体验的要求较高,包括商品包装完好度、配送时效等,而当时的第三方物流企业在配送质量和配送时效方面均无法满足这一需求。二是降低财务风险,提升资金效率。京东在早期采用货到付款的方式,这意味着京东需要先垫付货款给供应商,而当时京东优势品类的商品单价高,货款风险大,如果交由第三方代收,京东需要承担一定的财务风险并产生资金效率问题。

在刘强东决定建设自有仓储物流体系时,世界上还没有电商企业自建物流体系的先例。刘强东自建物流体系的决定很快便遭到了来自京东内部的反对,很多人认为,京东是一家电商企业,如果再自建物流配送团队,将会增加成本、影响盈利。然而，刘强东不为所动，而是以破釜沉舟的心态实施了一种极为冒险的商业行动。

京东自建物流体系初期面临巨大的压力。当时，京东一天仅有20个快递订单，而一个配送中心每天需要处理2 000个订单才能盈利。这意味着，京东在每个城市自建一个配送中心后，至少需要两年的时间才能实现收支平衡。如果京东在全国50个城市都自建配送中心，那么亏损将不可估量。这导致京东长期亏损，融资困难。2012年，京东因为价格战亏损严重，第四次融资耗时七个月，但融资后，刘强东便立即宣布再投入50亿元人民币用于物流，坚持全品类扩张和自有仓储物流体系建设。

在京东自建物流体系时，很多竞争对手都认为重资产是负担，因此选择利用现有物流企业的资源。这给了京东三年的喘息之机，使其得以在全国范围内快速扩张物流网络。最终京东凭借丰富、低价的商品和优质的配送体验，打败了当当、苏宁和国美，成为中国B2C（企业对消费者）电商领域的王者，并成为阿里巴巴的劲敌。在互联网企业发展史上，刘强东是唯一一个坚持九年不盈利却依然让企业保持高速增长的企业家。

资料来源：京东崛起背后：刘强东面对批评时不为所动的战略耐性［EB/OL］.（2018-08-20）［2023-12-29］. https：//finance.sina.com.cn/manage/crz/2018-08-20/doc-ihhxaafy9058909.shtml；若凡. 京东为什么要自建物流？自建物流真的利大于弊吗？［EB/OL］.（2022-04-29）［2023-12-29］. https：//maimai.cn/article/detail?fid=1729941832&efid=sIeQYhFESQA7rBm_wSw4zw.

思考题

1. 结合案例和其他资料，思考刘强东的战略领导力主要体现在哪些方面。

2. 自主查找资料，了解刘强东的领导风格，并据此思考战略领导力与传统领导力的区别和联系。

第6章 创业团队中的领导力

学习目标

通过本章的学习,应该能够:

1. 了解创业领导者在组建创业团队、激励创业团队、带领创业团队三个方面所面临的关键挑战
2. 描述创业者和创业领导者的内涵与特征,理解两者的区别和联系
3. 理解创业团队的内涵,总结优秀创业团队的特征
4. 运用提升创业领导力、激励团队成员、构建卓越的创业团队的具体策略

本章关键词

创业领导者(entrepreneurial leader)

创业者(entrepreneur)

创业团队(entrepreneurial team)

团队组建(team formation)

> **引导案例**

"携程四君子"的创业故事

在美国接受教育并且工作多年的沈南鹏、梁建章,与接触国外文化的民营企业家季琦、国有企业管理者范敏,构成了一个奇妙的组合。他们创立的携程虽然经历了多次高层人事变更,却从来没有发生过震荡,他们为中国企业树立了一个高效团队的榜样,获得共赢的结果。这既是一段精彩的创业故事,也是一场绝妙的共赢游戏。

创业过程

携程的缔造者既包括对互联网的未来充满希冀的海外归国留学生,也包括出色的国有企业职业经理人。几位创业者在投资银行业务、公司管理、信息技术、旅游业务上各有所长,他们最终走到了一起,构成了梦幻组合。

1999年,季琦与梁建章、沈南鹏等聚会,几个年轻人就互联网、互联网经济、美国的网络公司、纳斯达克和IPO(首次公开募股)等话题热烈地讨论了一夜。最后的结论是,三人一起在中国做一个向大众提供旅游服务的电子商务网站。

三人团队虽已成立,却都缺乏旅游行业的专业知识。于是他们开始寻找行业内的资深人士,却因公司规模小而遇阻。季琦了解到大陆饭店总经理范敏的情况后,便决定利用校友关系吸引他。尽管初次接触后并未获得范敏的积极回应,季琦却未放弃,而是通过不断沟通和分享共同的价值观,最终说服范敏加入团队,共同寻求改变旅游行业现状的路径。

1999年5月,携程旅行网正式成立。四位创业者一开始就秉持契约精神,明确各自的股份,根据各自的经历大体确定了人事架构。看起来这是一个"绝妙"的组合:民营企业管理者出身的季琦富有激情,锐意进取;

来自华尔街的沈南鹏眼光独到,擅长融资;搞信息技术咨询的梁建章偏理性,善于把握系统,目光长远;国有企业管理者出身的范敏则善于经营,方方面面的关系都平衡得很好。

2003年9月,携程的经营规模和盈利水平已经达到上市标准,并获得Pre-IPO(预上市)的1 000万美元的投资,于12月9日在美国纳斯达克证券交易所成功上市。

在完成创业使命后,携程的首批创业者大多功成身退:身为红杉资本中国区合伙人的沈南鹏俨然是中国的"投资教父",一次又一次助力中国企业进军国际资本市场;季琦创办了汉庭连锁,实现了自己的第三次创业;老将范敏继续执掌携程;最潇洒的是梁建章,回到美国读书和休息(后于2013年重返携程)。

相关资料

季琦,1966年出生于江苏南通。在上海交通大学完成本硕连读后,进入长江计算机集团上海计算机技术服务公司。1994年,季琦辞去上海的工作,前往美国旅居,其间考察了美国的互联网企业。到1999年携程成立前,任协成科技股份公司总经理。

梁建章,1969年出生于上海。曾获得第一届全国中学生计算机程序设计大赛金奖。1974年,初中尚未毕业的梁建章直升复旦大学计算机本科少年班。一年后,他考取了美国佐治亚理工学院。到1999年携程成立前,任美国甲骨文中国分公司企业管理系统咨询部门总经理。

沈南鹏,1967年出生于浙江海宁。曾获得全国中学生数学竞赛一等奖。1989年从上海交通大学应用数学系毕业后,考取了美国哥伦比亚大学数学系,一年后,转入耶鲁大学攻读工商管理硕士(MBA)。到1999年携程成立前,任美国德意志摩根建富公司董事。

范敏,1965年出生于上海。在上海交通大学完成本硕连读后,进入上海新亚集团。到1999年携程成立前，他已有旅游系统10年的从业经验，任大陆饭店总经理。

资料来源：何加盐. 携程四君子：中国最美创业故事 [EB/OL]. (2020-11-19) [2024-07-15]. https://t.qianzhan.com/daka/detail/201119-53aaaa4f.html；如何找合伙人？搭建合伙人团队？看携程四君子的合伙创业史 [EB/OL]. (2017-11-14) [2024-07-15]. https://www.sohu.com/a/204323795_481503.

思考题

1. 携程的创业团队是如何组建起来的？
2. "携程四君子"各自具有怎样的背景？这支创业团队有什么特点？
3. 携程当时发现了怎样的商业机会？为什么能够获得成功？

以上案例展示了"携程四君子"放弃原有的蒸蒸日上的事业，共同创办携程，创造中国在线旅游第一品牌的故事。党的二十大报告提出，要"以中国式现代化全面推进中华民族伟大复兴"，同时要"坚持创新在我国现代化建设全局中的核心地位"。[①] 而创业精神是创新的源泉，基于创新的创业成为中国式现代化的重要动力。学术界认为，创业是一种由机会驱动的思考、推理和行为方式，其本质在于"把握机会、创造性地整合资源、创新和快速行动"[②]。蒂蒙斯（Timmons）认为，创业过程是创业机会、创业团队和资源之间适当配置的动态平衡过程。成功创业必须将机会、创业团队和资源三者灵活匹配起来，并根据企业的发展变化不断进行动态平

[①] 习近平：高举中国特色社会主义伟大旗帜 为全面建设社会主义现代化国家而团结奋斗：在中国共产党第二十次全国代表大会上的报告 [EB/OL]. (2022-10-25) [2023-10-10]. http://jhsjk.people.cn/article/32551583.

[②] 张玉利, 李乾文, 李剑力. 创业管理研究新观点综述 [J]. 外国经济与管理, 2006, (5): 1-7.

衡。① 在这一创业过程中，创业领导者起着至关重要的作用。他们需要理性分析创业机会，及时发现和规避创业风险，合理利用创业资源，并且高效地领导创业团队。这种领导力包括激发团队成员的潜力，促进团队合作，以及引领团队克服困难，共同追求成功。

为了更好地理解创业领导者在创业过程中的角色与挑战，本章将重点关注创业领导者在构建、激励和带领创业团队过程中面临的挑战和应对策略。首先，本章将阐述创业领导者在组建、激励和带领创业团队时面临的关键挑战；其次，本章将回顾创业者、创业领导者、创业团队的相关研究，总结优秀创业团队的特征；最后，本章将就如何构建卓越的创业团队、激励团队成员、提升创业者的创业领导力提出具体的应用策略。

6.1　创业领导者面临的挑战

党的二十大报告提出，"中国式现代化是全体人民共同富裕的现代化"，要"着力促进全体人民共同富裕"。② 创业是低收入群体实现增收的重要路径，然而，初创企业往往面对资源匮乏的窘境。创业领导者需要带领团队突破资源条件的限制，发现和利用创业机会，持续发展。本节将主要从组建创业团队、激励创业团队和从创业者到领导者的角色转变三个方面探讨创业领导者在实施内部管理时面临的挑战。

---

① Timmons J A. New venture creation: entrepreneurship for the 21st century [M]. 5ed. Singapore: McGraw-Hill, 1999.

② 习近平：高举中国特色社会主义伟大旗帜 为全面建设社会主义现代化国家而团结奋斗：在中国共产党第二十次全国代表大会上的报告 [EB/OL]. (2022-10-25) [2023-10-10]. http://jhsjk.people.cn/article/32551583.

6.1.1 组建创业团队的挑战

创业团队是初创企业的灵魂,团队的好坏决定了创业企业的生死存亡。当下基于创业团队而非个人开展的创业活动越发普遍。正如团队工作的绩效往往高于所有成员独立工作的绩效之和,创业团队的绩效也往往高于简单的个体创业的绩效。投资者在甄选项目时,通常把创业团队作为考察的首要内容。相较于一流的创业机会和二流的创业团队,投资人更愿意投资一流的创业团队,哪怕仅仅是看上去二流的创业机会。

创业起步维艰,组建创业团队的过程中也会遇到各式各样的困难:

其一,初创企业难以吸引互补性的优秀人才。初创企业面临极高的不确定性,而且往往缺乏资源,难以吸引、招募和留住优秀的人力资源。由于创业者社交圈子和职业边界的存在,要找到不同专业背景、不同能力维度的人才更是难上加难。

其二,团队成员目标各异,难以建立共同的愿景。团队成员的创业动机可能各不相同,有人是为了实现理想,有人是出于兴趣,有人是源于物质激励,有人是因为找不到工作……创业领导者能否统一目标,将创业愿景分享给团队所有成员并使其真正扎根于成员内心,是一个巨大的挑战。只有建立共同的愿景,创业团队才能更好地面对高度不确定的外部环境。

其三,团队成员行为风格迥异,难以形成高效决策的集体。科学、高效的决策机制是创业团队生存与发展的基础。如果团队成员的行为风格不匹配,创业团队将陷入冲突与离散的恶性循环,这是对企业资源可怕的消耗。

6.1.2 激励创业团队的挑战

创业团队组建完毕之后,所面临的主要问题之一便是员工激励的问题。对处于初创阶段的创业团队而言,匮乏的资源和稍纵即逝的市场机会使得团队成员必须全力以赴,而此时团队激励的作用更加凸显。如果团队成员在面对企业初创时期的困境与压力时缺乏必需的勇气和动力,创业团队就很有可能人心涣散,难以实现创业目标。因此,对于创业团队的领导者而言,持续激发每一个团队成员的动力,帮助他们有效地面对压力和风险是至关重要的。

创业团队面对着复杂多变的内外部环境,也囿于资源条件的限制,不得不承受较大的压力和风险。对于创业领导者而言,要激励员工在不确定程度高、资源匮乏的环境下保持高涨的工作热情,绝非易事。

首先,初创企业通常难以满足团队成员的物质需求。大多数初创企业都与初创时期的华为一样,无法为团队成员提供足够的物质激励,例如良好的工作环境、丰厚的薪酬等。团队成员随时都会面临失败、失业的风险,自己的努力在较短的时间内可能很难得到回报。因此,在这样一个可能缺乏足够的外部激励且不确定程度高的时期,领导者对成员的内在激励尤为重要。

其次,创业领导者的愿景激励失效。一方面,创业领导者缺乏明确的愿景,或者自身对愿景不够坚定,无法将愿景清晰地传达给团队成员,导致团队成员缺乏对愿景的理解和认同。尤其是当成员们承受巨大的压力,物质利益也很难得到保障时,如果还不清楚自己努力工作的意义,便很难有持续努力奋斗的动力和决心。另一方面,创业领导者没有将团队成员的工作与愿景紧密结合,导致成员们无法确定自己目前的工作是否有利于愿景的达成,这也会让他们感觉不到自己工作的价值,从而失去工作的动力。

最后,团队成员难以实践自己的独特想法。愿意加入创业团队的人,以及有能力被创业领导者选择、吸纳进入创业团队的人,都是追求创新、希望能够发挥自己的优势和才能、实现自身创意的人。只有当他们的内在需求能够得到满足时，他们才能够感觉良好，斗志昂扬，不会产生挫败感。这些创意和创新成果对于团队来说也是非常宝贵的财富。但是，初创时期团队承受的压力较大，创业团队的试错成本很高；创业领导者在确定发展方向和策略时往往小心谨慎，因此也难以让所有员工的独特想法得到充分的实施。

6.1.3 从创业者到领导者的角色转变挑战

在企业的初创时期，创业团队面临的任务是发现机会，创造价值，创建一家新企业。许多经济学家都认为，最初的企业家都是那些敢于承担风险成本和机会成本的"冒险家"，他们身上都有"偏执"的一面。然而，创业企业逐渐在市场上取得立足之地后，企业面临的不再是能否生存的问题，而是如何能够生存得更好，如何实现可持续发展。这一转变对创业者的行为模式、决策模式、领导方式都提出了崭新的要求。不过，从创业者到领导者的角色转变，绝非易事。

其一，创业者的思维模式具有一定的惯性，难以轻松地实现角色转变。"惯性"这个概念来自物理学，是指在没有外力作用的情况下，物体的运动状态不会发生改变。社会科学领域也有类似的现象。许多创业者是某一技术领域的专家，关注技术创新而忽视商业规律，做决策时容易从自我出发而忽视市场需求。此外，很多创业者是凭借机会敏感性和冒险特质获得初步成功的。对他们而言，改变思维方式，以更加成熟、理性的方式领导初创企业，是非常艰难的过程。

其二，团队成员的内部冲突导致角色转变难上加难。创业团队领导力的塑造不仅依靠创始人，也需要整个团队共同努力。管理模式的优化需要团队成员沟通、妥协与配合。创业伊始，团队合伙人往往共同决策，没有明确的权力等级和利益冲突。而随着初创企业的不断成长，团队成员在战略决策时常常会激烈交锋，难以达成一致，从而降低了整体的决策效率。在一家初创企业中，小到人事变动、产品更新，大到市场竞争、战略决策，都需要创业领导者主持大局。如果创业团队不能集中力量，而是在权力博弈中分散资源，事业会更加难以为继。

6.2 创业领导力的研究回顾

习近平总书记强调，"创业是推动经济社会发展、改善民生的重要途径"[①]。在识别了创业领导者面临的关键挑战后，本节将对创业领导力的相关研究进行回顾，为应对关键挑战、促进初创企业的发展提供理论基础。

6.2.1 创业领导者的研究回顾

6.2.1.1 创业者的内涵和特质

法国经济学家萨伊（Say）最早提出创业者的定义，并将创业者描述为将经济资源从生产率较低的区域转移到生产率较高区域的人，且认为其也是经济活动过程中的代理人。美籍奥地利经济学家熊彼特（Schumpeter）认为创业者是创新者，并为创业者增添了一个维度的内涵，即具备发现和引入能更好盈利的产品、服务及过程的能力的人。[②] 随着创业理论的不断发展，学者们对创业者的概念有了更加丰富和多元的理解。卡森（Casson）从资源观的角度出发，认为创业者是有效配置稀缺资源、充分利用资源

---

① 大力推进高校创新创业教育 [N]. 人民日报，2020-04-16（9）.
② Schumpeter J A. Economic theory and entrepreneurial history [M] // Schumpeter J A. Essays on entrepreneurs, innovations, business cycles and the evolution of capitalism. New York: Routledge, 1989.

优势、合理制定正确决策的人。① 立足中国情境，蔡莉等进一步提出创业者还需"利用智慧解决好机会开发与资源开发问题"②。柯兹纳（Kirzner）侧重于创业机会，认为创业者是具备敏锐识别和争取市场机会能力的"敏感者"。

创业者特质被用来解释创业者需要具备的人格特征，以及与管理者的个性差异。例如，戴维森（Davidsson）等通过对成功创业者的访谈和调查，归纳总结出成功创业者通常具有敢于突破自我、积极提升自我、甘于奉献等特质。不同学者将创业者特质划分出了不同的维度，目前公认度较高、使用较频繁的包括内控力、成就需要、创新性、风险承担性。③

除了个人特质，创业者还具有一定的社会特征，主要表现为创业者的先前经验和社会资本两个方面。先前经验包括创业、行业、管理职能等方面的经验，能够帮助创业者在创业过程中较为敏锐地发现创业机会。具有先前经验的创业者，能根据内外部环境有效制定和调整创业目标与规划，有利于创业企业的存活和发展。④ 创业者的社会资本主要指其所拥有的社会关系，也是创业者能否有效配置内外部资源的表现。与不同背景的人建立了多样化社会网络关系的企业家更能够为企业带来经济支持和其他有价值的资源。⑤

---

① Casson M. The entrepreneur: an economic theory [M]. Washington DC: Rowman & Littlefield, 1982.
② 蔡莉，单标安. 中国情境下的创业研究：回顾与展望 [J]. 管理世界，2013，（12）：160-169.
③ Lumpkin G T, Dess G G. Clarifying the entrepreneurial orientation construct and linking it to performance [J]. Academy of management review, 1996, 21 (1): 135-172.
④ 薛鸿博，杨俊，迟考勋. 创业者先前行业工作经验对新创企业商业模式创新的影响研究 [J]. 管理学报，2019，16（11）：1661-1669.
⑤ 云乐鑫，杨俊，张玉利. 创业企业如何实现商业模式内容创新：基于"网络—学习"双重机制的跨案例研究 [J]. 管理世界，2017，（4）：119-137.

6.2.1.2 创业领导者的内涵和特质

创业领导者不仅要具有冒险精神，还要有完整缜密的实施方法和讲求平衡的领导艺术。国内外许多学者从不同角度给出了创业领导力的不同定义。虽然这些定义有所差异，但总体上都在关注创业与领导力两个领域的共性：愿景，聚焦机会，（对追随者和客户的）影响力，规划，激励他人，成就导向，创造力，灵活性，耐心，坚持，冒险，对分歧的高度容忍，坚韧，自信，权力取向，积极主动和内部控制点，等等。

坎宁安（Cunningham）和利舍隆（Lischeron）于 1991 年最早提出创业领导力包括设定明确目标、创造机会、下放权力、维持组织亲密关系以及开发人力资源系统。爱尔兰等学者则认为创业领导力即指具备影响他人的能力并据此战略性地管理资源，从而实施机会寻求和利益寻求行为。古普塔（Gupta）等学者于 2004 年提出创业领导者能够创造一种愿景，用于聚集和动员支持愿景的参与者，这些参与者将致力于发现和利用战略价值创造以实现这一愿景。索恩伯里（Thornberry）则强调领导者需要具备激情、远见、专注和激励他人的能力。创业领导力也需要这些要素，但除此之外，还需要一种心态和技能来帮助创业领导者识别、创造和捕捉新的商业机会。苏瑞（Surie）和阿什利（Ashley）认为创业领导力是指能够在高速和不确定的环境中维持创新及适应性的领导力。在此之后，伦科（Renko）等学者从另一个角度，将创业领导力定义为一种通过影响和指导团队成员的绩效，以实现涉及识别和利用创业机会的组织目标的领导力。近年来，蔡莉、张玉利等国内学者从战略视角进一步解读创业领导力，强调创业者需要培养自身的批判性思维，不断探究变化环境下支撑企业创新创业活动的底层逻辑。①

---

① 蔡莉，张玉利，陈劲，等. 中国式现代化的动力机制：创新与企业家精神：学习贯彻二十大精神笔谈［J］. 外国经济与管理，2023，45（1）：3-22.

与创业和领导力领域的研究发展趋势相一致，创业领导力领域的研究也开始关注创业领导者的行为，而非仅仅关注人格或特质。[①] 其中，研究者们特别关注创业领导者以下几个方面的行为：第一，创业领导者对机会的识别和利用。[②] 大量研究表明，创业领导者经常利用社会网络获取想法和收集信息，以识别创业的机会。[③] 社会网络在此起着至关重要的作用，不仅能够提供丰富的信息和建议，还能够挖掘关键人才和市场信息。第二，创业领导者的连续创业意向与行为。创业领导者在识别机会后，会坚定地抓住机会，但并非所有的创业尝试都能取得成功。创业领导者会从失败的创业尝试中学习管理新企业、识别新机会等相关知识，这对其形成后续创业意向与行为具有重要影响。[④] 第三，创业领导者激励下属实现创业目标。[⑤] 创业领导者可以通过鼓励和促进集体学习、知识传播和新思想的应用，来推动创新。这种激励方式有助于追随者以更具创新性的方式思考和行动，从而推动整个团队或组织朝着创业目标迈进。

6.2.1.3 领导力和创业的区别与联系

领导和创业是两个紧密联系的概念。科格利泽（Cogliser）和布里格姆（Brigham）从愿景、影响、引领创新创造和规划四个方面列出了领导力与创业这两个概念之间的联系，具体可见表6.1。

[①] 蔡莉，单标安，朱秀梅，等. 创业研究回顾与资源视角下的研究框架构建：基于扎根思想的编码与提炼 [J]. 管理世界，2011，(12)：160-169.

[②] Hoang H, Antoncic B. Network-based research in entrepreneurship: a critical review [J]. Journal of business venturing, 2003, 18 (2): 165-187；斯晓夫，王颂，傅颖. 创业机会从何而来：发现，构建还是发现+构建？创业机会的理论前沿研究 [J]. 管理世界，2016，(3)：115-127.

[③] 单标安，蔡莉，陈彪，等. 中国情境下创业网络对创业学习的影响研究 [J]. 科学学研究，2015，33 (6)：899-906.

[④] 于晓宇. 创业失败研究评价与未来展望 [J]. 外国经济与管理，2011，33 (9)：19-26.

[⑤] Yukl G. How leaders influence organizational effectiveness [J]. The leadership quarterly, 2008, 19 (6): 708-722.

表 6.1 领导力与创业概念的联系

	领导力	创业
愿景	愿景是激发下属争创一流绩效或其他目标导向行为与组织绩效的主要因素	愿景的特征（简洁性、清晰性、抽象性、挑战性、未来导向性、稳定性、合意性或鼓舞性）和内容（成长意象）与初创企业的成长密切相关；下属需要在加入、参与的过程中得到激励，或被具有专业意义的使命激励
影响	领导力的各种定义所包含的一个共性是具备影响他人使之朝着目标努力奋斗的能力。理性说服被广泛地用于对上级、同级和下级施加影响	创业者不仅能够识别机会（理解路径与手段），而且能够整合资源以实现他们的创业愿景。当愿景具有合法性并与创业者的价值观和利益相关者的需要相一致时，理性说服和鼓舞性号召更加有效
引领创新创造	带领具有创造性的群体需要具备技术专长和创造力，还需要使用许多施加直接或者间接影响的策略	创业领导力包含了创意产生、创意架构和创意推广（创意产生在创业初期至关重要，创意架构和创意推广在创业后期更加重要）
规划	在复杂动态的环境下，人们必须协调自己的行为，此时，做出规划对绩效而言至关重要	为了预见战略选择上的潜在偏差，创业者务必对未来行动进行心理模拟

资料来源：Cogliser C C, Brigham K H. The intersection of leadership and entrepreneurship: mutual lessons to be learned [J]. The leadership quarterly, 2004, 15 (6): 771-799.

尽管创业与领导力之间具有紧密联系，但并不是所有创业者都具备创业领导力。清代陈澹然在《寤言二·迁都建藩议》中写道："不谋万世者，不足谋一时；不谋全局者，不足谋一域。"对长远计划和对全局的考虑也恰恰是创业领导者与一般创业者的重要差别。创业领导者与一般创业者的思维方式区别主要体现在以下几个方面：①在对未来的认识上，创业者更注重人的主观能动性，认为未来是人们主动行动的结果，人们可以创造未来，而创业领导者则更注重过去和未来的联系，尤其是过去对未来的预测作用；②在行为的决策上，对创业者而言，一切不受客观条件制约的事皆可为，而创业领导者则会以组织利益最大化为决策标准；③在对风险的态度上，创业者倾向于在可承受的范围内尽可能地采取行动，而创业领导者则会全面考虑预期回报的大小；④在对其他企业的态度上，创业者强调竞争，只会根据需要对顾客和供应商承担有限责任，而创业领导者则强调合作，倾向于与团队、顾客、供应商，甚至潜在的竞争者共同创造未来市场。

相比创业者的一腔热忱，创业领导者更加注重进行理性分析，洞察和掌控组织内外部环境，从而确保组织在正确的轨道上安全运行。总的来说，创业领导者不仅具有创业精神，还具有成熟的企业家精神；不仅要完成开创企业的过程，更要将生意变成"事业"，甚至"艺术品"。

6.2.2　创业团队的研究回顾

6.2.2.1　创业团队的内涵

目前在学术界受到广泛认可的创业团队的定义是卡姆（Kamm）和舒曼（Shuman）等提出并由库尼（Cooney）等学者修正的：创业团队由两个或两个以上成员组成，他们共同创办企业并在企业中拥有重大（财务）利益。[①] 这些人在企业尚未向市场正式提供产品或服务的起步阶段就参与到团队的发展当中。国内学者朱仁宏等提出，创业团队是由两个或两个以上具有共同愿景和目标，共同创办新企业或参与新企业的管理，拥有一定股权且直接参与战略决策的人组成的特别团队。[②] 他们拥有可共享的资源，

[①] Kamm J B, Shuman J C, Seeger J A, et al. Entrepreneurial teams in new venture creation: a research agenda [J]. Entrepreneurship theory and practice, 1990, 14 (4): 7-17; Cooney T M. What is an entrepreneurial team? [J]. International small business journal, 2005, 23 (3): 226-235.

[②] 朱仁宏, 曾楚宏, 代吉林. 创业团队研究述评与展望 [J]. 外国经济与管理, 2012, 34 (11): 11-18.

按照角色分工相互依存地在一起工作，共同对团队和企业负责，不同程度地共担创业风险并共享创业收益。

创业团队不同于一般团队，不只是为了解决某些问题或复制过去已经被实现过的目标。从本质上来说，创业团队成立的根本目的在于创造新价值，开创新局面。其表现形式通常为开发新技术、产品与服务，开拓新市场与业务，应用新的经营管理思想，建立新型组织形式等。而一般团队的目标往往是解决某类或某个具体问题。在创业团队中，团队成员一般都处于高层管理者的职位，一般情况下都拥有股份。团队成员往往具有较高的组织承诺，且以自主管理为主，会更多地关注战略性问题。而在一般团队中，成员并不局限于高层管理者，且并不必然拥有股份，他们由职权明确的上级领导者进行管理，具有相对较低的组织承诺，更多关注战术性和执行性问题。

6.2.2.2 优秀创业团队的特征

优秀创业团队具有以下几个特征：一是成员志同道合——团队成员分享共同的愿景、志趣、信念，朝着共同的目标前进。二是能力互补——成员能力和专业过硬，成员之间的胜任力维度和知识图谱相互补充。[1] 三是行为风格匹配——成员之间思考问题、处理冲突、进行决策的风格相互匹配。四是互相尊重信任——具有团队精神和凝聚力，尊重、信任、合作。[2] 满足这四点的创业团队，可以被认为是一支具有竞争力的卓越创业团队。

---

[1] 马鸿佳，唐思思，郑莉莉. 创业团队多样性对惯例更新的影响：知识共享的中介和共享领导的调节作用 [J]. 南开管理评论，2022, 25 (5)：75-86.
[2] 郑鸿，徐勇. 创业团队信任的维持机制及其对团队绩效的影响研究 [J]. 南开管理评论，2017, 20 (5)：29-40.

6.3 提升创业领导力的有效策略

习近平总书记强调,"提高解决实际问题能力是应对当前复杂形势、完成艰巨任务的迫切需要"[①]。提升创业领导力,则是创业领导者应对创业不确定性、带领初创企业快速成长的重要依托。在上一节理论回顾的基础上,本节将就如何提升创业领导力提出相应的策略,具体包括构建卓越的创业团队、激励创业团队成员、培养创业者的创业领导力三个方面。

6.3.1 构建卓越的创业团队

6.3.1.1 选择能力互补的团队成员

在一个成功的创业团队中,各成员应该有不同的分工。为了做到成员之间能力互补,创业团队首先要在选择团队成员时保证团队成员的多样性。根据信息决策理论,由于团队成员之间可以分享个人独特的知识与经验,因此成员多样化的团队更容易获取异质性知识、技能、资源以及信息[②],能够以更加广阔的视角去分析与解决问题,还具有更强的团队创新能力。这个"多样化"包括知识和观点上的多样性,以及教育、培训、工作经历等方面的多样性。也就是说,创业者在组建团队或招募团队成员时,需要密切关注及着重考察候选人在这些方面的特质,并以开放的心态吸纳那些"不一样的人"。

但是,创业团队不能一味地追求团队成员多样性的最大化,过度的多

---

① 人民日报评论员:不断提高解决实际问题能力:论学习贯彻习近平总书记在中青年干部培训班开班式上重要讲话 [N]. 人民日报,2020-10-13(1).
② van der Aalst W M P, van Hee K M. Workflow management: models, methods, and systems [M]. Boston: MIT Press, 2004.

样化可能会造成内部矛盾和人力资源浪费。在异质性的基础上，卓越创业团队成员的多样化能力应该是有利于提高创业绩效且有机互补的，这样的团队才是最有效率的团队。创业团队又如何做到成员有机互补呢？答案是，保证团队成员扮演不重叠、有意义、清晰明确且相辅相成的角色。

一方面，团队成员需要在功能性角色上有机互补。也就是说，具有差异化能力的成员应该分别承担重要且与自己的能力相适应的任务。例如，具有高超沟通技巧的成员可以成为团队的沟通专家，而有感召力的成员可以成为非正式团队的领导者。当具有不同知识和能力的成员扮演不同的角色，尤其是团队成员能够发挥专长时，创业绩效会大大提升，这种分工有利于团队发展出更强的能力。[1] 另一方面，团队成员需要在结构角色上有机互补。埃文（Aven）等提出了结构角色互补（structural role complementarity）这一构念，认为不同的团队成员应该与外部利益相关者保持不同的关系模式。创业团队成员在社会网络中的位置区别越大，该团队所保有的社会资本就越多，创业绩效也就越高。[2] 因此，在选择团队成员时，创业团队应该着力发掘那些与本公司的上下游企业、潜在合作者、政府相关部门及其他利益相关者保持差异化且高效率的关系模式的候选人；而在创业团队业已建立时，创业团队一方面可以不断优化自身的组成，另一方面应该督促团队成员相互配合，有侧重地发展外部关系，在创业团队的社会网络中发挥独特的作用。

在众多创业成功的企业中，我们可以找到许多典型的团队成员能力实现较好的互补的案例，阿里巴巴的初创团队就是其中之一。阿里巴巴初创团队主要成员的能力背景情况见表 6.2。

---

[1] Bunderson J S. Recognizing and utilizing expertise in work groups: a status characteristics perspective [J]. Administrative science quarterly, 2003, 48 (4): 557-591.

[2] Aven B, Hillmann H. Structural role complementarity in entrepreneurial teams [J]. Management science, 2018, 64 (12): 5688-5704.

表 6.2　阿里巴巴初创团队主要成员的能力背景

姓名	职务	能力背景
马云	首席执行官	生于杭州，1988年毕业于杭州师范学院（英语专业），获学士学位。同年，在杭州电子工业学院担任英语教师。1992年与朋友一起成立了杭州最早的专业翻译社"海博翻译社"。1995年在出访美国时首次接触到互联网，回国后创办了网站"中国黄页"。1997年受邀担任外经贸部下属的中国国际电子商务中心总经理，负责开发其官方站点及中国产品网上交易市场。1999年回到杭州创办阿里巴巴网站
蔡崇信	首席财务官	生于中国台湾，在美国耶鲁大学获得法学博士学位。先后在华尔街知名商务律师事务所担任税务律师、任职专门从事收购投资的 Rosecliff 公司副总裁和瑞典著名投资公司 Investor AB 副总裁。1999年以 Investor AB 副总裁的身份到杭州考察阿里巴巴，并于同年加盟阿里巴巴
吴炯	首席技术官	1989年在美国密歇根大学获得计算机科学学士学位。先后担任甲骨文公司服务器技术部开发经理、麦迪斯顿医疗科技（Medical System）和瑞德科技（RAD Technologies）公司软件工程师。1996年4月加入雅虎，主持搜索引擎和电子商务技术的设计开发，是雅虎搜索引擎及其诸多应用技术的首席设计师。1999年获得美国国家专利局授予的搜索引擎核心技术专利，该技术现已被广泛应用于雅虎拍卖、雅虎网上商店、雅虎分类广告、雅虎公告栏等十余项服务中。2000年加盟阿里巴巴
关明生	首席运营官	1969年毕业于英国剑桥郡工业学院，获学士学位，并先后获得拉夫堡大学和伦敦商学院的工程学及科学硕士学位。在美国通用电气公司工作了15年，历任要职，在业务开发、销售、市场、合资企业和国家级分公司管理方面卓有建树，并在四年之内将该公司医疗器械在中国的销售收入从零提高至7 000万美元。先后在《财富》世界500强企业 BTR Plc 及 Ivensys Plc 担任中国区总裁。2001年加盟阿里巴巴

马云、蔡崇信、吴炯、关明生四人的能力背景差异化程度较高。在专业知识上，他们分别有英语、法学、计算机、工程学等学术背景；在成长背景上，他们分别在中国、英国、美国学习或工作，拥有多样化的信息、

思维视角及社会网络。更重要的是,他们在创业团队中各司其职,充分发挥了自己的能力。具体而言,马云积累了创业和管理创业团队的丰富经验,具有独到的战略眼光,初步了解互联网及网上交易的相关知识,了解中国市场和中国消费者。在这些能力和知识的加持下,他显然是阿里巴巴首席执行官和董事局主席的最佳人选。蔡崇信拥有丰富的法律、投资和企业合并相关的知识,管理大公司的经验丰富,具有国际视野。因此,他加入阿里巴巴时的身份是首席财务官,主导了收购中国雅虎及雅虎对阿里巴巴集团投资的谈判,还主持成立了阿里巴巴设在中国香港的总部,负责国际市场推广及业务拓展。吴炯的计算机背景和技术能力使得他成为阿里巴巴极为理想的首席技术官。他曾经负责阿里巴巴 B2B 网站、淘宝网以及相关系统的核心技术和产品设计。最后,关明生在业务开发、销售、市场、团队管理等方面颇具天赋,是一位经验丰富的综合型管理人才。他在阿里巴巴历任电子商务网站总裁、首席运营官、首席人力官、资深顾问、"淘课网"董事长等,业绩卓著。

可见,阿里巴巴初创团队的核心成员的能力背景非常多元。巧妙的是,他们每个人的能力都与阿里巴巴成立初期的各项主要任务完美匹配。同时,他们分工明确地与不同领域的外部利益相关者交互,扮演了独特的角色。这一切都意味着,初创时期的阿里巴巴可以以相对较低的资源成本较高水准地完成创业任务。

6.3.1.2 选择行为风格匹配的团队成员

除了能力互补,创业团队成员的行为风格还应该匹配。行为风格指的是人们思考问题、进行决策、处理冲突的方式。如果一支创业团队中的所有成员都具有相似的行为风格,那么,他们在完成创业任务时就会相互强化,将初创企业推向极端。比如,如果所有团队成员都比较有野心、性格果决,那么在风险投资或业务拓展等的过程中,整个团队可能就会做出极其冒进的决策，将创业企业置于危险的境地，承担不必要的风险；反之，如果所有团队成员都思维缜密且性格保守，创业企业很可能会改革乏力、创新不足，错失稍纵即逝的市场机会。然而，如果两种行为风格的成员相互配合，他们就会相互讨论、交换意见、彼此妥协，最大限度地形成既有魄力又有缓冲的决策模式。

TOPK 框架，包含 Tiger（老虎）、Owl（猫头鹰）、Peacock（孔雀）与 Koala（考拉）四种行为风格，可以作为个体行为风格的测评工具，为寻找行为风格匹配的合伙人提供参考。TOPK 框架按照决策速度与关系类型两个维度将个体分为四种类型。其中，老虎型与孔雀型的个体决策速度快、行事雷厉风行；而猫头鹰型与考拉型的个体决策速度慢，倾向于采取风险规避型决策模式。老虎型与猫头鹰型的个体重视工作而易于忽视人际关系的维护，致力于提高工作效率、增强工作效果，但容易与人产生矛盾；孔雀型与考拉型的个体具有关系导向型领导风格，关心下属的观点和需求，往往会成为团队的黏合剂（具体情况见图 6.1）。如果你正准备组建一个卓

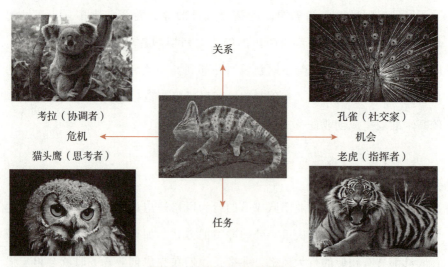

图 6.1　TOPK 行为风格模型

资料来源：源动力人才测评. 火爆测试丨HR 看人都用这些性格测试［EB/OL］. (2018-09-20)［2023-02-11］. https：//www.sohu.com/a/254993961_749384.

越的创业团队，可以利用 TOPK 框架来分析潜在合作伙伴的行为风格，以便甄选合适的团队成员。一个拥有四种类型成员的创业团队能够在面对各项挑战时更加全面地思考和应对，从而增强团队的灵活性和适应性，为创业项目的成功奠定坚实的基础。

6.3.1.3 打造团队交互记忆系统

在当今知识经济时代背景下，对重要知识资源的获取、整合与创造对企业建立、维持和发展竞争优势至关重要，企业对知识管理的需求愈发增长。面对信息快速更迭、充满不确定性的市场环境，创业团队同时作为创业行为的基本单元和知识管理的重要载体，其所需的知识储备和信息整合能力显得越来越重要。一个多样化程度高的创业团队，其工作效率和绩效一定会高吗？答案是，不一定。创业团队的绩效取决于创业团队中专业知识、技能与其他资源的高效整合。而交互记忆系统的存在能够使团队内部协调成员之间的专长并合理分配任务，创造出有价值的、富有创新性的产品和服务，建立起团队优势。

韦格纳（Wegner）首次提出属于个体层面的交互记忆（transactive memory，TM）概念，认为它是一种能够利用他人的能力，并将其定义为人们基于亲密关系发展出来的用以编码、储存、检索他人所掌握信息的分享系统。后来，韦格纳等又提出了团队层面的交互记忆系统（transactive memory system，TMS）概念，表明群体的交互记忆由团队各成员所拥有的不同领域的专业知识和对其他成员知识领域的认知组成。[1] 张志学等将交互记忆系统定义为团队成员之间形成的一种彼此依赖的，用以获取、储

---

[1] Wegner D M. Transactive memory: a contemporary analysis of the group mind [M]//Mullen B, Goethals G R. Theories of group behavior, New York: Springer, 1987: 185-208.

存、运用来自不同领域的信息和知识的合作性分工系统。①

目前已有多项研究探讨了交互记忆系统的存在,以及它对团队绩效的积极影响,同时部分研究聚焦于创业团队,探究和证实交互记忆系统对创业团队绩效的影响。一个创业团队通常包含具有不同专长的成员,他们精通自己所学的专业,并通过长期接触逐渐了解彼此所擅长的领域,这样可以避免不必要的学习,成员不需要了解、掌握自己不擅长的领域的知识和技能,减少了信息的重复,使任务分工更加明确,决策和做事效率提升,团队创新绩效也会相应提高。交互记忆系统作为一种合作性分工系统离不开成员之间的有效配合和交流,同时营造安全有效的建言环境会鼓励成员表达与工作相关的意见和想法,促进信息的交换,有利于交互记忆系统发挥其优势,使创业团队有更好的创新成果。由此可见,具有交互记忆系统的创业团队能够更迅速有效地整合团队的知识和技能,分配对应的任务,提高团队效率和绩效,有利于创业团队竞争优势的建立。

6.3.2　激励创业团队成员

6.3.2.1　建立有效的员工激励

员工工作的动机正是为了实现需求的满足,尤其是优势需求的满足,只有需求得到满足,员工才有较高的积极性。员工各式各样的需求正是激励的基础,激励手段必须针对员工的需求才会产生积极的效果。另外,由于激励机制的建立受创业团队发展不同阶段的影响,因此其也应体现出灵活性和综合性。所以,创业领导者应当采用多种方式来激励团队成员。

首先,愿景激励是非常重要的激励手段,尤其是当创业团队处于起步

---

① 张志学,Hempel P S,韩玉兰,等.高技术工作团队的交互记忆系统及其效果[J].心理学报,2006,(2):271-280.

阶段时。领导者需要让团队成员对团队的愿景有充分的认识和认同，将团队目标内化为自己的目标，以获得持续努力工作的动力。

其次，创业团队的领导者应重视创业团队成员的利益共享。[①] 在创业团队获得收益时，领导者应当肯定各团队成员为此所做出的贡献，并给予相应的奖励。领导者可以通过股票期权等方式将企业利益与员工自身利益挂钩，以此激励员工为自身利益与团队发展努力。同时，领导者应当重视团队成员的职业生涯设计，充分地了解团队成员的个人需求和职业发展规划，使他们的个人发展与企业发展相契合。只有当团队成员能够较为清晰地看到组织的未来和自己的发展前途时，他们才会有更大的毅力和决心直面创业过程中的各种挑战，最大限度地为组织贡献自己的力量。

最后，如果创业团队中的成员追求创新，希望充分发挥自己的才能和优势，创业领导者应当给予成员较大的工作自主权，适当授权，强调团队成员在工作中的自我引导、自我驱动、自我管理，以更好地激发创意和潜能。与此同时，领导者也应当交给团队成员一些富有挑战性的工作，以帮助他们实现自我激励，提升自我成就感。

6.3.2.2 营造富有激情的团队氛围

团队氛围是指在特定工作环境中，员工对组织属性的共同认识，即对于工作流程是什么样的、什么行为是被鼓励的等情况的认识，它可以有效地影响组织成员的态度和行为。[②] 卓越的创业团队领导者往往会通过一些行动和策略来营造良好的创业团队氛围，以提高员工的工作投入、工作积

---

① 许楠，田涵艺，刘浩. 创业团队的内部治理：协作需求、薪酬差距与团队稳定性 [J]. 管理世界，2021，37（4）：216-230.
② Clarke S, Probst T M, Guldenmund M, et al. The psychology of occupational safety and workplace health [M]//Clarke S, Probst T M, Guldenmund M, et al. The wiley blackwell handbook of the psychology of occupational safety and workplace health. New Jersey：Wiley-Blackwell, 2015：1-11.

极性，增加员工有利于组织的各种行为，提高团队绩效。

第一，如果创业领导者允许员工高度参与重大决策的讨论和重要工作的开展，并准确、及时地识别他们的贡献，给予他们积极、有效的反馈，员工就会产生较强的心理意义感和主人翁意识，认为自己是团队重要的一员，与组织建立良好的心理契约，从而更积极地投入组织工作。

第二，创业领导者会通过为下属描绘美好未来愿景、给予员工更多工作上的自主权等方式激发员工的创造力，使其产生新颖的想法。但仅仅有好的想法是不够的，创业领导者还需要关心员工的成长过程，关注并支持员工表达自己的意见和建议，鼓励员工提出打破常规和富有创新性的观点，使其处于轻松愉悦、安全舒适的表达环境中，能够更多地就团队目前的问题和改进方式提出建议，以及自发、积极地表现出更多创新行为、建言行为等有利于组织的行为，同时也不需要过多地考虑上级、同事、组织压力，或担心因自己的想法被否定而受到惩罚。

6.3.3 培养创业者的创业领导力

6.3.3.1 从经验中学习

创业领导力并不是先天具备的，而是可以经过后天学习和训练获得的。因此，很多学者研究了如何更好地提升个体的创业领导力。巴盖里（Bagheri）和皮伊（Pihie）回顾了创业和领导力领域的研究，并在此基础上提出了一个创业领导力的提升模型，具体情况如图6.2所示。该模型将创业领导力的提升视为一种不同形式的创业学习的互动和融合过程，包括经验、观察、社会互动和反思。该模型认为创业领导力的提升是一个动态的过程，个体需要从经验、观察和社会互动中学习，并通过反思过程转化所获得的知识，以识别创业机会，并为创业企业应对挑战和危机提出创新的解决方案。基于该模型，创业领导者可以通过在创业活动中体验领导者的各种角色和任务的过程、与具有创业思维的人进行社会互动、观察创业环境中的真实领导实践,以及反思领导力绩效和创业学习成果四个方面来学习及提升。积极参与不同类型的创业学习能够培养创业领导力,包括"愿景设定"所需的能力,即积极主动、创新和承担风险,以及"角色创建"所需的能力,即建立承诺和明确界限。

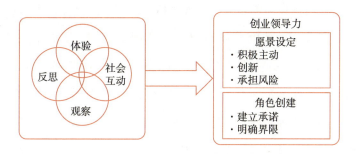

图 6.2　创业领导力的提升模型

资料来源:Bagheri A, Pihie Z. Entrepreneurial leadership: towards a model for learning and development [J]. Human resource development international, 2011, 14 (4): 447-463; Pittaway L, Cope J. Simulating entrepreneurial learning: integrating experiential and collaborative approaches to learning [J]. Management learning, 2007, 38 (2): 211-233.

6.3.3.2　构建社会资本

组织管理实践的领导力发挥受到领导者自身及组织内外部多种因素的影响,其中,领导者挖掘与构建组织内外部社会资本的能力对个体领导力的提升而言尤为关键。创业团队可以按照以下几个思路构建卓有成效的社会资本,利用各方优势持续提升个体领导力。首先,高频率、高技巧性的象征性行动能促进创业团队与资源持有者建立关系。象征性行动指的是某一项行动的真实意图远远超越了该行动的功能性意义,从而传达了额外的信息或具有诱发性的含义。例如,着眼于一间办公室的功能,我们能够将其描述为"供人们工作的地方",而如果将其描述为"一个著名的工作场所",就暗含了关于其知名度或地位的信息。卓德(Zott)和胡伊(Huy)对英国企业为期两年的实地调研发现,成功初创企业的领导者往往会高质量、高频率地向合作伙伴、目标投资者、客户等群体展示企业的可靠性、组织结构和流程的专业性、组织成就及其与已有利益相关者的关系质量。[1]通过这些象征性行为,初创企业传达或暗示了其所具备的经济价值,使目标对象熟悉并信任该初创企业与创业团队,进而提升资源提供的意愿。

其次,高效率的协商策略可以使创业团队更快、更好地建立投资关系。哈伦(Hallen)和艾森哈特(Eisenhardt)将协商策略分为两类[2]:一类协商策略建立在紧密的直接关系的基础之上,如与潜在投资者间的密切沟通、信任等,这种策略只适用于那些有绝对优势的企业;另一类协商策略为催化策略,它适用于大多数初创企业,能帮助创业者花费更少的时间和精力与更多的目标对象建立更高质量的关系。具体而言,催化策略指出,在建立社会关系之前,创业团队应该频繁地与潜在投资者或客户进行非正式会面,逐步将这种"潜在"的关系转化为正式的关系,并在企业取得阶段性成果时提出合作意向,这有利于减少不确定因素,提升社会资本构建的效率。在关系建立的过程中,创业团队应充分利用第三方信息分析潜在投资人或客户的实际利益需求,以有针对性地建立优质关系;在关系建立过程的最后阶段,创业团队应显示自己丰富的资源及充足的替代方案,突出自身的稀缺性,以促使那些有合作意向的伙伴快速做出决策。

除了致力于建立新的关系,创业团队还应该优化现有关系,并维持两者的动态平衡,即选择合适的网络风格以构建社会资本。维萨(Vissa)将创业者的网络风格分为网络拓展和网络深化两种。网络拓展指的是与之前

---

[1] Zott C, Huy Q N. How entrepreneurs use symbolic management to acquire resources [J]. Administrative science quarterly, 2007, 52 (1): 70-105.

[2] Hallen B L, Eisenhardt K M. Catalyzing strategies and efficient tie formation: how entrepreneurial firms obtain investment ties [J]. Academy of management journal, 2012, 55 (1): 35-70.

没有关系的人建立关系并交换资源；网络深化则是指维护现有关系，与现有关系网内的人进行长时间的交流，建立复杂的商业关系。研究表明，网络拓展会削弱创业者和创业团队对中间人的依赖，而网络深化则会加强其依赖性。① 一方面，中间人可以在一定程度上降低构建与维系社会资本的成本；另一方面，过度依赖中间人会使创业团队在商业谈判中处于不利地位，且得到更少的一手信息。因此，创业团队应该依据自身的实际情况与社会资本需求选择合适的网络风格。

最后，在数字经济时代，创业团队应充分利用平台等新型载体高效获取网络资源，以弥补线下资源的不足。正如习近平总书记所指出的，"信息化为中华民族带来了千载难逢的机遇""我们必须敏锐抓住信息化发展的历史机遇"。② 王节祥等将创业团队利用平台快速构建社会资本的战略分为三种：第一种，多重身份战略，是指创业团队在同一平台内部隶属于多个子群，扮演多种角色，进而触及更加多样化的社会资本。第二种，多栖定制战略，强调创业团队进驻多个平台，并根据不同平台特征定制化地投入资源，这有利于开展跨平台学习，促进社会资本流动。第三种，平台镶嵌战略，是指创业团队构建共生子平台并将其嵌入已有的平台生态，导入生态用户并激发网络效应，从而将平台丰富的共享资源转化为个人的社会资本，借助生态资源培育和强化企业专有的能力，促进创业团队的快速成长。③

本章小结

党的二十大报告提出，"当前，世界百年未有之大变局加速演进，新

---

① Vissa B. Agency in action: entrepreneurs' networking style and initiation of economic exchange [J]. Organization science, 2012, 23 (2): 492-510.
② 敏锐抓住信息化发展的历史机遇 [N]. 人民日报, 2019-04-12 (9).
③ 王节祥, 陈威如, 江诗松, 等. 平台生态系统中的参与者战略：互补与依赖关系的解耦 [J]. 管理世界, 2021, 37 (2): 126-147.

一轮科技革命和产业变革深入发展,国际力量对比深刻调整,我国发展面临新的战略机遇"①。创业是推动创新发展的重要引擎,然而,创业是一个艰难的历程,在企业初创阶段,创业领导者会面临来自组建创业团队、激励创业团队、带领创业团队这三个方面的关键挑战。如何应对这些挑战,是创业者或创业领导者重点关注的问题。

另外,回顾过往的研究,创业者和创业领导者的内涵与特质存在区别和联系,创业领导力领域的研究更加关注领导者的行为而不是其特质。同时,一个优秀的创业团队是成员志同道合、能力互补、行为风格匹配、相互尊重信赖的。

习近平总书记指出,"我国正处于一个大有可为的历史机遇期"②。通过选择能力互补、行为风格匹配的团队成员,打造交互记忆系统,创业领导者得以构建卓越的创业团队;通过愿景激励、利益分享、适当授权、培育良好的团队氛围,创业领导者得以激励创业团队;通过运用创业领导力的提升模型、构建社会资本,创业领导者得以提升创业领导力。通过这三个方面的具体措施,创业领导者可以更好地应对挑战,带领团队走向成功。

问题思考

1. 分析初创企业领导者在组建创业团队、激励创业团队、带领创业团队三个方面会遇到的挑战。

2. 分别阐述创业者和创业领导者的内涵与特质,理解两者之间的区别。

3. 优秀的创业团队具有哪些特征?应如何组建?

4. 创业领导者应如何提升自身的领导力?

---

① 习近平:高举中国特色社会主义伟大旗帜 为全面建设社会主义现代化国家而团结奋斗:在中国共产党第二十次全国代表大会上的报告 [EB/OL]. (2022-10-25) [2023-10-10]. http://jhsjk.people.cn/article/32551583.

② 紧紧抓住大有可为的历史机遇期 [N]. 人民日报, 2018-01-15 (1).

> 课后案例

分道扬镳的创业团队

问心公司 2015 年成立于杭州，是一家专注于为各类人群提供心理健康服务的初创企业。其创业团队的成员是方总在自己同学、朋友的介绍下一步步聚拢的，包括方总、小张、王姐、小江和林老师（见表 6.3），方总是团队中与每个成员都有沟通关联的核心人物。大家准备系统地对项目进行接地气的分析，结合 K12（基础教育）的培训课程，从线下的课程开始做起，标准化、推连锁，逐步向线上平台拓展，一步一个脚印地向行推进。

表 6.3 创业团队成员的背景和以往的成就

团队成员	背景和以往的成就
方总	问心公司发起人，知名大学的 MBA，连续创业者，有十年线下教育行业从业经验，已创办的公司运营情况良好
小张	某知名海外高校本科毕业，创业热情高涨，吃苦耐劳，问心公司唯一的全职人员
王姐	某高校管理学硕士，具有十余年品牌管理经验，有自己的家族企业
小江	参与某高校 GEP（全球教育项目），营销专业，有创业热情，有人脉资源
林老师	国内知名心理产品研发专家，广州某高校教师，有丰富的教学经验

然而，公司成立之后，一旦要开始执行或者说要投身于实战时，大家就有些步调不一致了。有些成员，如方总和小张会思考如何将想法实现的问题，而有些成员，如小江似乎总是停留在创意阶段。

此外，团队成员的一些自觉性问题也暴露了出来。首先是工作的积极性，团队的几个成员大都不愿意加班，会以有事情为由不来或者早退；同时，团队成员之间的能力也不太互补。林老师是团队的核心成员，然而他只有在其所在高校放假时才能赶来线下；作为全职的高校教师，林老师手头的事情特别多，他总是要处理完自己的事情后才能处理问心公司的事情。很多时候，项目的推进和林老师的工作有莫大的关系，大家都要等到他完成某个环节之后，才能够继续做其他事，所以有些事情看上去一两个小时就能够处理完，却经常会被拖上好几天。方总自己还经营着一家K12的培训机构，无法全身心地投入问心公司，因此也无法心安理得地对他人提出要求。即便已经发觉情况不对，方总也并没有及时与团队成员进行沟通。线下业务活动也暴露了团队成员理念上的很多问题。比如，团队成员中，除方总和小张将市场一线工作视为历练并满腔热血地投入其中外，王姐和小江似乎很难到市场一线去做最前沿的工作，他们更愿意策划，而怯于执行。遇到这些问题后，方总的无奈之举就是"他们不去做，那么我去做"，希望能够通过承接一些订单，激励团队的其他成员。但是在方总出去谈业务时，其他成员似乎就只是观望着，并没有被有效地激励，自发去努力。另外，方总、小张对王姐、小江也颇有微词。面对公司项目进展的不顺，以及小张对自己的挑剔和埋怨，小江提出要出国读书，便离开了团队。

问心公司面临团队成员精力投入不够、分工随意、绩效低下、产品经理缺乏、工作状态低迷等问题。为了激励员工对公司项目更加上心，方总决定明确股权，让大家缴纳认筹款。然而，林老师对股权的事情非常生疏，对公司开出的任何条件都要思考再三。经过半个月的持续沟通，林老师对方总和小张给出的股权条件还是感到不满意，并且不愿意花自己手头的钱购买。此外，他还屡次表达退出的意愿，以期方总能够提高给他的报酬。而对于方总和小张而言，林老师不能全职投入，当时还是一个教师的身份，给他股份以及计件工资就已经很不错了。针对一系列问题，有时候三方会相互质疑，争论得面红耳赤。

如果还是按照目前的情况发展下去，问心公司很难会有突破，败局就在眼前。聚集在一起的团队成员都堪称优秀，有知名营销大咖作为团队股东和顾问，还有杭州某孵化器提供创业指导以及启动资金，似乎一切都完美无缺。但这一年来，各类新项目都没有获得什么进展，公司的方向总是在变，年底公司账户的资金所剩无几。现在除了方总还在独自处理公司的一些善后事宜，整个团队基本算是散了，成员们已陆续离开。

资料来源：谢小云，樊任横. 心相近、习相远：问心公司创业团队成员为何最终分道扬镳？[EB/OL].（2019-07-31）[2023-10-10]. http://www.cmcc-dlut.cn/Cases/Detail/3825.

思考题

1. 作为创业领导者，方总面临的挑战有哪些？问心公司创业团队的构成是否合理？

2. 作为创业领导者，方总在个性和特质上有何不足？他应该如何做好创业团队的角色管理工作？

3. 结合本章的内容，如果你是方总的朋友，在他组建创业团队时，你还会建议他额外考虑哪些因素来搭建团队？

小练习

创业领导力自测工具

请思考你的直接上级（或团队领导者）在多大程度上符合下列描述，并根据实际情况在下列描述中代表相应符合程度的分数上打"√"（1表示完全不符合，2表示比较不符合，3表示不确定，4表示比较符合，5表示完全符合）。

	完全不符合	比较不符合	不确定	比较符合	完全符合
1. 经常提出针对我们正在销售的产品（或提供的服务）的突破性的改进想法	1	2	3	4	5

（续表）

	完全不符合	比较不符合	不确定	比较符合	完全符合
2. 经常提出我们可以销售的产品（或提供的服务）的全新方案	1	2	3	4	5
3. 敢于冒险	1	2	3	4	5
4. 有富有创意的问题解决方案	1	2	3	4	5
5. 对自己的工作表现出激情	1	2	3	4	5
6. 对公司的未来有清晰的愿景	1	2	3	4	5
7. 激发并推动我以一种更创新的方式做事	1	2	3	4	5
8. 希望我去挑战我们现有的做事方式	1	2	3	4	5

请将8道题的分数加总，以此判定你的直接上级（或团队领导者）的创业领导行为。分数越高则说明你的直接上级（或团队领导者）实施了越多的创业领导行为（小于8表示创业领导行为少，大于40表示创业领导行为多）。

资料来源：Renko M，El Tarabishy A，Carsrud A L，et al. Understanding and measuring entrepreneurial leadership style ［J］. Journal of Small Business Management，2015，53（1）：54-74.

第 7 章 女性领导力

学习目标

通过本章的学习，应该能够：
1. 明确女性领导力的内涵和特征
2. 理解女性领导力的挑战
3. 明晰女性领导力的优势
4. 掌握女性领导力的提升策略

本章关键词

女性领导力（female leadership）

双性化（androgyny）

角色一致理论（role congruity theory）

双重约束（double constraint）

玻璃峭壁（glass cliff）

民主型领导（democratic leadership）

整合型领导（connective leadership）

变革型领导（transformational leadership）

> **引导案例**

广盛集团董事长匡玲：员工们的"匡妈"

匡玲，湖北广盛建设集团（以下简称"广盛集团"）董事长，宜昌市第七届人大代表，享受湖北省政府专项津贴人员，先后获得全国三八红旗手、全国建筑业优秀企业家、全国工程建设创新成果优秀推进者、湖北省三八红旗手标兵、宜昌市女企业家卓越领航奖等荣誉。

匡玲的创业经历始于1997年，当时，三峡机场的建设正如火如荼。在三峡机场工地，毫无建筑施工经验的匡玲，直接找到施工负责人承揽工程。施工方被她的诚意打动，给了她一个搭建临时厕所和消防训练塔的活儿。"几张图纸，一个施工队，就把活干完了，想想当时真的是胆子大。"由于质量过硬，匡玲在三峡机场承接了多个零星附属工程，掘到了人生的第一桶金。2004年，在建筑行业摸爬滚打了7年的匡玲与江苏人徐德红合伙，创建了宜昌广盛建筑有限公司（广盛集团的前身）。

在匡玲的带领下，广盛集团从最初只有几个人的小企业发展到现有500多名管理人员、近万名务工人员的集团公司。在广盛集团，匡玲有个绰号，叫"匡妈"。"可能是因为我平时有点啰唆。"匡玲笑着说。跟年轻员工交流时，她经常会关心对方的"个人问题"：谈没谈恋爱？家里老人和孩子是啥情况？她认为"家庭如果不和谐，干工作也不会有高效率"。

公司里，员工们也时刻感受着来自"匡妈"的温暖。32岁的陈士蓉是广盛集团保利林语溪房地产项目部的食堂管理人员，"可以跟老公、孩子朝夕相处，每个月有4 000多元的工资，真的挺好"。陈士蓉老家在珠海，丈夫是广盛集团的一名质检员。之前，陈士蓉带着孩子在珠海生活，一家人一年见不了几次面。"原本是想让老公在宜昌干几年就回珠海，没想到公司也给我提供了就业机会，让我们在宜昌安了家。"陈士蓉说。

为了解决建筑工人夫妻二人两地分居的问题，匡玲通过在项目部创办员工食堂、开设小卖部及培训施工电梯操作员等办法，让500多名家庭妇女随夫就业。她还拿出50万元，帮助困难家庭的女大学生完成学业。如今，这些女大学生都已经顺利毕业。

匡玲说："都说建筑行业是'男人的世界'，我认为只要努力，女人在建筑行业里也能有大作为。我的目标就是把广盛打造成百年名企，为社会奉献更多的精品工程。"

资料来源：广盛集团董事长匡玲：宁亏钱不失信的建筑企业"女掌门"．[EB/OL]．(2019-03-18)[2022-08-29]．http://credit.hubei.gov.cn/xyzx/shjj/cxdf_1/201903/t20190318_71371.shtml．

上述案例聚焦优秀的女性领导者匡玲的创业经历，她的身上不仅体现了坚韧、勇敢的创业精神，对于员工家属、女大学生等女性群体的关注也展现了她以情感、温和及理解等柔性化特质为核心的女性化特征，这同时也增进了下属对组织的认同，在组织绩效层面展现了女性力量。

思考题

1. 匡玲采取了哪些领导策略？
2. 结合匡玲的案例，思考女性特质与女性领导力之间的关系。
3. 你认为女性应如何在"男人的世界"里展现女性领导力？

上述案例启发我们思考：在领导方式上，女性领导者是否不同于男性领导者？相较于男性领导者，女性领导者能否更有效地凝聚组织成员、实现组织目标？这实质上是女性领导力（female leadership）研究范畴的问题。具体而言，什么是女性领导力？其面对怎样的挑战？具有怎样的优势？

如何进一步提升女性领导力？本章将主要围绕这几个问题逐一展开分析。

2000年的《财富》世界500强企业榜单上，女性首席执行官占比为0.4%[①]；2010年，女性首席执行官占比约为3%；2020年，女性首席执行官占比为7.4%；2022年，女性首席执行官数量创下了最高纪录，一共有74位，达到总数的15%。致同会计师事务所发布的《2022商业女性调查报告》显示，有90%的中端市场企业拥有至少一名女性高层管理者，且女性高层管理者占比总体上升至32%。2015年的标准普尔500强企业中，有23位女性首席执行官，占比为4.6%。在美国，根据专为女性服务的非营利组织Catalyst和美国政府问责局（Government Accountability Office）的数据，2005年，管理职位中的16.4%为女性；至2021年，这一数字已经达到40.9%。在英国，女性在管理岗位中的占比稳步上升，2000年这一占比为22%，2012年上升至35.7%，2022年为40.2%。

在中国，随着社会的发展和时代的进步，越来越多的女性开始走上管理岗位。2014年，中国企业中的女性首席执行官占总数量的3.2%；全国妇联的调查还发现，中国的女性企业家人数约占中国企业家总数的25%，而且这个比例还在不断提升。2019年，福布斯"中国最杰出商界女性排行榜"中的前十位依次为中信银行董事长李庆萍、恒生银行行政总裁和副董事长郑慧敏、百盛中国首席执行官屈翠容、日机密封总经理何方、五粮液总经理陈林、玖龙纸业董事长张茵、恒力股份董事长范红卫、星巴克中国区首席执行官王静瑛、锦州银行行长刘泓和立讯精密董事长王来春，她们展现了丝毫不亚于男性的领导力。

同时，党的二十大擘画了以中国式现代化全面推进强国建设、民族复兴伟业的宏伟蓝图，新的时代也要求广大妇女要在奋进新征程中彰显巾帼

[①] Eagly A H, Karau S J. Role congruity theory of prejudice toward female leaders [J]. Psychological review, 2002, 109 (3): 573-598.

第 7 章
女性领导力

担当作为，在引领新风尚中展现巾帼独特作用，强调女性在社会发展中的关键作用，也期望女性领导力的涌现。①

由上述资料可以发现，随着社会的发展，越来越多的女性得到晋升，还成为杰出领导者，这从侧面反映出越来越多的人开始意识到商业世界中性别多样性的重要性。随着女性领导者的不断涌现，"女性领导力"成为学术界、实践界共同关注和探讨的一个热点问题。

7.1 女性领导力的内涵

从字面上看，"女性领导力"是由"女性"（female）和"领导力"（leadership）两个词构成的，这意味着当"领导力"具有"女性"特征时，才被称为"女性领导力"。那么，要明确"女性领导力"的内涵，就要先明确"女性"的内涵。

从以往的研究文献看，首先，对女性领导力进行明确界定或者测量的研究还相对缺乏；其次，当人们谈及"女性领导力"这个词时，一般都将其放在性别与领导力（gender and leadership）的研究领域中进行讨论，例如伊格利（Eagly）和弗格森（Ferguson）等学者在对女性领导力优势与劣势以及相关影响因素进行分析时，皆沿着性别与领导力的研究思路展开。可见，"女性领导力"的内涵需要进一步明确；而要明确该内涵，就要先明确"性别"的内涵。

总之，本章需要首先界定"性别"，然后明确性别视角下的"女性"内涵，之后再进一步对"女性领导力"做出界定。

---

① 彭静. 中国妇女第十三次全国代表大会在京开幕：习近平李强赵乐际王沪宁蔡奇李希到会祝贺 丁薛祥代表党中央致词［N］. 人民日报，2023-10-24（1）.

7.1.1 性别

7.1.1.1 生理性别

生理性别是指生物学上的类别，它与人的染色体、生理器官及激素等有关，表征了男性与女性之间生物学和解剖学上的差异，反映了人的生物属性和自然属性，例如男人与女人、男性与女性是用来表征生理性别的。[①] 这样，生理性别下的"女性"是相对于"男性"而言的具有独特生物和自然特征的一个类别。

7.1.1.2 社会性别

社会性别则是一个社会类别，这一类别与创造并维系男性与女性差异的一系列复杂社会过程相关，它是由历史、社会、文化和政治赋予女性或男性的一套属性，例如男性或者女性的群体特征以及行为方式，是被构建并被制度化的社会实践体系。[②] 社会性别的内涵并不是一成不变的，其可能会随着由制度、文化和技术等所构成的环境以及时间的变化而变化。[③]

人们通常用两个概念来具体表征社会性别，即性别角色（gender role）和性别身份（gender identity）。性别角色是指人们对男性和女性所持有的不同角色期待以及所设定的行为规范，而性别身份则反映了人们从性别的文化界定方面对自身的理解，是多侧面的自我概念的组成部分之一。[④] 性

[①] Ely R, Padavic I. A feminist analysis of organizational research on sex differences [J]. Academy of management review, 2007, 32（4）：1121-1143；颜士梅. 企业人力资源开发中的性别歧视问题研究 [M]. 北京：科学出版社, 2009.

[②] 同上。

[③] Eagly A H, Karau S J. Role congruity theory of prejudice toward female leaders [J]. Psychological review, 2002, 109（3）：573-598.

[④] Eagly A H, Wood W. Universal sex differences across patriarchal cultures ≠ evolved psychological dispositions [J]. Behavioral and brain sciences, 2005, 28（2）：281-283.

别角色是社会性别的内涵和理念渗透到社会规范中的体现,性别身份则是社会性别的内涵和理念内化到个体中的体现。同时,性别角色和性别身份相互影响,如果个体扮演了特定的性别角色,会容易形成对应的性别身份;如果个体拥有了一定的性别身份,也会容易扮演与之相匹配的性别角色。可见,性别角色与性别身份就像一枚硬币的两面,虽然内涵存在差异,即前者反映社会规范,后者表征自我概念,但是,二者之间同时具有很强的互依性。因此,在以往的文献中,研究者会根据研究情境交替使用性别角色和性别身份来体现社会性别。

社会性别的内涵发生过里程碑式的变化,即从单维度模型转变为双维度模型。1936年,特曼(Terman)和迈克斯(Mikes)提出以男性化(masculinity)和女性化(femininity)为两极的单维度观点,并基于此编制了性别角色/身份的男性化-女性化(M-F)量表。20世纪60年代之前,研究者通常将人们的性别角色/身份视为以男性化和女性化为两极的单维度结构,并且认为当男性展示出男性化特征,而女性展示出女性化特征时,其心理才是健康的。[1] 这样,男性与女性的个性及相应的行为特征的弹性范围就比较窄。

但是,美国社会学家罗西(Rossi)于1964年提出了表征个体同时具有男性化特质和女性化特质的"双性化"(androgyny)概念;20世纪70年代之后,康斯坦丁诺普尔(Constantinople)和贝姆(Bem)等学者进一步提出并阐述了以男性化和女性化为两个不同连续谱的两维度性别角色/身份模型,强调男性化和女性化并不是同一个维度的两极,相反,二者应该成为描述人们性别的两个独立的维度。该模型实质上强调,无论是男性还是女性都可以同时具有男性化特征和女性化特征——双性化特征,并且具

---

[1] Eagly A H, Wood W. Universal sex differences across patriarchal cultures ≠ evolved psychological dispositions [J]. Behavioral and brain sciences, 2005, 28 (2): 281-283.

有双性化特征的人的心理也是健康的。其中，男性化特征用自强的、坚守信念的、独立的、坚定果断的、个性强的等20个词语来表征，而女性化特征则用顺从的、快活的、害羞的、满怀柔情的、爱听好话的等20个词语来体现，双性化特征则是男性化特征和女性化特征两个维度均衡的情况。

从单维度模型到双维度模型的转变一方面使社会中男性和女性的个性及相应的行为特征的弹性范围急剧扩大，这意味着社会和自我都能接受并认可具有男性化特征的女性或者具有女性化特征的男性。因此，女性就可以由传统的具有女性化特征的女性，扩展为具有女性化特征的女性、具有双性化特征的女性和具有男性化特征的女性；男性也可以由传统的具有男性化特征的男性，扩展为具有男性化特征的男性、具有双性化特征的男性和具有女性化特征的男性。另一方面，这也为女性进入传统上被认为具有男性化特征的岗位（例如组织高层管理者岗位）奠定了理论基础和认知基础，同时也为领导角色/身份特征由男性化转向包含男性化、双性化甚至女性化奠定了良好的理论基础。

由此可见，性别角色/身份的两维度模型的提出，标志着社会性别内涵的转变，对女性走上领导岗位以及促进领导者性别角色/身份特征的变化具有里程碑式的意义。

7.1.2 女性领导力

由上可知，女性领导力应该包含两层含义，即基于生理性别的女性领导力和基于社会性别的女性领导力。就基于生理性别的女性领导力而言，其是指女性所实施的领导活动及其所展现出的领导力；另外，以往的研究也曾强调女性领导力的本义是以女性为主体的领导活动，因此，当研究者或者实践者提及女性领导力时，一般都将领导力的主体指向女性领导者而非男性领导者。

就基于社会性别的女性领导力而言，它是指具有女性的社会性别特征的领导力，亦即具有女性化特征或双性化特征的领导力，或者具有柔性化特征或刚柔相济特征的领导力。如上所述，由于传统女性的社会性别聚焦于以情感、温和及理解等柔性化特质为核心的女性化特征，因此女性领导力就是指具有柔性化或者女性化特征的领导力。中国学者蒋莱就曾指出，女性领导力可以被定义为柔性化或者女性化的领导模式。然而，社会性别的双维度模型被提出后，女性的社会性别外延变得更为宽广。

在当前的中国情境下，随着时代的发展和思想的解放，以及社会性别内涵的演变，领导力的女性化特征也随之发生了变化。今天的女性领导力并不仅仅是指具有柔性化或者女性化特征的领导力，还指具有刚柔相济或者双性化特征的领导力。以往的文献中，张敬婕认为女性领导力是具有"女性气质"的领导力，周敏也指出女性领导力是带有"女性技巧"或者"女性特征"的领导力。这里的"女性气质""女性技巧"或者"女性特征"即指女性化特征或者双性化特征。沿着基于社会性别的女性领导力视角可以发现，具有女性化特征或者双性化特征的领导力的主体既可以是女性，也可以是男性。

由于"女性"不仅具有生理性别的含义，而且具有社会性别的含义，因此，女性领导力的内涵应该是基于生理性别的女性领导力与基于社会性别的女性领导力的叠加。鉴于此，本章认为女性领导力是指"以女性为主体的具有女性化特征或者双性化特征的领导力，即以女性为主体所展现出的柔性化或者刚柔相济的领导力"。女性领导力可以体现为具体的柔性化或者刚柔相济的领导能力、领导策略或者领导风格等。

7.2 女性领导力面临的挑战

基于上述对女性领导力的界定，可以明确对女性领导力优势和劣势的讨论要建立在与男性进行对比以及与男性化特征的领导力进行对比的基础上。换言之，女性领导力的优势和劣势要通过与以男性为主体的具有男性化特征的领导力的对比来发现，而分析女性领导力优势和劣势的前提是对有效领导力（effective leadership）或者好的领导力（good leadership）进行界定。

有效领导力通常被认为是未来导向的，并能够培育下属可以贡献于组织的能力和承诺的领导力。由于能够发展一种基于信任和尊重的上下级关系是有效领导力的一个重要表征，因此有效领导力或者好的领导力越来越被认为应该具有好教练或者好导师的特质（这些特质具体包括目标驱动、柔韧灵活、谦逊谨慎、善于倾听、勇敢无畏、沉着忍耐等），而非仅仅体现为会下命令的高权威特质。

对于有效领导力的衡量而言，以往的研究主要沿着以下三个思路进行：一是客观组织绩效思路。菲德勒特别强调了只有领导者所领导的组织有效才能体现领导力的有效；纳哈雯蒂（Nahavandi）也通过强调领导有效性的三个因素，即目标成就、内部协调性和外部适应性，强调了组织绩效；王峥、王永梅和王咏在对有效领导力测量进行概括后，明确指出运用客观组织绩效数据进行衡量是其中的一种测量方法。二是行为思路，即将变革型领导行为风格作为有效领导力的代理变量，因为其通常意味着较强的领导有效性。以往洛（Lowe）、贾奇和皮科洛（Piccolo）等的研究都发现变革型领导是一种有效的领导风格，相关元分析也发现变革型领导与领导有效性显著正相关[1]，并且朱慧和周根贵发现变革型领导对组织绩效的正向预测作用在不同文化背景下和不同组织中并没有显著差异。鉴于此，以往不少研究直接将变革型领导力作为有效领导力的一个代理变量加以运用。[2] 由此可见，变革型领导风格可以被视为能够表征有效领导力的领导风格。三是主观情感和态度思路，即下属对领导者的情感以及二者之间的关系水平，如皮耶罗（Pierro）、亚夫（Yaffe）和卡克（Kark）等学者曾采用个人认同、感知声望、员工满意度和组织承诺等代理变量进行衡量。该思路下的衡量通常采用下属的主观感知或评价的方式。

党和国家为妇女参与政治、经济、社会、公共事务的管理等提供了良好的制度和法律保障，越来越多的女性走上领导岗位，为女性领导力的发展提供了坚实的后盾。中国的现代化发展进程是将"坚持以人为本，树立全面、协调、可持续的发展观"作为指导思想的，这同样对两性的发展提出了要求。当女性所展现出的柔性化或者刚柔相济的领导力能够指向或者趋近于有效领导力时，女性领导力的优势就得以呈现；而当其难以具备有效领导力的特征和风格或者具有反向特征和风格时，女性领导力的劣势随之凸显。女性领导力的劣势主要体现在两个方面：来自社会的双重约束和来自组织的玻璃峭壁。

7.2.1 双重约束：从两难困境到圈定效应

一位女性领导者胜任领导岗位，会体现出男性化特征；然而，这种男性化特征却与人们对女性的期望并不一致。鉴于此，胜任领导岗位的女性领导者往往难以被社会及其所在的群体认可，这就是女性领导者所面临的

---

[1] Judge T A, Piccolo R F. Transformational and transactional leadership: a meta-analytic test of their relative validity [J]. Journal of applied psychology, 2004, 89 (5): 755-768.

[2] Ryan M K, Haslam S A, Morgenroth T, et al. Getting on top of the glass cliff: reviewing a decade of evidence, explanations, and impact [J]. The leadership quarterly, 2016, 27 (3): 446-455.

双重约束（double constraint）问题。

双重约束是指人们对女性领导者在角色上的期望和要求具有双重约束性，即人们期望和要求女性领导者同时扮演好特质上不一致的领导角色和女性角色。具体而言，人们希望女性领导者既要扮演好传统上具有竞争、支配和理性分析等代理（agentic）属性或者男性化特质的领导角色，同时又要扮演好具有理解、关心和柔和等群社（communal）属性或者女性化特质的女性角色。当女性领导者努力扮演好领导角色时，人们会认为其必然丧失了基本的女性角色的特质，会受到相应的惩罚；当女性领导者展现出充分的女性化特质时，人们则会认为其缺乏成为有效领导者的特质，进而难以对其产生认同。[①] 双重约束往往会将女性领导者置于一个两难困境或者双输困境（a lose-lose situation）之中。

7.2.1.1 角色一致理论的解释

伊格利和卡劳（Karau）基于社会角色理论（social role theory）提出了角色一致理论（role congruity theory）[②]，该理论能够对双重约束做出很好的解释。角色一致理论检视人们所扮演的性别角色与其他社会角色之间的关系，强调人们总是会使性别角色特征与其他所扮演的相关角色（尤其是领导角色）特征保持一致。如果女性的性别角色属性与领导角色属性一致，则更容易被他人以及自己接受和认可，否则就会导致他人甚至自己难以认同或者产生抵触心理。根据社会角色理论，女性角色通常具有群社属性，男性角色通常具有代理属性，而领导角色传统上常常被界定为具有代理特

---

① Eagly A H, Karau S J. Role congruity theory of prejudice toward female leaders [J]. Psychological Review, 2002, 109（3）: 573-598; Eagly A H, Carli L L. Finding gender advantage and disadvantage: systematic research integration is the solution [J]. The leadership quarterly, 2003, 14（6）: 851-859.

② Eagly A H, Karau S J. Role congruity theory of prejudice toward female leaders [J]. Psychological review, 2002, 109（3）: 573-598.

质，因此，女性的性别角色会与领导角色不一致。

这样的角色不一致会导致对女性的两种偏见。一是来自描述性规范（the descriptive norms）的偏见。描述性规范是指人们对某群体成员实际做什么的一致期望。描述性规范使人们对女性领导者的可能行为深深打上了自己的预测烙印，例如，当组织与其他组织面临冲突时，人们会认为组织中的女性领导者缺乏勇气面对冲突进而选择推脱责任和避免冲突。这样，相较于男性领导者，女性领导者继而会被认为难以具有高水平的领导有效性。二是来自说明性规范（the prescriptive norms）的偏见。说明性规范是指人们对某群体成员应该做什么的一致期望。说明性规范使人们贬低或者敌视女性领导者履行领导角色职责的行为。例如，当女性领导者展现出雄心勃勃、支配导向和进取心时，往往会被负向评价为野心和泼妇导向；而当男性领导者展现出同样的特征时，则会被认为是事业和领导导向的[1]，可见，描述性规范和说明性规范深刻影响着人们对女性及其行为的解释及推论。

角色一致理论强调传统的领导角色与女性角色的不一致，该不一致会导致认为女性领导者比男性领导者低效的偏见，也会导致很好地履行了领导职责的女性领导者不被认同或者被敌视，这使得女性领导者在角色扮演上处于两难困境，面临极大的角色挑战。

7.2.1.2 缓冲因素下的双重约束

角色一致理论在强调传统的领导角色与女性角色不一致及其导致对女性领导者产生偏见的同时，还强调这些偏见是被相关情境因素所缓冲的，尤其被女性性别角色界定和领导角色界定的变化所影响。[2] 鉴于此，性别

---

[1] Eagly A H, Karau S J. Role congruity theory of prejudice toward female leaders [J]. Psychological review, 2002, 109 (3): 573-598; 颜士梅. 企业人力资源开发中的性别歧视问题研究 [M]. 北京：科学出版社, 2009.

[2] Eagly A H, Karau S J. Role congruity theory of prejudice toward female leaders [J]. Psychological review, 2002, 109 (3): 573-598.

角色界定和领导角色界定的变化就是上述偏见的重要缓冲因素。如本章第一部分所阐述的，随着时间的推移，人们关于男性和女性性别角色的界定以及男性和女性关于自身性别身份的界定发生了一些变化，男性的性别角色/身份慢慢从男性化特征演变为男性化或者双性化特征，女性的性别角色/身份则从女性化特征渐变为女性化或者双性化特征。同时，领导角色的界定也由传统的男性化特征转变为男性化或者双性化特征，相关实验研究也发现男性化和双性化的个体涌现为领导者的比例更高。性别角色和领导角色界定发生变化后，鉴于领导角色的双性化特征不仅与男性的双性化特征一致，也与女性的双性化特征一致，领导者与男性的关联度相对降低，与女性的关联度则相对提升，女性领导者也越来越显现出其优势[①]，在中国情境下，优秀的女性管理者逐步涌现。我们身边同样不乏表现非常出色的女性管理者，如华为副董事长、轮值董事长、首席财务官孟晚舟就曾被评为全球科技业最鼓舞人心的领导者。

尽管如今领导角色与女性性别角色存在基于双性化的交叠，这种交叠一定程度上有助于破解女性领导者在角色扮演上的两难困境，但是，传统境况并没有完全改变。如上所述，如今被普遍认可的男性的性别角色为男性化或者双性化，这与如今被认可的领导角色特征——男性化或者双性化——完全吻合，但是，如今被普遍认可的女性的性别角色为女性化或者双性化，这与如今被认可的具有男性化或者双性化特征的领导角色仅有部分交叠。这导致女性领导者相较于男性领导者在角色职责履行上受到双重限制，即女性领导者必须选择具有双性化特征的领导风格。如果女性领导者选择具有女性化特征的领导风格，则难以被认为是有效的领导风格；而

---

① 颜士梅，吴珊. 女性角色特征与领导角色特征的匹配性分析：基于国外相关研究的综述［J］. 妇女研究论丛，2014，(5)：118-123.

如果女性领导者选择具有男性化特征的领导风格，则很难被认同。在中国情境下，颜士梅、张钢和陈子威的问卷及案例的交叉研究也发现，越是处于组织高层级的女性领导者，越会展现出双性化特征。这表明，社会和组织更容易接受及认可女性领导者女性角色与领导角色的交叠特征，即双性化特征。总之，在对女性和领导角色的界定皆发生变化的今天，女性领导者所受到的双重约束依然存在，即聚焦于特征和行为的双重限制。该双重限制导致了女性领导者在角色扮演上的圈定效应，具体指其仅仅被圈定在双性化特征和行为上。

综上，在传统的女性角色和领导角色界定下，男性角色与领导角色一致，女性角色与领导角色不一致，这导致女性领导者在角色扮演上处在基于双重约束的两难困境之中；在现代的女性角色和领导角色界定下，男性角色与领导角色仍然一致，女性角色与领导角色仅存在部分交叠，这导致女性领导者在角色扮演上出现了基于双重限制的圈定效应。本部分的内容可概括如图7.1所示。

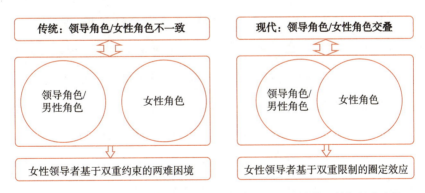

图7.1　传统/现代领导角色与女性角色关系及其所导致的女性领导力劣势

由上述分析可以明确，在传统的领导角色和女性角色界定下，女性领导力实际上被贴上了无效领导力的标签；在现代的领导角色和女性角色界定下，女性领导力仅能体现出具有双性化特征或者刚柔相济的领导力，也只有体现出该特征时,才可能被认为是有效领导力。这种传统视角下的无效标签或者两难困境以及现代视角下的选择有限或者圈定效应正是女性领导力的劣势所在。

> **知识 7.1**
>
> ### 女性领导力的引领策略:格力"铁娘子"董明珠的刚柔并济之道
>
> 作为中国知名的成功女性领导者,董明珠突破性别角色认知偏见的固有思维泥沼,展现出了刚柔并济的领导力特征。这些领导力特征既包括独断专行、说一不二的现实导向型领导特征,也包括情感关怀、民主参与的关系导向型特征。
>
> **1. 刚性管理**
>
> 董明珠是一个非常强调制度的人,在领导格力组织文化构建的初期便展现出独断专行的领导力特征。她对法家思想和以制度为中心的管理非常推崇,并坚持认为"制度是刚性的,一旦制定就要严格执行,任何人和事都概莫能外",她从来不搞特殊化,公平公正,绝无例外。当然,由此也可以看出,刚性的管理必然离不开制度的规范。根据方式的不同,可将制度分为正式制度和非正式制度。
>
> (1)正式制度。董明珠在格力制定了一套完整的管理制度,从员工的选聘开始,任用、培养、保留和考核都有系统详细的规定。不只在员工管理方面,在产品制度上,董明珠也确定了三个指标:以质量取胜、以技术取胜和以专业化取胜。格力内部的质量标准远超国家标准,此外还颁布了一系列质量保障制度,以确保生产线的操作流程规范,以及对产品的全面质量管理。

（2）非正式制度。董明珠是一个原则性很强的人，她对自己的要求近乎苛刻。例如，进入格力工作的二十多年来，她"从来没有休过年假"。在裙带关系上，她不会以公谋私，反而会将借助亲属关系投机取巧的经销商直接拉入黑名单，断掉供货；她明确要求刚大学毕业的儿子不得出现在自己的职权范围内。同时，她推崇军事化管理，在格力内部严格推行军队文化。董明珠保有男性领导者所偏好的刚性管理领导特征，以严格的自我要求将独断专行、说一不二的形象植入组织。

2. 柔性管理

柔性管理就是指在研究人们的心理和行为的基础上，依靠领导者的非权力影响力，使人们产生一种潜在的认同感，引导其服从组织意志开展活动的领导行为。董明珠将这种领导力很好地嵌入格力的管理模式中。

第一是"情感关怀"。前面提到董明珠在格力建立了一套系统的人才管理制度，同时，董明珠在格力先后建立了六所研究院，联手德国达姆施塔特工业大学共建了培养国际化创新型人才的格力学院。之所以有这些举措，是因为她关注格力的人才培养，使员工能力得到最大限度的发挥，切切实实地有用武之地。

第二是"民主参与"。董明珠坚持不聘请外部专家，而是争取激发内部员工的潜力，培养其领导力。董明珠在人才的物质激励方面也不遗余力，鼓励员工建言献策，提供的丰厚奖励高达100万元。

在董明珠的理念中，高薪挖来的专家无法做到对企业情感的全部托付，而对于企业内部的员工，她则认为"这些员工是与企业一起成长的，是舍不得走的"，这句话体现了格力人才培养的价值理念，她对创新人才的成长与企业的发展进行"情感捆绑",使两者的命运紧密相连。可以看出,董明珠在发挥其女性领导力的过程中,体现出了女性特有的民主性管理风格与情感关怀特质。

资料来源:孙红霞. 女性领导力是怎样炼成的:以格力电器董明珠为例 [J]. 商场现代化, 2018, (13):115-116.

思考题

1. 结合上述案例,你认为董明珠的管理理念与措施对于当下的女性领导者有什么启示?

2. 请结合本书中"女性领导力的提升策略"部分的知识,写出案例中提到的相关策略。

7.2.2 玻璃峭壁

来自组织的玻璃峭壁(glass cliff)是女性领导力所体现出的另一个劣势。玻璃峭壁是瑞安(Ryan)和哈斯拉姆(Haslam)[①]创造的一个词,用来回应贾奇于 2003 年 11 月发表在《泰晤士报》(*The Times*)上的一篇文章的观点。该文强调,尽管很多女性冲破了玻璃天花板(glass ceiling)(指女性晋升到管理岗位尤其是晋升到高层管理岗位过程中所遇到的障碍),成功进入很多英国大企业的董事会,但是这些女性领导者却损毁了其所在企业的绩效;该文章还强调,董事会中没有女性的英国企业也许会发展得更好。瑞安和哈斯拉姆的研究却发现了另一种现象,即这些所谓损毁企业绩效的女性领导者实际上是在企业绩效或者股票价值下跌时被任命

[①] Ryan M K, Haslam S A. The glass cliff: evidence that women are over-represented in precarious leadership positions [J]. British journal of management, 2005, 16 (2): 81-90.

到高层管理岗位上的。鉴于此，他们用"玻璃峭壁"来表征这一现象，即女性比男性更有可能被任命到充满风险和不确定性的领导岗位上。[①] 玻璃峭壁本身并不是一个理论，而是一种隐喻，用来说明女性领导者在职业发展的过程中，有时就像在玻璃峭壁上蹒跚前行那样艰难，所扮演角色的不确定性和高组织地位丧失的可能性增加，领导的消极结果或者失败的风险增加。

尽管玻璃峭壁现象是文化等情境依赖的和多因素决定的，然而，以往不少研究都给出了玻璃峭壁现象存在的证据。在英国，除了瑞安和哈斯拉姆针对英国企业的实证研究发现了玻璃峭壁现象，马尔卡希（Mulcahy）和莱恩汉（Linehan）针对2004—2006年英国企业的研究也发现，企业在经历了严重财务亏损之后会有更高比例的女性被任命到董事会相关岗位上。在美国，布雷迪（Brady）等学者针对《财富》世界500强企业的分析发现，那些经历了丑闻之后的企业通常会任命女性到董事会岗位上；埃尔赛德（Elsaid）和于瑟尔（Ursel）针对1992—2014年北美企业的研究也发现，女性更会被晋升到具有更高不确定性的首席执行官岗位上。

以往的研究从不同角度对该现象存在的原因进行了探讨，提出了不同的观点，如变革需要观点、甄选偏见观点、女性基于晋升机会缺少的自我选择观点以及女性领导力的优势观点等，其中较有说服力的是甄选偏见（selection bias）观点。该观点认为，人们基于传统的性别角色视角和领导角色视角，认为男性具有代理属性，而女性具有群社属性，并且领导特质与男性特质一致，因此就存在"想起管理者，就想起男性"的刻板印象；然而，这一刻板印象会在处于危机时减弱，因为人们认为女性的群社属性

[①] Ryan M K, Haslam S A, Morgenroth T, et al. Getting on top of the glass cliff: reviewing a decade of evidence, explanations, and impact [J]. The leadership quarterly, 2016, 27 (3): 446-455.

和善于鼓励他人的特质与应对危机的领导特质相符,继而形成了"想起危机,就想起女性"的刻板印象。①

> **知识 7.2**
>
> **想起危机,就想起女性**
>
> 布鲁克米勒(Bruckmüller)以及瑞安的研究发现,人们倾向于将女性化特质与"想起危机,就想起女性"的刻板印象联系在一起。这是女性在组织处于危机时被任命到领导岗位上的关键原因。
>
> 在布鲁克米勒的实验 1 中,参与者在阅读了一份由男性领导的组织的历史资料后,为组织的未来选择了一位男性领导者,但在危机时期却选择了一位女性领导者。在实验 2 中,对于一个成功的组织,在平日,对男性的刻板印象更能预测领导者的选择,但在处于危机时,对女性的刻板印象则更能预测领导者的选择。
>
> 瑞安在研究中同样发现,在业绩不佳时,女性领导者可能会受到青睐,这并不是因为人们指望女性领导者改善情况,而是因为女性被认为是好的人事经理且可以为组织的失败承担责任。
>
> 资料来源:Ryan M K, Haslam S A, Hersby M D, et al. Think crisis-think female: the glass cliff and contextual variation in the think manager-think male stereotype [J]. Journal of applied psychology, 2011, 96 (3): 470-484.

"想起危机,就想起女性"的刻板印象使女性常常被任命到充满风险和不确定性的领导岗位上,进而将女性领导者置于玻璃峭壁上。这一方面

---

① Ryan M K, Haslam S A. The glass cliff: exploring the dynamics surrounding the appointment of women to precarious leadership positions [J]. Academy of management review, 2007, 32 (2): 549-572.

导致女性领导者在履行领导职责的过程中面临极大的挑战和压力，前行异常艰难；另一方面导致女性领导者在领导过程中失败的可能性非常大，得到组织和下属认可的可能性则变得极小。该种情况下，具有柔性化或者刚柔相济特征的女性领导力不但难以正常发挥，反而可能成为无效领导力的代名词。这种女性领导者因女性领导力的独有特征而被置于充满危机的领导岗位上，进而增大了女性领导力无效可能性的状况，恰恰反映出女性领导力的劣势。本质上，玻璃峭壁是组织及其决策者对女性领导者及其所展现出的女性领导力进行挑剔和苛责的一种表现。

7.3 女性领导力的优势

以往的研究针对女性领导力优势的探讨主要沿着两个方向进行：一是相较于男性而言女性的领导风格优势；二是相较于男性领导者而言女性领导者在获取客观和主观组织绩效上的优势。

7.3.1 领导风格优势

女性领导力的优势反映在领导风格上具体是指相较于男性，女性通常更倾向于采用民主型领导（democratic leadership）、整合型领导（connective leadership）和变革型领导（transformational leadership）风格。[①] 而这些领导风格能够预测有效领导力。

7.3.1.1 民主型领导风格

针对从 1961 年到 1990 年比较男性和女性领导风格的 162 项定量研究

---

① Eagly A H, Johannesen-Schmidt M C, van Engen M L. Transformational, transactional, and laissez-faire leadership styles: a meta-analysis comparing women and men [J]. Psychological bulletin, 2003, 129 (4): 569-591.

所进行的元分析发现，女性与男性的领导风格存在显著差异。① 具体而言，基于主要以学生为被试的实验研究结果显示，女性更倾向于采用强调下属参与权力和决策的民主型领导风格以及注重人际关系的关系型领导风格，而男性则更倾向于采用专断、独权、指挥的专制型（指导型）领导风格和聚焦于任务的任务型领导风格；基于现实组织中雇员评估的实证研究结果则表明，女性更倾向于采用民主型领导风格，而男性更倾向于采用专制型领导风格，在是否采用任务型或者关系型领导风格上则并不存在显著差异。② 蒋莱在《女性领导力研究》一书中提到，总体而言，超过90%的研究都支持上述实证研究结论。可见，在领导风格上，男性与女性的确存在性别差异，并且女性更倾向于采用民主型或者参与型领导风格，而男性则更倾向于采用专制型或者指导型领导风格。

民主型领导风格强调授权和下属的参与。领导者要采用该种风格，需要首先认可每一位下属的能力和特质，并且信任他们；然后，需要调动下属参与的积极性。这就使得女性领导者基于情感、温和以及理解的女性化特质得以充分发挥。同时，由于民主型领导风格更容易使下属参与到管理和决策中，因此可以使组织或者团队更好地发挥集体的力量，进而更可能构建良好的上下级信任关系以及和谐的整体氛围。由此可见，民主型领导风格更可能指向和趋近有效领导力。鉴于此，相较于男性，女性在领导力上随之具备了优势。

7.3.1.2 整合型领导风格

李普曼-布鲁门（Lipman-Blumen）认为，今天组织所在的环境已经发

---

① Eagly A H, Johnson B T. Gender and leadership style: a meta-analysis [J]. Psychological bulletin, 1990, 108 (2): 233-256.
② Antonakis J, Cianciolo A T, Sternberg R J. The nature of leadership [M]. Thous and Oaks, CA: Sage Publications, Inc., 2004.

生了巨大变化，组织面临"依赖性和多样性"两种完全相反的作用力。整个世界及其组织各具特征、丰富多样，又相互依赖。这种时代呼唤新的领导风格——整合型领导风格。整合型领导者基于共同的目标将个体或者组织联结起来，能够看到他人看不到的共同点，从而可以联结完全相反的两大阵营，更好地整合依赖性和多样性这两种相反的作用力。[1]

李普曼-布鲁门认为，整合型领导力表现为九种成就方式（achieving styles），这些成就方式被划分为直接型（direct）、关系型（relational）和工具型（instrumental）三类行为方式。直接型即通常被认为具有男性化特征的传统领导风格，也就是注重权力、竞争以及自上而下的指导的风格；关系型是指具有女性化特征的领导风格，即强调乐于助人、善于合作、愿意奉献的领导风格；工具型则是指既能够体现男性化特征也能够体现女性化特征的领导风格，也就是聚焦任务、授权下属、善于建立社交网络、愿意分享愿景的风格。相关研究者认为，随着环境的变化以及越来越多女性成为组织中的关键决策者和领导者，女性在具有女性化特征的领导风格的前提下也体现出了具有男性化特征的领导风格[2]，这样女性就具备了一定的直接型领导风格的特征。整合型领导风格是对直接型、工具型和关系型风格的整合，同时也非常重视具有明显女性化特征的工具型和关系型风格。因此，李普曼-布鲁门和朱莉（Julie）明确指出整合型领导风格的特征与女性化特征更相近。

总之，技术的飞速发展和国际化进程的加速以及随之而出现的劳动力的多样化及组织内外合作关系的加强，使得组织环境发生了根本性的变

---

[1] Eagly A H, Johannesen-Schmidt M C, van Engen M L. Transformational, transactional, and laissez-faire leadership styles: a meta-analysis comparing women and men [J]. Psychological bulletin, 2003, 129（4）: 569-591.

[2] Diekman A B, Eagly A H. Stereotypes as dynamic constructs: women and men of the past, present, and future [J]. Personality and social psychology bulletin, 2000, 26（10）: 1171-1188.

化。在当下的中国情境中，对于处在日新月异变化中的组织来说，传统的具有男性化特征的领导风格已经难以满足协作沟通、联系整合和激励下属的要求。在该背景下，具有综合特征和女性化特征的整合型领导风格受到呼吁。这样，具有女性化特征的领导力就与新时代所需要的领导力，也就是新时代组织生存和持续发展所要求的领导力相契合。女性领导力继而呈现出其独特的匹配于时代的优势。

7.3.1.3 变革型领导风格

变革型领导风格也是适应新时代中国高质量发展要求的产物。变革型领导者强调指导、授权和鼓励员工，赢得员工的信任并增强其信心；强调为组织设定未来目标和愿景，并为这些目标和愿景的实现制订计划；强调组织的不断创新，并激发员工潜能（具体理论内容参见本书 2.3.2 小节"变革型领导"）。已有的针对 45 项研究的元分析结果显示，相较于男性领导者，女性领导者更倾向于采用变革型领导风格，并更会体现出交易型领导风格中的权变奖赏行为。[①] 温肯伯格（Vinkenburg）等针对 271 位具有丰富管理经验、对于男性和女性差异有深刻认识的高学历者进行实验研究，实验结果与上述元分析结果一致，即人们认为女性比男性更会展现出变革型领导风格，尤其更会展现出个性化关怀行为。相较于男性领导者，女性领导者更倾向于采用变革型领导风格，因为变革型领导风格包含了理解、支持、照护和指导等女性化特征，而很少具有男性化特征。同时，变革型领导风格与领导有效性存在显著的正相关关系[②]，并且被视为有效领导力

[①] Eagly A H, Johannesen-Schmidt M C, van Engen M L. Transformational, transactional, and laissez-faire leadership styles: a meta-analysis comparing women and men [J]. Psychological bulletin, 2003, 129 (4): 569-591.

[②] Ryan M K, Haslam S A, Morgenroth T, et al. Getting on top of the glass cliff: reviewing a decade of evidence, explanations, and impact [J]. The leadership quarterly, 2016, 27 (3): 446-455.

的一个代理变量。由此可见,相较于男性领导者,女性领导者由于更具有女性化特征而具有领导力上的优势。

综上,相较于男性领导者,女性领导者更可能采用民主型领导风格、整合型领导风格和变革型领导风格,而这些领导风格皆具有很强的女性化或者柔性化特征,也是适应新时代要求的领导风格,能够较好地预测新环境下的领导有效性。正如布克(Book)曾经强调的,女性领导者善于合作及授权的领导风格与扁平化、网络化的当代组织要求契合,因此,在当代组织中的有效领导方式与具有女性化特征的领导方式是一致的。在新的时代背景下,女性偏好采用的领导风格的效力要高于男性偏好采用的领导风格的效力。

7.3.2 组织绩效优势

组织绩效具体包括组织的客观绩效和组织的主观绩效。前者如组织的财务业绩,后者如下属对领导者的个人认同、下属对组织的承诺以及下属的满意度等。

就组织的客观绩效而言,以往的许多研究发现女性在董事会或者相关行政岗位上的比例越高,组织的财务绩效越高。洛克伍德(Lockwood)针对《财富》世界500强企业中的353家企业的研究表明,女性高层管理者比例较高的企业,比女性高层管理者比例较低的企业拥有更高的企业绩效。德沃(Desvaux)等针对欧洲企业组织的研究结果也显示,最高管理层性别越多样化的企业,与同行业企业相比,其平均财务绩效越高。Catalyst所进行的一项调查表明,在《财富》世界500强企业中,管理人员中女性占比最高的企业的平均净资产收益率、股东回报率分别比女性占比最低的企业高35.1%和34.0%。弗斯特(Furst)和里夫斯(Reeves)也指出,在金融服务和技术传媒等充满变化的行业中,女性领导者更具有效性。

颜士梅等学者通过对中美上市公司男性、女性董事长或者首席执行官的配对取样,获取了223对中国样本和141对美国样本,并运用方差分析进一步实证研究了相较于男性的女性的领导有效性水平。结果显示,女性的领导有效性水平并不显著低于男性;中国文化背景下的女性相较于男性的领导有效性水平也不低于美国文化背景下的女性相较于男性的领导有效性水平。[①] 这些研究虽然并没有直接对组织中的女性高层管理者与组织客观绩效间的相关关系进行分析,却说明,一方面,女性高层管理者占比高对组织财务绩效的贡献大;另一方面,组织最高管理层中女性领导者的领导有效性水平不比组织最高管理层中男性领导者的领导有效性水平低,并且这些研究结论具有一定的跨文化普适性。

就组织的主观绩效而言,以往的文献包含间接表征和直接验证女性领导者双性化的性别身份与领导有效性的关系的两类研究。就间接表征的研究而言,约翰逊(Johnson)等的研究发现,女性领导者被知觉为有效,必须展现出双性化特征;卡恩(Cann)和西格弗里德(Siegfried)认为,同时具有关怀和定规领导方式的领导者被视为有效领导者,而双性化的领导者(无论是男性还是女性)都兼具关怀和定规的领导特征;李成彦、王重鸣和蒋强针对中国女性创业者的实证分析结果也显示,双性化的女性创业者多采用高度关怀和高度定规的领导方式。这些研究都间接表明,女性领导者的双性化特征能够使其成为有效领导者。就直接验证研究而言,沃尔弗拉姆(Wolfram)和格拉顿(Gratton)的问卷研究发现,对女性领导者来说,双性化同团队绩效正相关;而卡克的问卷研究结果则显示,双性化的女性领导者比女性化和男性化的女性领导者获得的下属认同感更高。这

---

① Yan S, Wu Y, Zhang G. The gender difference in leadership effectiveness and its Sino-US comparison [J]. Chinese management studies, 2018, (1): 106-124.

两项实证研究在一定程度上直接验证了女性领导者双性化的性别身份对领导有效性的正向影响。由于下属认同等情感和关系水平变量是领导有效性的关键代理变量,并且得到广泛应用,因此,双性化的性别身份是女性领导者领导有效性的关键前因变量。总之,以往的研究表明,女性领导者双性化或者刚柔相济的领导特征能够较好地预测其领导有效性,而双性化或者刚柔相济的领导特征是女性领导力的一个突出特征,因此,女性领导力能够在一定程度上表征有效领导力,或者非常趋近于有效领导力。

由上可见,女性作为一个生理性别上的独特群体,当在组织的管理职位上任职的占比高时,组织的绩效水平会更高;当女性处于组织最高层管理岗位上时,组织的绩效水平不比男性处于最高层管理岗位上的组织低。作为一个社会性别上的独特群体,女性具有的双性化或者刚柔相济的领导特征通常会使其趋近于有效领导力。

7.4 女性领导力的提升策略

在分析了女性领导力的优势与劣势之后,本章将进一步讨论女性领导力的提升策略。女性领导力的提升具体包含三个递进式层次:首先,需要规避劣势,奠定女性领导力发挥的基础;然后,需要发挥优势,凸显女性领导力的独特魅力;最后,需要彰显引领作用,体现女性领导力的张力。

7.4.1 女性领导力劣势的规避策略

如上所述,女性领导力的劣势主要体现在来自社会的双重约束和来自组织的玻璃峭壁。女性领导者要想规避这些劣势,就要摆脱双重约束并避免出现玻璃峭壁现象。

7.4.1.1 摆脱双重约束的策略

由于双重约束在传统性别视角下会导致女性领导者在角色扮演上的两难困境或者双输困境，因此，女性领导力劣势的规避聚焦于如何脱离这种两难困境或者双输困境。具体而言，首先，女性领导者可以选择在双重约束能够得到缓解或者削弱的组织环境中就任领导职位。以往的研究发现女性领导者的这种双重约束有一些调节因素，例如，性别角色和领导角色的界定、行业特征、文化等。这些调节因素的存在为女性领导者的选择提供了有利的机会，即女性领导者尽管在短时间内无法改变传统性别角色和领导角色的界定，但是她们可以选择那些双重约束不那么显著的特定行业中的特定组织来展现女性领导力的魅力。比如，可以选择女性聚焦度高的公益组织中的领导职位，或者选择在女性聚焦度高的美容、服饰等企业中任职。在该类组织中，人们对具有女性化或者双性化特征的女性领导力的接纳程度较高。这样，女性领导者就可以拥有发挥女性领导力的平台。其次，女性领导者如果已经走上具有严重双重约束的领导岗位，那么她们就要努力扮演好具有男性化特征的领导角色，即要用一输风险替代双输可能。例如，被人们誉为中国商界的铁娘子、被竞争对手描述为"走过的路不长草"的格力电器总裁董明珠女士，在领导过程中就充分展现出男性化特征。她以决断、刚强、坚毅和竞争导向的男性化领导风格叱咤商海，在争议中立于不败之地。

由于双重约束在现代性别视角下会引致女性领导者基于双重限制的圈定效应，即女性领导者在领导角色扮演上仅仅被锁定在刚柔相济或者双性化特征的领导风格中，因此，女性领导力劣势的规避方法是突破这种圈定效应，使其领导力展现出从女性化特征到双性化特征的宽幅度特征。突破的具体策略如下：第一，女性领导者初始可以先凸显为人们所认可的领导角色与女性角色交叠的特征,即双性化特征。在领导过程中,充分展现刚柔相济的领导风格,提升自身的领导有效性水平。第二,女性领导者在奠定了自身被认可的基础之后,可以逐渐扩展自身的行为弹性,在沟通、协商和问题解决上更多地将柔性方式嵌入其中,进而展现出以柔克刚的独特风格,逐渐尝试展现领导力中的女性化特征和影响力。

7.4.1.2 避免玻璃峭壁的策略

由于女性领导者的玻璃峭壁现象使其处在充满风险和不确定性的领导岗位上,进而使其领导无效或者领导失败的可能性大大增加,这对女性领导力的发挥和被认可形成了巨大的阻碍,因此,女性领导者要努力避免玻璃峭壁现象的出现。要做到这一点,第一,女性领导者要勇敢地对处于危机时的任命说"不"。女性领导者首先应充分了解组织内外部局势,明确组织所处的阶段和境况,进而明确哪些领导岗位是充满风险和不确定性的;其次,基于所获得的岗位信息,要敢于拒绝那些风险高的危机岗位,同时提升自身的胜任力,积极寻求其他可能的发展机会。第二,女性领导者可以选择有条件地任职。针对一些存在风险和不确定性的岗位,女性领导者可以提出接受任职的条件,比如轮职制,即在风险岗位上任职一定的短期年限之后,要轮换职位;再如共担制,即风险岗位或者危机岗位的责任由男性和女性两位领导者共同承担,或者由管理团队分担,而非由女性领导者独自承担。所有相关策略的前提是女性领导者必须对组织内的风险或者危机岗位了然于心。

总之,女性领导者摆脱了双重约束、避免了玻璃峭壁现象的出现,其所蕴含的女性领导力才可能得以正常发挥。

7.4.2 女性领导力优势的发挥策略

女性领导力的优势主要体现在其与新时代所要求的民主型、整合型和变革型领导风格相吻合，并且具备导致高水平领导有效性的双性化特征。女性领导者要把握时代机遇，充分发挥其优势。

首先，要使女性领导力的优势得以发挥，女性领导者要善于发现和利用机会。如今，随着技术的发展、全球化运作以及人们知识水平的提升，组织变得更加扁平化、多文化交融取向和变革导向，因此，组织更加需要强调参与和分权的民主型领导风格，呼唤能够将权力与授权以及竞争与合作相结合，并积极构建社会网络的整合型领导风格，渴望注重鼓舞、关怀、开发和愿景导向的变革型领导风格。总之，今天的社会和组织需要具有女性化或者双性化特征的领导力，这正如明茨伯格（Mintzberg）所言：组织需要培育，需要照顾关爱，需要持续稳定的关怀。关爱是一种更具女性化特征的管理方式。女性领导者要明确认识到时代的需要，并勇于把握这一时代机遇，积极走上领导岗位，争取女性领导力发挥的平台和良机。

其次，要使女性领导力的优势得以发挥，女性领导者要善于在领导岗位上充分展现女性化或者双性化特征，使这种柔性化或刚柔相济的优势风格得以凸显和渗透。要做到这一点，第一，女性领导者要坚信女性化或者双性化特征在领导力上的独特优势。第二，女性领导者要将女性化或者双性化特征融入其领导过程，进而展现出女性领导力的独特魅力。

案例 7.1

彭蕾："林黛玉"式的"支付宝女王"

彭蕾女士历任阿里巴巴集团人力资源部副总裁、市场部副总裁和服务部副总裁、支付宝首席执行官和蚂蚁金服首席执行官。她强调，基于情感关注的触及心灵的管理是人力资源管理的关键，基于梦想的影响是领导力的关键，基于直觉的决策力比基于逻辑的决策力更加强大，而情感关注、梦想和直觉恰恰是女性的优势。

彭蕾女士在领导过程中充分展现其柔性化特征，并散发出非凡的光芒。她在公司的花名为"林黛玉"，下属也一致认为她特别温和、亲切并易于沟通。她将"情感"融入其曾从事的人力资源管理工作，致力于将工作场所构建成一个情感交融的场所，并努力使员工实现心灵与工作的平衡；她在外行领导内行的首席执行官岗位上，用梦想来引领大家，并强调"我们一定要拥有梦想"，认为这个梦想就是大家今天所做的所有事情的真正意义和价值所在；她在关键的决策上，同样将女性的柔和与韧性相结合，不与男性所展现出的超强的逻辑思维能力直接较劲，而是采取维护他人尊严的敢于认错、敢于"耍赖"的方式来坚持和推行。

彭蕾女士不仅充分意识到以体验经济为主导的互联网时代是感性的时代（这种感性与女性的特质非常匹配），而且将女性对感性的敏锐感知、及时捕捉和有效运用优势淋漓尽致地体现在领导过程中，进而凸显出女性领导力的优雅和迷人之处。

资料来源：柳小青. 彭蕾的女性领导力［J］. 人才资源开发, 2016, (9): 49-51.

由上可见，女性领导力的彰显要以匹配的领导机会的捕捉和拥有为基础，以女性化或者双性化特征在领导过程中的有效渗透为过程，并以形成独特的领导风格为结果，充分发挥女性领导力的优势，凸显其独特魅力。

7.4.3 女性领导力的引领策略

女性领导力得以提升是以其能够发挥引领作用为标志的。如果女性领导力能够在商界或者政界起到引领作用，说明其不仅趋近于有效领导力，而且是领导力发展的新趋势。

要使女性领导力具有引领作用,第一,女性领导者要抓住一切实践机会,充分展现女性领导力的有效性,即要善于运用柔性化或者刚柔相济的领导方式成功解决冲突、化解危机、执行决策和获取高组织绩效,进而得到组织及其成员的高度认同。换言之,女性领导者要通过柔性化或者刚柔相济的领导方式获取成功,并以该成功来有力地表征女性领导力是一种有效的领导力。第二,女性领导者要努力通过成功使女性领导力成为商界或者政界所倡导的一种领导力。正如玫琳凯公司的创始人玫琳凯(Mary Kay)女士所强调的,尽管男性领导者与女性领导者可以相互学习,但是,女性不可能复制男性的领导方式,正如美国商人不可能完全复制日本商人的领导方式一样。她还强调,她创立玫琳凯公司的目的就是要营造一种商业氛围,即用"女性方式思考"的商业氛围和"女性直觉"被鼓励的商业氛围。玫琳凯女士成功地将女性化特征融入公司的领导过程,将关爱融入公司利益的获取过程。其不仅充分展现了女性领导力的有效性和独特魅力,而且成功地用女性化的方式引领了商业领域的领导力,进而使女性化或者双性化领导力成为一种发展趋势。这既表征了女性领导力的真正提升,也正是女性领导力的张力所在。我国现代女性领导力理论必须从实际出发,坚持本土化与国际化相结合的原则,在中国文化背景下,以马克思主义为指导,将国外的领导力理论同我国的现实情况相结合,形成具有中国特色的现代女性领导力的理论框架。

本章小结

本章首先基于对性别的界定,明确了女性领导力的内涵,即以女性为主体的具有女性化或者双性化特征的领导力;然后,在对有效领导力内涵进行梳理的基础上,进一步分析了女性领导力所面临的挑战,即来自社会的双重约束和来自组织的玻璃峭壁;接着,强调了女性领导力的优势,即具有新时代所呼唤的民主型、整合型、变革型领导风格,以及指向有效领导力的双性化特征;最后,阐述了女性领导力的提升策略,即规避劣势、发挥优势和彰显引领。通过上述分析,本章旨在明确女性领导力的内涵、特征和提升策略,进而为女性领导力在现实组织中的发挥提供理论指导和策略借鉴,也为社会、组织和个体对女性领导力的认识、认可和弘扬奠定认知基础。

问题思考

1. 女性领导力具有哪些特征?
2. 女性领导力面临哪些挑战?如何应对?
3. 女性领导力在怎样的情境下会更具优势?
4. 如今竞争导向的商业领域需要女性领导力吗?为什么?

课后案例

孟晚舟的领导风格和管理理念

作为一位杰出的女性领导者,孟晚舟以其卓越的才华和坚定的信念诠释了女性领导力的独特优势,展现了中国企业的魅力和影响力。

孟晚舟在华为的管理上发挥了重要作用。她曾担任华为的首席财务官,并于2018年晋升为副董事长。在她的领导下,华为的财务管理得到了进一步的加强和优化,财务绩效得到了稳步提升。此外,孟晚舟还在华为的国际化战略和市场拓展方面发挥了重要作用,帮助华为在全球范围内扩大了业务规模、提高了市场份额。她还在华为的人才培养和管理方面做出了贡献，帮助华为建立了一支高素质的管理团队。

孟晚舟曾经说过："我不想让自己成为一个弱者或一个受害者。我想让自己成为一个勇敢、坚强、有信念、有尊严、骄傲的人。"她的出现将激励更多的女性员工在华为发挥自己的才能，也将给华为带来更强的领导能力。她曾在2018年接受《财富》杂志采访时说过："我认为一位好的领导者应该具有三个特点：第一，要有远见；第二，要有勇气；第三，要有执行力。"这一观点也展现了她独到的管理见解和领导风格，她提到，有远见就是要能够看到未来的机遇和挑战，并且能够制定出合适的战略和目标。有勇气就是要敢于面对困难和风险，并且能够坚持自己的信念和原则。有执行力就是要能够把战略和目标落实到具体的行动上，并且能够有效地组织和激励团队。

除了商业领域的贡献，孟晚舟还积极参与公益事业。她深知教育对于培养人才和推动社会发展的重要性，因此投入大量资源支持教育事业，尤其关注贫困地区的教育问题。她希望通过提供教育资源和机会，帮助更多的人实现自己的梦想，并为社会的繁荣做出贡献。

孟晚舟的领导风格充满了智慧和包容，她鼓励员工发挥创造力和潜力，并为他们提供广阔的发展空间。她相信团队合作的力量，倡导开放和透明的沟通方式，以促进员工之间的合作与共赢。同时，她也很注重团队的整体绩效，并且致力于推动团队的合作与协作。她也会为员工提供支持和资源，帮助他们更好地完成工作。

作为女性领导者，孟晚舟不仅展现出远见、勇气、自信等刚性特质，也展现出其人文关怀和温情的一面，从关心员工的生活和成长，到支持社会公益和教育事业，从尊重多元文化和价值观，到倡导环境保护和可持续发展，孟晚舟通过其独特的视角和行动，给华为带来了更高程度的多元化、包容性、领导能力、韧性和信心，同时也将带来更多的创新，为华为构建出新的治理前景。

资料来源：华为是集体领导，不是个人接班，揭秘孟晚舟领导风格和管理理念[EB/OL]．（2023-04-01）[2024-07-15]．https://baijiahao.baidu.com/s?id=1761943727362621803；孟晚舟为什么能成为华为轮值董事长，她有哪些优势和能力[EB/OL]．（2023-05-08）[2024-07-15]．https://k.sina.com.cn/article_1972756202_7595deea001013w8t.html．

思考题

1. 孟晚舟具有怎样的领导风格？
2. 上述案例揭示了女性领导者面临的哪些机遇与挑战？
3. 上述案例对组织晋升女性领导者有何启示？

小练习

男性化-女性化特征自测工具

你认为自己在多大程度上符合以下特点，请根据实际情况在形容词后面的数字上打"√"（1表示非常不符合，2表示比较不符合，3表示有点不符合，4表示一般，5表示有点符合，6表示比较符合，7表示非常符合）。

	非常不符合	比较不符合	有点不符合	一般	有点符合	比较符合	非常符合
1. 自强的	1	2	3	4	5	6	7
2. 顺从的	1	2	3	4	5	6	7
3. 快活的	1	2	3	4	5	6	7
4. 坚守信念的	1	2	3	4	5	6	7
5. 独立的	1	2	3	4	5	6	7

(续表)

	非常不符合	比较不符合	有点不符合	一般	有点符合	比较符合	非常符合
6. 害羞的	1	2	3	4	5	6	7
7. 运动的	1	2	3	4	5	6	7
8. 满怀柔情的	1	2	3	4	5	6	7
9. 坚定果断的	1	2	3	4	5	6	7
10. 爱听好话的	1	2	3	4	5	6	7
11. 忠诚的	1	2	3	4	5	6	7
12. 个性强的	1	2	3	4	5	6	7
13. 有力的	1	2	3	4	5	6	7
14. 有女人味的	1	2	3	4	5	6	7
15. 有同理心的	1	2	3	4	5	6	7
16. 善于分析的	1	2	3	4	5	6	7
17. 有领导能力的	1	2	3	4	5	6	7
18. 对他人需求敏感的	1	2	3	4	5	6	7
19. 爱冒险的	1	2	3	4	5	6	7
20. 善解人意的	1	2	3	4	5	6	7
21. 决策迅速的	1	2	3	4	5	6	7
22. 富有同情心的	1	2	3	4	5	6	7
23. 抚慰感情的	1	2	3	4	5	6	7
24. 自足的	1	2	3	4	5	6	7
25. 支配欲强的	1	2	3	4	5	6	7
26. 谈吐温和的	1	2	3	4	5	6	7
27. 有男人味的	1	2	3	4	5	6	7
28. 温暖的	1	2	3	4	5	6	7
29. 有立场的	1	2	3	4	5	6	7
30. 温柔的	1	2	3	4	5	6	7
31. 侵略性的	1	2	3	4	5	6	7

（续表）

	非常不符合	比较不符合	有点不符合	一般	有点符合	比较符合	非常符合
32. 举止像个领导的	1	2	3	4	5	6	7
33. 轻信的	1	2	3	4	5	6	7
34. 孩子气的	1	2	3	4	5	6	7
35. 不说粗话的	1	2	3	4	5	6	7
36. 个人主义的	1	2	3	4	5	6	7
37. 有竞争心的	1	2	3	4	5	6	7
38. 喜欢小孩的	1	2	3	4	5	6	7
39. 温文尔雅的	1	2	3	4	5	6	7
40. 雄心勃勃的	1	2	3	4	5	6	7

资料来源：Bem S L. The measurement of psychological androgyny [J]. Journal of consulting and clinical psychology, 1974, 42（2）: 155-162.

第8章 代际差异中的领导力

📖 学习目标

通过本章的学习，应该能够：

1. 认识新生代员工的鲜明特征
2. 认识新生代管理中存在的关键挑战
3. 理解代际管理的难点
4. 了解包容性领导的概念内涵及主要研究发现
5. 了解在代际管理中有效的领导力策略

✓ 本章关键词

包容性领导（inclusive leadership）

代际管理（intergenerational management）

新生代员工（new generation employee）

引导案例

用"心"留"新"——顺丰新生代员工管理

1993年，年仅22岁的王卫带着印染行的工作经验开始自己办厂，然而进展并不顺利。香港与珠三角地区之间的货物贸易业务繁忙，发现商机的王卫租下了香港砵兰街一块几百平方米的场地，开始专门替企业运送信件到珠三角地区。之后不久，顺丰在广东顺德正式诞生。随着移动电子商务的快速发展，快递服务已经成为人们社会生活中不可或缺的一部分。快递工作劳动强度高、工作环境艰苦，年轻人在身体素质方面往往更加胜任，但很多快递公司都面临一线年轻快递员工流失率高的问题。

顺丰自1993年成立以来，一直保持着良好的口碑，以优质服务、重视客户体验而著称。在行业总体人员流动率居高不下的情况下，顺丰在留任员工的成效上一直处于行业前列。顺丰员工的平均年龄为30岁，其中新生代员工占员工总人数的70%。绝大部分新生代员工都奋斗在一线，每天面对不同的环境，与不同的顾客打交道，无论是收派员、仓管员还是客服人员，都在自己的岗位上履行着职责、承受着压力。工作内容相对单一、重复，很难从中获得充分的意义感，这些都在一定程度上导致了新生代快递小哥的"流动"。

"尊重、团结、认真、奉献"是顺丰的核心价值观，尊重客户、尊重每一件物品正是顺丰发展所坚持的原则之一。公司内部只有真正做到尊重员工，公司的原则和价值观才能通过一线员工真正传递给顾客。因此，顺丰基于"尊重"的理念形成了多项极具特色的员工管理制度，让这些新生代快递小哥对公司产生认同，从工作当中获得了意义和成就感。

首先是基本的"医食住教"关爱。90后员工大多都面临或者已经处于"成家立业"的人生阶段，并且很多快递区块中有大量非本地户口的员工，在解决自身和家庭的生活问题上更是充满了挑战。在医疗、住房和教育上，顺丰积极与深圳福田区政府沟通、合作，为员工带来切实的福利。顺丰还在内部设立了"员工之家"福利平台，与各大电商合作，只针对顺丰内部员工，并且保证质优价低；同时，顺丰的"员工之家"充分考虑到了员工的自主权，采取积分制，使年轻的员工可以在各种福利上进行自由选择。

其次是充分保障员工参与管理，及时且多方面地了解集团管理信息。出生、成长于信息时代的新生代员工拥有更加充分的信息获取渠道，也养成了针砭时弊、抒发己见的习惯。因此，顺丰在集团内部设立了三个投诉渠道：顺丰BBS（电子公告服务）、总裁邮件、致电审计监察部。

最后是完善的员工成长通道设计。顺丰设置了配套的培训机制，为人才发展保驾护航。在每一个管理层级，顺丰都开设了储备干部培训课程，每一个员工都可以报名参加。除此之外，顺丰还设立了顺丰大学，为内部员工提供更加丰富和系统的培训。在此基础之上，顺丰还设置了"快速成长计划"和"代理"模式，只要绩效和个人能力达到公司要求，顺丰就会给予他们更好的管理实践机会，加快他们的能力提升，从而使他们更早地掌握团队领导的技能；对于一些非常优秀但无相关层级管理经验的员工，顺丰则采取"代理"的方式对他们进行培养。

拥有大量新生代一线员工的顺丰真正把"尊重"融入员工管理的日常，打造了一个专业、完善、更适合新生代员工发展的人力资源管理平台，该平台成为新生代员工发展的强大推动力，也在留住新生代员工方面取得了重要成果。

资料来源：顺丰集团"新生代员工"管理案例实践分享（独家专题）[EB/OL].（2015-06-28）[2023-02-05]. https：//www.360doc.com/content/15/0628/15/16921388_481250202.shtml.

思考题

1. 顺丰的新生代员工有哪些特征？
2. 针对这些特征，顺丰采取了哪些独特的新生代员工管理方法？

自2009年国家邮政局首次公布快递服务满意度排名以来，顺丰连续15年蝉联第一。从以上案例可以看出，顺丰不仅对客户负责、尊重客户的满意度评价，还十分重视员工团队建设、尊重新生代员工的满意度评价。针对新生代员工的需求，提出有针对性的解决措施，才能够让新生代员工真正对公司产生认同，进而留住他们。

由于新生代员工的成长背景不同，代际管理中面临许多挑战，因此，为了留住新生代员工，更需要尊重他们的成长环境和价值偏好。基于相关学术研究，本章将进一步介绍代际管理中的关键挑战、代际管理中包容性领导的重要性以及应对措施。

8.1 代际管理中的关键挑战

8.1.1 新生代员工的成长背景

数字经济时代，互联网、物联网、大数据和人工智能等技术推动了组织之间的跨界竞争与合作。在此背景下，企业不仅需要应对动荡的外部环境、弱化的组织边界和新兴的工作形式，还需要应对最具能动性的管理要素——"人"的变化。曾经代表年轻一代的 80 后已经开始面临职场的"中年危机"，而 90 后员工正逐渐成为各行各业的中坚力量。根据国家统计局发布的《中国统计年鉴 2021》，中国 90 后人口数为 1.67 亿，约占总人口的 11.84%；00 后人口数约为 1.58 亿，约占总人口的 11.21%。90 后作为"互联网的原住民"，已经正式进入职场，00 后也开始陆续步入社会。与之前的几代员工相比，90 后和 00 后具有自我意识强、崇尚个性与独立、创造力强、抗压能力弱等特点[1]，他们既追求物质满足，又追求精神自由。不少企业开始发现他们留不住这些员工。由麦可思研究院主编的《2023 年中国本科生就业报告》和《2023 年中国高职生就业报告》的数据显示，

---

[1] 马璐，王展鹏. 重塑新生代员工工作行为 [J]. 人力资源，2023，(23)：86-87.

第8章 代际差异中的领导力

在 2022 届毕业生中,有 21% 的本科毕业生在毕业半年内有离职行为,而在高职毕业生中,这一比例为 41%。

西方国家倾向于将不同年代的人划分为 X、Y、Z,因此也就有了众所周知的 X 世代、Y 世代、Z 世代等(具体见图 8.1)。X 世代是美国《时代》周刊所提出的一个概念,对应的是出生于 20 世纪 60 年代中期至 70 年代末的一代人。美国学者图尔甘(Tulgan)和马丁于 2005 年首次提出"Y 世代"的概念,并将出生于 20 世纪 80 年代左右的人称为 Y 世代。通常和 X 世代、Y 世代、Z 世代一起出现的,还有婴儿潮(baby-boomers)的概念。婴儿潮首次出现在第二次世界大战后的美国,婴儿潮一代指的是 1946 年年初至 1964 年年底出生的人。我国的"新生代"最早也被用来指代 80 后,即伴随着改革开放、经济全球化和高科技产业革命成长起来的员工群体,这一点与外国的 Y 世代相一致。① 伍晓奕于 2007 年提出了"新生代员

图 8.1　X 世代、Y 世代、Z 世代的代际分布

资料来源:Mob 研究院: Z 世代大学生图鉴 [EB/OL].(2019-09-12)[2024-10-07].https://www.sgpjbg.com/info/6cf35cf439dc4a46286dcdeae2a028a3.html.

---

① Tang N, Jiang Y, Chen C, et al. Inclusion and inclusion management in the Chinese context: an exploratory study [J]. The international journal of human resource management, 2015, 26 (6): 856-874.

工"的概念,并将其划定为18~24周岁的员工。在90后逐步成为当代中国的重要力量之时,一般认为新生代员工就是指出生于1990年以后的群体。成长于市场经济体制和信息技术飞速发展背景下的新生代员工,经历了经济高速发展和社会环境的急剧变化。他们的工作态度、工作需求和办公习惯相较于上一辈员工发生了极大的改变。由于他们的成长环境与70后存在显著差异,两代人之间似乎存在一道天然屏障,难以相互理解。而随着这一批新生代员工逐渐步入职场,"代际差异""新生代员工管理"等话题在实践界和学术界也不断升温。

一个人成长的环境会塑造其价值观。新生代员工是伴随着中国经济高速发展而成长起来的一代,进入21世纪后,中国经济迎来了高速发展,经济结构不断优化,中国居民人均可支配收入实现了翻倍增长,人民生活水平得到了显著提高,消费升级趋势明显。很多00后从小就生活在一个物质相对丰富的环境下,因此他们更加追求个性化和品质化的消费,更加追求精神层面的满足。

新生代员工也是伴随着互联网浪潮风起云涌而成长起来的一代,在他们成长的过程中,互联网快速普及,移动互联网蓬勃发展。作为"互联网原住民",新生代员工的日常生活是深度互联网化的,各种各样的信息通过多元化的线上渠道不断涌入他们的学习和生活。"虚拟社交"是他们重要的生活组成部分,而大量的虚拟社区也为他们提供了一个相对自由的、能够抒发己见的平台。逐渐地,他们也形成了不断进行"自我表达"的习惯。尼尔森调查报告显示,约86%的90后受访者表示他们每天至少上网1~2次,20%左右的受访者表示他们一般全天保持"在线"状态,主要目的是虚拟社交、自我表达和追求新体验。

新生代员工更是计划生育政策的亲历者。随着2010年之后各地"双独二孩""单独二孩"和"全面二孩"政策的持续放宽,80后、90后、00后

第 8 章
代际差异中的领导力

这三代人成为受此前独生子女政策直接影响的主要群体，而这些人的家庭结构也因此发生了变化。尤其对于 95 后而言，他们站在"漏斗型"社会的正中央，虽然拥有相对丰富的物质体验，接受了良好的基础教育，但也需要全面应对老龄化社会的挑战。在这种大环境下，95 后展现出相对较强的自我意识、排他意识和独立意识。他们具有较强的自尊心，不会为了蝇头小利而斤斤计较，也不会对价格高低过于敏感，更不会由于个体差异而相互争斗。他们追求简约、激情、有品质的个性化生活，善于高效地发现自己感兴趣的领域并进行学习和探索。

8.1.2　新生代员工的价值偏好

8.1.2.1　敢于挑战权威

习近平总书记在党的二十大报告中强调："青年强，则国家强。当代中国青年生逢其时，施展才干的舞台无比广阔，实现梦想的前景无比光明。"① 在经济快速发展的新时代，技术日新月异，如何把握新生代员工的价值偏好，发挥新生代员工的力量成为组织研究的重要议题。高速成长的中国经济为新生代员工提供了物质条件优渥的成长环境。他们鲜有贫乏的物质体验，也很少经受大起大落的社会历练。同时，伴随着经济的发展，更加充分、多元的教育资源也为新生代员工打开了更加宽广的人生视野。相较于 80 后员工，90 后尤其 95 后、00 后的新生代员工更多地受益于改革开放和国际化发展的成果。他们掌握了更加丰富的知识，职业选择面更广、就业竞争力更强，市场化程度也更高。因此，他们非常自信，尤其在人际交往、学习新事物以及创新创业等方面表现突出，乐于用自己独特且

---

① 习近平：高举中国特色社会主义伟大旗帜 为全面建设社会主义现代化国家而团结奋斗：在中国共产党第二十次全国代表大会上的报告［EB/OL］.（2022-10-25）［2023-10-10］. http://jhsjk.people.cn/article/32551583.

富有创意的方式去展现自己的独特性。他们的适应能力更强，也会更加主动地展开自我探索，而非依赖权威。新生代员工更倾向于根据自我判断来选择有帮助的建议。权威领导在不同的文化环境中可能发挥不同的作用，新生代员工偏好宽松自由的工作环境，他们的平等意识强烈，有研究表明，权威领导可能会对他们产生负面影响。

8.1.2.2 注重工作自主性

2019年4月，"996"现象（即早上9点至晚上9点工作，一周工作6天）引发热议。由互联网行业程序员发起的对加班文化的集体控诉，体现了劳动力结构的时代变迁。新生代员工需要可以自由发挥的空间、轻松自在的工作氛围，而强制的"996"强烈违背了他们的期望。对于新生代员工而言，积极工作应源于内在动力，而非外在压力。面对自己喜欢做的事情，他们多数会选择废寝忘食，不断地尝试。

研究发现，90后的新生代员工具有更强的自我表达需求和更高的利他行为参与度，在择业时更加注重稳定安全、环境舒适、社会地位、工作趣味、社会责任等因素，更倾向于合作共享的工作关系及和睦融洽的工作氛围，竞争意识相对于其他代群较低。拉姆（Lamm）等学者关于工作场所趣味性的代际差异研究发现，年轻的新生代员工相较于老一代的员工而言，工作场所的趣味性水平与工作满意度、组织公民行为及工作绩效的正相关关系要更强。也就是说，相对于老一代的员工而言，新生代员工对于工作场所趣味性的感知和反应会更加敏感。一项针对欧盟国家Y世代和Z世代的研究表明，Y世代和Z世代的员工在工作环境中逐渐倾向于个人主义（individualism）与自力更生（self-reliance），具体表现包括减少社会接触、回避团体或团队合作等行为。财务上的富足会导致Y世代和Z世代的员工对组织的忠诚度降低。

第 8 章
代际差异中的领导力

唐宁玉及其研究团队曾在一家中国公司展开大范围的工作场所价值观调查。她们以改革开放为节点将被调查的员工分为三个群体：改革前一代（出生于 1978 年之前）、改革一代（出生于 1978—1989 年）和后改革一代（出生于 1989 年以后）。统计结果发现，后改革一代以及改革一代的新生代员工相对改革前一代的员工，有更高的变革开放性（openness to change）、更弱的保守倾向和更强的冒险精神。有学者通过研究社交媒体上 00 后职业发展的原生态数据发现，00 后表现出主动性人格（proactive personalities），他们倾向于改变环境，乐于和敢于做自己想做的事情，追求更公平、合理的待遇，具有良好的互助精神和强烈的自我意识；来自社会比较的同伴焦虑（peer anxiety）会对他们产生负面影响，例如，焦虑情绪会导致他们的职业满意度下降，向上的社会比较会导致他们产生职业挫折感；社会支持被认为是为他人提供支持、帮助或安慰，帮助他们应对心理、身体和社会压力，这对大学生的职业探索具有积极作用。

8.1.2.3　追求自我价值实现

信息技术进步和国家整体教育水平的提升，使得新生代员工所能接触到的信息、知识量不断增加，视野也得以拓宽。他们自信、有活力，积极进取，乐于表现自我，追求更宽广的自我发展空间。马玮于 2018 年开展的研究显示，在工作价值观方面，90 后比 80 后更重视在工作中自身能力的发挥和工作带来的成就感。根据 2021 年 9 月智联招聘发布的《Z 世代职场现状与趋势调研报告》，在 Z 世代眼中，员工与企业的关系已经不同于传统的雇佣关系，而更像是新型的合作伙伴关系，他们更加关注自我体验，更倾向于自我实现。不少 Z 世代员工在择业时更加注重自我成长和提升，良好的学习机会和成长空间是他们选择理想工作时的重要衡量指标；"工作是给自己做的""喜欢有挑战性的工作""不想在清闲中磨灭意志"成为越来越多年轻人的心声；他们更加注重工作带来的新鲜感和价值感，在更多的岗位上、更大的空间里寻找新的职业选择，更想成为多面手，即多职业、跨界的"斜杠青年"。

利普斯-威尔斯玛（Lips-Wiersma）和莫里斯（Morris）认为，人们对有意义的工作的认识包括四个维度（见图8.2）①，库特拉克（Kutlák）利用这一模型分析了各个世代的员工对有意义的工作的认识。婴儿潮一代将有意义的工作分为实现个人目标和帮助社区中的其他人，但他们似乎更专注于实现目标和帮助他人实现目标，而不是帮助社区，因此可能会落入"充分展现潜能"象限，也有可能会落入"服务他人"象限；X世代认为一份有意义的工作应该带来成长、回报以及工作与生活的平衡，他们比其他世代的人更重视外在奖励，比婴儿潮一代更重视休闲，但不如千禧一代，他们更有可能会落入"发展与自我成长"象限；千禧一代认为挑战在职业生涯中很重要，但他们也想要个人快乐、良好的同事和帮助别人的机会，他们似乎能够从同事关系中找到意义，这表明他们可能会落入"联结他人"象限。②

在对领导特质和领导方式的偏好上，Y世代的员工希望他们的领导成为其导师或者为他们提供指导，从而帮助他们更好、更快地获得职业生涯的发展。达林（Dulin）所开展的一项针对美国得克萨斯州中部新生代员工的质性访谈研究发现，新生代员工更偏好导师型的领导，他们希望可以得到良好的指导，能够更快地晋升。与此同时，他们也渴望领导可以耐心地倾听他们的意见，双方之间平等交流。不过，"听取"并不意味着"盲从"。新生代员工更倾向于根据自我判断来选择有帮助的建议。同时，他们愿意平等地表达自己的观点，并希望获得来自他人的认同和归属感。

---

① Lips-Wiersma M, Morris L. Discriminating between 'meaningful work' and the 'management of meaning' [J]. Journal of business ethics, 2009, 88 (3): 491-511.

② Weeks K P, Schaffert C. Generational differences in definitions of meaningful work: a mixed methods study [J]. Journal of business ethics, 2019, 156 (3): 1045-1061.

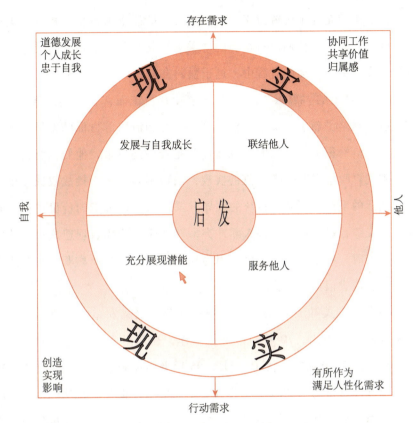

图 8.2 工作意义感模型

资料来源：Lips-Wiersma M, Morris L. Discriminating between 'meaningful work' and the 'management of meaning' [J]. Journal of business ethics, 2009, 88 (3): 491-511.

8.1.3 新生代员工管理面临的挑战

人们总说 70 后好管理，80 后难管理，90 后没法管理。这实际上就是代际管理挑战的直接表现。企业管理者在面对 95 后、00 后员工时，常常束手无策，他们发现原有的管理措施和领导方式难以发挥良好的作用。传统 70 后的领导风格受到中国传统文化的重要影响。儒家文化中所强调的"仁、义、礼、智、信"奠定了中国传统文化的基础。霍夫斯泰德（Hofstede）的一项跨文化研究发现，中国内地及中国香港地区拥有较高的权力距离导向。中国企业中传统意义上的领导者一般注重通过树立权威来进行监督和管理；同时，他们也有很强的"关系"运作能力。但是传统意义上的领导者在与员工互动的过程中，过于强调自身的"控制"和员工的"遵从"，缺少对员工的"尊重"。尤其对于新生代员工而言，传统领导风格在一定程度上忽略了新生代员工在价值观、个性和需求等方面的差异性。而新生代员工恰恰很关注自己的"独特性"是否得到尊重，他们在意自己的得失，重视自我感受和个人价值的实现，渴望平等，敢于挑战权威，重视工作与生活的平衡。因此，传统的领导方式与新生代员工的价值主张之间难免产生交锋，进而爆发一些人际冲突，对企业的绩效表现造成负面的影响。与此同时，新生代员工也可能因为这样的人际冲突而离职，给企业在人才留任上造成很大的困扰。

2018年，领英基于15万份领英用户的公开档案发布的《第一份工作趋势洞察》报告指出，70后的第一份工作，在职时间平均超过4年，80后为3年半，而90后减少为19个月，95后平均在职仅仅7个月就选择辞职。中智咨询发布的《2021年新生代员工职场趋势报告》将90后和00后员工形容为"新生代员工"，报告显示，入职3~5年时，超过50%的新生代员工经历了2份以上的工作；入职5年以上时，近七成新生代员工表示自己经历过2份及以上的工作。整体来看，新生代员工平均2~3年就更换一次工作。新生代员工对于热爱的事物充满干劲，但与领导者之间存在的代际差异却可能始终难以点燃他们的内在激情，反而使他们始终被生活和工作的压力裹挟前行。

8.2　代际管理中领导力的研究发现

8.2.1　包容性领导的研究回顾

包容在于广泛地理解不同事物，平等地听取和接受不同的声音。西方的包容性文化强调"民主"和"平等",让每一个公民都积极参与到社会决策的过程中来。东方文化同样强调包容,"有容乃大""以和为贵",多样性的统一是东方文化包容的体现。"包容"在《现代汉语词典》中的解释为"①宽容;②容纳",而其中宽容是"大度",容纳是"包括"。"得饶人处且饶人""人非圣贤,孰能无过"等都体现了古人对他人犯错的体谅。两千多年前,孔子就提出了"因材施教"的教育理念,认为应依据每个学生的认知水平、学习能力以及自身素质,选择适合每个学生特点的学习方法来有针对性地教学,发挥学生的长处,弥补学生的不足。

在日新月异的21世纪,随着改革开放的深入和市场经济体制的形成,在当今的组织中,员工的多样性已经成为一种趋势。不仅仅是在性别、年龄等人口统计特征上的多样性,还包括社会认知、价值观等深层次的多样性。多样性是创造力的基础,它既意味着更多的可能性,同时也可能带来更大的冲突和偏离。因此,如何避免多样性可能造成的负面影响引起了研究者的关注。早期的多样化管理研究即意在解决这个问题,研究重点在于公平、平等,其重点要解决的问题是让不同性别、种族和信仰的员工能够得到公平的对待,尤其是让那些占少数或处于劣势的群体感受到组织的公平,例如采取公平的招聘、培训和绩效考核等管理措施。但是,仅仅考虑平等并不能发挥员工的多样化潜力。由此,包容性管理的研究开始进入组织管理研究者的视野,并逐渐得到重视。包容性管理强调让不同群体的员工参与并且充分地实现自我价值,既希望平等对待不同的个体,又重视对差异的认可,鼓励多样化的个体自我表现。通过平等对待员工、鼓励不同背景的员工参与,包容性组织可以充分利用多样化来提升绩效。

作为员工的直接"管理者",领导者的领导风格一定程度上决定了员工多样性在组织中究竟如何发挥作用。近年来,领导包容性(leader inclusiveness)和包容性领导(inclusive leadership)等概念逐渐在中国情境下的组织管理领域引起关注。包容性领导是包容性管理的核心之一，是实现组织包容性的重要途径。

8.2.2 包容性领导的内涵

领导包容性和包容性领导是密切相关的概念。领导包容性是包容性领导的基础，也是促进包容性领导实施的重要因素。领导者具有包容性的态度和行为，可以为组织树立榜样，激励其他人也采取包容性的态度，帮助组织建立和维护包容性的文化。领导包容性是包容性领导的前提条件，但包容性领导并不仅仅是领导包容性的体现，还包括组织层面的包容性建设。例如，一位领导者在个人层面对不同背景的员工持开放和尊重的态度，这是一种领导包容性的表现。但是，如果这位领导者没有采取任何措施来促进组织层面的包容性，例如制定包容性政策、提供包容性培训等，那么他就不能算是一位包容性领导者。

包容性领导近十年来逐渐得到学界的认可和关注。内姆哈德（Nembhard）和埃德蒙森（Edmondson）将领导包容性定义为领导者欣赏下属的观点和认可下属贡献的行为。霍兰德（Hollander）从领导者-追随者互动的视角出发提出了比较系统的包容性领导的定义——尊重和理解员工，给予员工反馈并承担责任，且认为包容性领导之所以是一种有效的领导方式，主要在于领导者能够尊重员工个体以及他们的需求。[①] 相应地，员工也会帮助领导者更好地完成工作，这种双向的过程依赖于领导者和员工的相互尊重、彼此认可、互动和责任，体现了"与人共事，而非为人做事"的精神。也有学者从公平的视角来定义包容性领导，认为包容性领导的关键在于平等对待不同背景的员工，让他们都能感受到被公平地对待，其核

---

① Hollander E P. Inclusive leadership: the essential leader-follower relationship [M]. New York: Routledge, 2012.

心是平等对待弱势群体。从这一视角对包容性领导的定义与多样化管理相近。中国学者结合中国的特殊文化背景提出，包容性领导的核心在于包容员工不同的观点和员工的失败。领导者能开明地听取员工的批评性意见，包容员工的错误，在员工犯错时给予其激励、支持和指导。①

综合来看，国外学者对于包容性领导的理解主要体现在领导者平等对待员工、认可员工价值、鼓励员工参与上，而中国学者则在此基础上增加了基于中国文化背景的独特内涵，表现为对个体错误的理解、体谅和原谅。这一独特内涵的提出，与中国传统文化强调人际和谐以及仁爱密不可分。中国情境下的包容性领导主要体现在"包"和"容"两个方面，其中，"包"与国外学者关于包容性领导的内涵有一定的一致性，主要体现在对差异的平等对待上，而"容"则体现在对员工个体的体谅和对员工错误的原谅上，是基于中国情境的独特内涵。

8.2.3 包容性领导的作用效果

目前有关包容性领导作用的研究大多集中于其对员工态度和行为的作用。例如，内姆哈德和埃德蒙森从美国23家新生儿重症监护医院中邀请了1 440位职业医疗工作者参与调查，结果发现，监护团队领导者的包容性领导水平越高，其团队内部员工的心理安全感水平越高；员工在日常工作中能够更加放松、自如地开展工作而不用担心可能出现的人际风险；并且，员工在拥有高水平的心理安全感之后会更加积极主动地参与到团队事务中，发挥自己的作用。而霍兰德则发现，包容性领导可以提升领导者与下属交换的水平，而处于领导者"圈内"的员工更有可能付出一些额外的努力为领导者做事，也让团队和组织变得更好。

---

① Tang N, Jiang Y, Chen C, et al. Inclusion and inclusion management in the Chinese context: an exploratory study [J]. The international journal of human resource management, 2015, 26 (6): 856-874.

而在中国情境下,程伟波发现,包容性领导能够有效增强团队凝聚力,减少员工的反生产行为以及员工在预期和实际感受不一致时产生的负面情绪。方阳春则在高校科研群体中提出并且检验了包容性领导在中国情境下特有的"容错"概念,并发现包容性领导能够有效提升员工的自我效能感,进而提升员工绩效。简浩贤等学者在京津冀和长三角地区共邀请了150家企业中的1 500名员工参与调研,结果发现,包容性领导能够显著增进员工对企业的认同、提升其敬业度,并且对于那些自我监控水平较低的员工而言,上述关系尤为突出。

8.2.4 中国文化下的包容性领导

以中国传统文化为基础的威权式领导风格在移动互联网时代已经表现出了一定的"不适应性"。一方面,移动互联技术的发展让各个行业都天翻地覆,组织需要员工时刻保持高水平的创造力以面对外部环境的不确定性,并需要鼓励员工敢于打破规则,包容员工试错;另一方面,新生代员工学习能力强,勇于接受新事物,正逐渐成为当下各个组织的"创新主力军",但同时他们渴望平等、挑战权威的特点也对领导者提出了管理挑战。过于强调"遵从"与"控制"的传统威权式领导显然难以胜任管理新生代员工的任务。

在不断观察和反思的过程中,越来越多的学者开始意识到采取差异化领导方式的重要性,即领导者要尊重每一个新生代员工身上所展现出的独特性,并采用不同的领导方式。但是差异化并不意味着完全的"个性化定制"。从根本上来说,领导者尊重新生代员工的独特需求是希望通过这样的方式增进员工对组织的认同、提升其承诺。尽管新生代员工重视自我价值的实现,渴望平等,敢于挑战权威,在很多人眼中,他们的组织忠诚度较低,但实际上,他们在自己认同和有归属感的组织当中,也会快速成为最忠诚和最有活力的伙伴。因此，领导者在管理新生代员工的过程中应注重增进其对组织的认同、提升其归属感。首先，70后、80后的领导者自身要做出一定的调整，从以权威和控制为中心的传统领导风格转向更加包容、开放的领导风格，开始关注和挖掘每一个新生代员工的独特性；其次，领导者要注重使命、愿景和组织价值观的传递，开放信息渠道，让新生代员工更好地理解并认同企业发展的目标；最后，领导者要注意一定程度的"放权"，让新生代员工拥有更强的自主性，并且扮演"顾问"或者"导师"的角色，引导他们实现自我价值。

8.3 代际管理的应对策略

8.3.1 提供发声机会

新生代员工具有较强的自尊心和自信心，希望在工作场合中表达自己的观点和看法。因此，建议领导者做好准备，期待员工们提出多种不同的观点，激发其成就动机，而非简单接受领导和指令。例如，可以为优秀的新生代员工或具有潜能的员工提供参加公司中高层会议的机会，一方面帮助他们了解公司最新的战略方向，另一方面激发他们从更高的层面来思考自身发展、提出创新建议。当员工们因提出不同观点而得到认可时，他们的工作参与度会显著提升。此外，可以依据员工的兴趣，调动其内在动力而非一味从外部施加压力，促使他们自发组建业务资源小组或员工资源小组；开展多元招聘、员工发展、品牌提升、社区互动等活动，促使他们自行制定年度预算和计划，并得到高层管理者的关注和支持。[①]

---

① Smola K W, Sutton C D. Generational differences: revisiting generational work values for the new millennium [J]. Journal of organizational behavior, 2002, 23 (4): 363-382.

> **知识 8.1**

威普罗（Wipro）是全球领先的信息技术、咨询和业务流程服务公司，总部位于印度班加罗尔。与行业内的其他企业相似，威普罗呼叫中心的员工非常年轻，并且离职率一直居高不下。

为了探究威普罗员工的流失问题，凯布尔（Cable）等学者围绕威普罗新员工的社会化过程进行了一次实验。他们将2010年11月到2011年1月入职的605名员工（平均年龄为24.3岁）分成三组：表达自我组、宣扬组织组和常规组。在表达自我组中，首先由威普罗内部的一位高管组织新员工在15分钟内讨论"如何在威普罗工作"，并为每个新员工提供表达自我的机会。在完成一项"海上求生"的任务之后，新员工被要求将自己在任务中所做的决定与其他人的进行对比，然后独立回答"哪三个词最能描述你的个性"等问题。最后15分钟，每个新员工都可以向未来的工作小组介绍自己。在宣扬组织组中，先由威普罗内部的一位高管组织新员工在15分钟内讨论威普罗的价值观以及它为什么是一个杰出的组织。新员工被要求在听完威普罗的一个明星员工的演讲之后，独自写下对"你今天听到的哪一点会让你因成为威普罗的一员而骄傲"等问题的回答。最后15分钟，新员工以小组的形式讨论他们的回答。在表达自我组和宣扬组织组中，每个新员工会得到两件运动衫和一个徽章，不同的是，表达自我组的运动衫和徽章上印着员工自己的名字；而宣扬自我组的运动衫和徽章上则印着公司的名字。这两个组的新员工被要求在整个培训的过程中都要穿着运动衫并佩戴徽章。在常规组中，新员工仅接受威普罗的传统培训。6个月后，研究者再次收集员工的相关信息，经过统计分析发现，自我表达组在三个小组中的员工保留率最高，与传统方式相比，采用个人身份表达的社交化方式使员工保留率分别提高了250%（相对于宣扬组织组）和157%（相对于常规组）。

> 上述实验反映了新生代员工对自我价值的主张,当组织为新生代员工提供自我表达的机会时,他们感觉自身价值得以实现,相应地,满意度和留任意愿也得到提升。
>
> 资料来源:Cable D M, Gino F, Staats B R. Breaking them in or eliciting their best? reframing socialization around newcomers' authentic self-expression [J]. Administrative science quarterly, 2013, 58 (1): 1-36.

美国心理学家赫茨伯格(Herzberg)提出的双因素理论指出,保健因素和激励因素都是影响员工绩效的主要因素。其中,保健因素包括企业的政策与管理、监督、工资和工作条件等,这些因素都是工作以外的因素,能消除不满情绪,维持原有的工作效率,但无法激励员工产生更积极的行为。而激励因素与工作本身或工作内容有关,包括成就、赞赏、工作本身的意义以及晋升和发展等,这些因素可以使员工产生较强的工作动机。老一辈员工生于物资相对贫乏的年代,他们更看重薪酬、工作条件、政策和管理等与"生存"联系在一起的保健因素;而新生代员工则更看重责任、认可和成就等更具"情怀"的激励因素。但新生代员工又展现出其特殊性:一方面,在科层制向扁平化的演进背景下,新生代员工"需要—激励"的递进关系更加弱化;另一方面,新生代员工对激励因素的需要更加差异化、多元化和复杂化。这些都对新生代员工的领导者提出了管理挑战。

8.3.2 给予即时反馈

无论是物质激励还是精神激励,都应当尽可能给予新生代员工即时反馈,促使他们保持工作热情。例如,针对成功完成了某一项目任务的新生代员工,管理者一方面应当及时给予员工专属于该项目任务的物质奖励;

另一方面应当密切关注员工的心理状态，适时地通过团建等方式满足他们的分享欲，例如邀请员工讲述自己的故事，分享真实感受，并给予实时评价和反馈。需要注意的是，新生代员工充满个性，个体间差异显著。因此，若采取单一的激励模式和机制，反而会让其感到自己与其他员工并无区别，觉得工作索然无味。此外，管理者还必须不断地将团队行动目标实现与员工个性化激励联系起来，并将之可视化，在让不同特点的员工都能真正感受到被重视、被需要的同时，通过团队化过程，促使差异化的个体真正能够凝聚起来为共同目标而奋斗。[①]

8.3.3　组织文化价值观的"潜移默化"

对于新生代员工而言，尽管他们非常渴望表达自我独特的价值观，但与此同时，如果他们发现彼此的价值观相似或相同，则会将周围的人视作最忠诚、可靠的伙伴。因此，对于组织管理者而言，将组织文化价值观与新生代员工的个体价值进行有效的联结和统一，并给予及时的激励和认可，是激发新生代员工工作动力最有效的方法之一。

> **案例8.1**
>
> ### 双童吸管新生代员工培养探索之路
>
> 厂房屋顶上的蔬果成熟了，绿意盎然，办公楼下有荷花池，一旁的香樟树长得苍翠挺拔……厂区像公园，这是双童——全球吸管行业第一品牌的特色之一。传统制造业企业很难有这样的厂区，注重成本控制的

[①] Nembhard I M, Edmondson A C. Making it safe: the effects of leader inclusiveness and professional status on psychological safety and improvement efforts in health care teams [J]. Journal of organizational behavior, 2006, 27 (7): 941-966.

第8章
代际差异中的领导力

制造业企业很少会将大笔资金投入厂区的节能生态建设和员工宿舍的星级化改造上。可"吸管大王"楼仲平看起来就是这样的异类。双童吸管将卫生和品质看作重中之重,也将卫生、品质的理念深深融入员工的日常工作和生活。

双童几乎没有遇到过"用工荒"的问题,这在东部沿海的制造业企业中是一件不可思议的事情。每年春节过后,义乌的劳务市场常常会掀起一场"抢人大战"。但年轻一代的打工者有时就是会在旺季突然辞职,而且他们还懂一些劳动方面的法律知识,制造业企业的管理者们往往难以阻止。周围的制造工厂里也开始出现一些有趣的现象:年轻的女工们把手机当成音乐播放器,边听音乐边检查货品;一个穿着紫色裤子、蓝色运动服的男性员工戴着耳机直接走进老板的办公室里告状……年轻的工人们还有各种奇特的要求,比如要求工厂附近至少要有一家娱乐场所。重复性的流水线工作很难让员工们持续保有兴趣,"春节前一个月上班有额外奖金"对于这些年轻人并没有多大的吸引力,他们不习惯老一辈管理者对他们的高压管理方式,而且对工资方面的惩罚并不敏感。楼仲平一度也为这些问题发愁。

顶着压力,楼仲平完成了管理团队的调整,他换下了一批老管理骨干,换上了一个年轻的管理团队。2011年,楼仲平任命27岁的李二桥做副厂长。李二桥雄心勃勃、大刀阔斧地开启了一场组织管理模式的变革。"他取消对工人的所有罚款规定,代以对优秀表现给予鼓励和表扬;他强调技术人员的工作职能,要求他们全力配合车间的生产;他还让员工给管理人员打分……"尽管遭到老一辈管理者的阻挠,但是楼仲平亲自出马支持李二桥完成了这一变革。楼仲平面临的用工困难局面在新团队接手之后终于结束了,双童的员工流失率开始降低,从原来每个月几百人进出,到每个月只有零星几个人进出。

> 楼仲平和李二桥通过潜移默化的方式，将追求高品质的企业文化价值观成功植入员工的内心。新生代员工在双童受到尊重，得到认可，他们将公司当作"家"，对注重品质的企业文化高度认同，这让双童生产出了领先全球的高品质吸管，并逐渐成为全球吸管行业的第一品牌。
>
> 资料来源：黄冰. 吸管大王的弯路［J］. 全球商业经典，2013，（3）：50-61；楼仲平亲笔撰文讲述他"梦想与追寻"，并揭开"双童"成长的奥秘！［EB/OL］. (2018-07-09)［2023-02-01］. http://www.china-straws.com/news/1091.html.

8.3.4 工作"游戏化"

多项调查显示，新生代员工对于形式固定、说教式的培训分享或集体活动的参与热情远低于 70 后、80 后员工，他们更偏好团队聚会或项目实战等个性化的团队建设方式。[①] 在入职之前，新生代员工往往沉浸于"线上世界"。因此，企业培训的一大目标就是要帮助员工顺利过渡到组织所提供的"线下世界"，设法平衡好员工自身的偏好与企业整体目标间的关系，实现培训和工作"游戏化"。90 后为何会持续喜爱游戏？因为他们想获得胜利，想要证明自己的实力。游戏恰恰为他们提供了一个完美的场景。显然，设法运用"线上"游戏化的思维来丰富"线下"工作和学习场景，将会显著地增强培训效果或提升实际工作绩效。

工作游戏化（work gamification）主要是指在组织内将游戏设计元素引入非游戏情境，使员工在完成工作任务的过程中感受到类似玩游戏的快乐。这一概念涉及两个关键因素：一是非游戏情境，组织内非游戏情境主要贯穿于工作设计、绩效管理、薪酬激励等环节；二是强调不同游戏元素

[①] Dulin L. Leadership preferences of a generation Y cohort: a mixed-methods investigation［J］. Journal of leadership studies, 2008, 2 (1): 43-59.

的使用，最典型的是基于动机视角将工作游戏化元素划分为成就、沉浸和社交三种类型。

8.3.5 打造多元文化，满足差异化需求

领英公司发布的《2018中国人才招聘趋势报告》显示，"归属感"是继"多元化""包容性"之后，当下人才保留和发展的又一重要关键词。对于新生代员工群体而言，他们会"因为看好公司而加入，却往往因为其直接领导而离开"。因此，管理者一方面需要明确主导的文化价值观，并通过人才招聘环节把握"人与组织的匹配"，促使企业核心文化价值观落地，找到合适的人。另一方面需要完善组织现有的管理体系。许多代际管理问题并不是出在员工身上，而是出在管理者自己身上。管理者需要反思现有的体系能否真正发挥员工的兴趣专长，能否容许员工差异化发展，能否构建起文化生态体系，促使差异化人才在同一组织中找到成就感和归属感。

腾讯公司发布的调查报告表明，95后、00后等新生代员工十分注重自身的个性化成长空间，希望将工作任务和自身兴趣有机地结合起来，甚至愿意花费个人的时间、金钱来深入学习和探索其感兴趣的领域。因此，管理者一方面应当充分了解新生代员工的个体兴趣差异，并结合组织现有业务需求，匹配合适的新生代人才；另一方面应当扶持极具潜力的个性化员工，在企业业务生态中找准定位，探索机会，面向未来的可能性拓展新兴业务，提供摸索甚至冒险的机会。新生代员工具备卓越的适应力，且愿意接受来自不同领域、不同地域的新兴挑战。管理者应当敢于将具有不同教育背景、差异化思维模式但兴趣领域相似的员工集聚在一起，激发团队的创造力。同时，必须强调的是，管理者自身要发挥情感纽带的作用，帮助大家构建起个体成长与团队项目间的紧密关联。

本章小结

95后、00后已经成为当前大量企业组织的员工主力军。如何有效地进行新生代管理，以及合理地应对代际差异引发的各类挑战，已经成为摆在所有企业管理者面前的一大难题。包容性领导是回应上述新生代挑战、实现代际有效互动、促进代际通过对话和协作形成创造力的重要方式。

无论是高层决策者还是基层管理者，都应当注意到代际差异，这不是"问题"，而是"机遇"。应当有效地运用包容性领导策略，突破原有框架，尝试换位思考，发现新生代员工身上蕴藏着的巨大能量。

问题思考

1. 在本章的"引导案例"中，顺丰的代际管理之道体现在哪些方面？
2. 包容性领导具有哪些独特的内涵？
3. 在你看来，代际管理的哪些举措会吸引你选择某家公司？

课后案例

万科事业合伙人：新生代员工管理的新思路

2014年3月初，万科提出"事业合伙人"计划，通过股票跟投和项目跟投的方式，将员工从局外人变成自己人，大大增强了员工的自主性。项目跟投制度对不同的人员规定了不同的跟投规则，项目管理团队必须跟投，一般员工自愿跟投并可以自由选择跟投的项目，公司董事、监事、高层管理人员不得跟投。项目跟投制度让员工可以把自己的血汗钱投入有希望的项目，做出"自愿捆绑"的承诺，有机会同时享受工作收益（工资）和项目收益（项目跟投分红）。超额的项目收益吸引了万科九成以上的一线员工参与到项目跟投中。万科首席人力资源官陈玮透露，截至2015年8

月，共有2.7万名万科一线员工申请跟投，累计跟投92个项目，认购资金达17亿元，累计为员工分红5亿元，员工项目收益率达29.4%，其中，一线城市的跟投回报率甚至高达70%。万科的项目跟投制度不仅增加了员工的收入，还增强了员工的自主意识，帮助员工更好地实现自我价值，并吸引优秀的人才源源不断地加入万科。万科从源头上进行改革，组织结构由金字塔式结构逐步转向扁平化结构，真正实现了"以人为本"。

新生代员工逐渐成为员工队伍的主体，组织"去权威化"已是大势所趋。纵观大多数中国企业，仍是以组织为中心，其组织架构的设置基础是行政权力，而非组织当中的人。万科总裁郁亮明确提出："年薪制、聘用职业经理的做法，已经拢不住人才了，必须搞事业合伙制。"新时期组织与员工能否持续互利共生，关键在于如何打造共赢的组织生态系统。万科的"事业合伙人"机制就是一次成功的尝试。因此，企业如果希望充分发挥新生代员工的优势以适应数字经济时代的快速发展，就需要在组织设计中将员工放在更核心的位置上，通过组织赋能和合伙人制度等管理新思路激发人才活力。

资料来源：万科：从职业经理人到事业合伙人［EB/OL］.（2022-10-15）［2023-02-01］. http：//www.360doc.com/content/22/1015/01/61810703_1051756597.shtml；万科总裁郁亮：职业经理人已死，事业合伙人时代诞生［EB/OL］.（2017-05-23）［2023-02-02］. http：//www.Sohu.com/a/142747229_500666.

思考题

1. 你从万科的新生代管理实践中看到了哪些独特的管理方式？
2. 万科的新生代管理发挥作用的具体机制是怎样的？
3. 在学习本章第三节的内容之后，你认为万科的"事业合伙人"机制应如何改进和推广？

后 记

历经长达三年的深入探索和反复论证,本书终于即将付梓。本书是浙江大学管理学院团队多年耕耘的成果,也是对领导力领域教学、科研和社会服务实践的深刻反思与总结。我们诚挚地将其呈现给广大读者及同行,期待获得宝贵的意见以及批评与指正。

一直以来,领导力领域的教材大多围绕基础理论架构章节内容,从领导特质理论、领导行为理论、领导权变理论和领导风格等角度展开讨论。早期的领导力研究聚焦于领导者的特质或者人格特点;及至20世纪40年代,学术界将领导者的行为纳入观察过程,密歇根大学、俄亥俄州立大学以及工业化时代的先锋企业西屋电气等进行了一系列探索。菲德勒的最难共事者问卷是情境效能观点的早期成果,其认为领导者的效能会依赖于情境的特点,特别关注任务结构、领导-成员关系和领导职权的大小。在这些观点的基础上,领导权变理论开始盛行。在过去近百年中,领导力研究颇有汗牛充栋的体量,包括领导特质理论、路径-目标理论、领导-成员交换理论、魅力型领导、变革型领导、交易型领导、伦理型领导、辱虐型领导、谦卑型领导、真实型领导,等等,不胜枚举。领导力教材的内容大都架构于此,呈现出高度的理论元素主导的结构特征。

毋庸讳言,这样的体系架构具有较强的系统性,有助于学习者较为全面地掌握领导力的理论基础。然而，首先，领导力不仅仅是一门科学，更是一门组织管理艺术，大量内隐知识蕴含其中，需要在实践情境下不断践行与探索。如果脱离实践情境，领导力理论相关的知识迁移和体验式学习的功效提升会遇到较大的挑战。其次，随着高阶梯队理论等相关理论的发展，领导力的研究逐渐形成了覆盖个体、群体、组织多层次的丰富体系，突破了传统的工业组织心理学或者组织行为学边界，战略领导力等概念也不断充实新近的领导力教材体系，超越了以个体、人际和团队为主的章节体系，使得学习者有机会从更具战略性和组织层次的视角来审视领导力的发展。

基于此，本书尝试打破传统领导力教材框架的束缚，将中国经济社会发展的实践情境与经典领导力理论相融合。书中不仅有技术创新、组织变革、创业等典型的战略与组织管理情境，还紧密结合了女性领导力、新生代员工管理等新兴领域的前沿研究成果。理论联系实际的教材内容设计旨在帮助学习者更好地将理论知识应用于实践，提升其在复杂多变的组织情境下的领导效能。同时，这些基于情境的领导力研究往往都是相对前沿的理论，对于中国新兴数智组织情境下的领导力学习、开发和研究也会有所助益。

本书凝结着浙江大学管理学院多位老师和同学的不懈努力。具体分工如下：绪论、第1章——谢小云；第2章——莫申江、严进；第3章——胡琼晶、魏俊杰；第4章——莫申江、冯雯；第5章——张钢、李慧慧；第6章——王颂；第7章——颜士梅；第8章——莫申江、方琪。博士生叶忧璨、张寒池、罗柏林、陈玉婷参与了全书的校对修改及案例整理工作。此外，感谢左玉涵、何家慧、张了丹、张涵茹、陈子塬、张环平、周凌宇、吴晨、陈一骏等对本书的贡献。

我们相信，本书的出版不仅能够为领导力教育领域带来新的思考和启示，还能够为广大学者、实践者及研究者提供一个更加全面、深入的探讨平台。当然，本书只是一个初步探索，仍有诸多不成熟之处，还请各位同仁批评指正。未来的日子里，我们期待能够继续与各位同行携手共进，为推动中国领导力理论与实践的发展贡献更多的智慧和力量！

编　者

2025 年 1 月